卓越学术文库

马氏庄园的家国情怀

MASHI ZHUANGYUAN DE JIAGUO QINGHUAI

河南省高等学校哲学社会科学优秀著作资助项目

杨国平 著

郑州大学出版社

·郑 州·

图书在版编目(CIP)数据

马氏庄园的家国情怀/杨国平著. —郑州:郑州
大学出版社,2020.10(2024.6 重印)
(卓越学术文库)
ISBN 978-7-5645-6944-0

Ⅰ.①马…　Ⅱ.①杨…　Ⅲ.①家庭-史料-安阳
Ⅳ.①K820.9

中国版本图书馆 CIP 数据核字(2020)第 062565 号

郑州大学出版社出版发行

郑州市大学路 40 号　　　　　邮政编码:450052
出版人:孙保营　　　　　　　发行部电话:0371-66966070
全国新华书店经销
廊坊市印艺阁数字科技有限公司印制
开本:710 mm×1 010 mm　1/16
印张:14.25
字数:237 千字
版次:2020 年 10 月第 1 版　　印次:2024 年 6 月第 2 次印刷

书号:ISBN 978-7-5645-6944-0　　定价:69.00 元
本书如有印装质量问题,请向本社调换

序

　　马氏庄园位于河南省安阳县蒋村乡西蒋村,是清末头品顶戴、两广巡抚马丕瑶的旧居,始建于光绪六年(1880 年),前后历经 40 多年,直到民国十三年(1924 年)基本完工。马氏庄园号称"中原第一官宅",是全国重点文物保护单位,国家 4A 级旅游景区,全国红色旅游景点景区,河南省廉政教育基地。

　　马氏庄园主人马丕瑶及其子女(长子马吉森、次子马吉樟和三女马青霞等)的一生彰显了极为浓厚的家国情怀,为近代中国求富求强不断探索奋斗。主人马丕瑶秉承"忠心报国",致力于做一个忠臣孝子,光绪皇帝褒奖其"实心爱民",赐匾"百官楷模";长子马吉森坚持"实业救国",致力于创办中国近代工业,先后创建广益纱厂(现在豫北纱厂的前身)和六合沟煤矿(现在河北峰峰集团公司的前身),是河南省近代民族工业的先驱;次子马吉樟曾任清末翰林院编修、国史馆典校、光绪皇帝的侍讲侍读,精通儒家文化,尤善篆书,恪守知识分子"文以载道"的传统教诲,坚持"教育救国",致力于兴办近代新式教育,为官开明,多次暗中支持帮助辛亥革命党人;小女马青霞,是清政府皇封的"一品诰命夫人",同时又是中国近代著名慈善家、教育家、社会活动家、辛亥革命家和辛亥女杰,毕生追随孙中山,为资产阶级革命事业捐助巨额经费,仅用于孙中山历次反清起义的白银就达五万多两,最后把数百万的家产全部捐献给国家,是"中国裸捐第一人",与中国近代著名的鉴湖女侠秋瑾齐名,有"南秋瑾,北青霞"之称,毕生践行"革命救国"。孙中山亲自为其题字"天下为公"和"巾帼英雄",鲁迅先生赠其"才貌双全"字幅。

　　马氏家族赫赫有名。鉴于其特殊的历史年代和历史身份,其主要家族成员都经历了那个时代中国的苦难,他们是中国近代许多重大事件的见证者、参与者和亲历者。在历史机遇面前,他们心忧国家,以自己特有的方式积极融入历史潮流,提出自己的见解,做出自己的贡献,为探索国家富强之路而奔走呼号,书写着中国近代知识分子爱国报国救国的天下情怀。尽管他们的选择未必科学,但后人应钦佩和牢记他们的爱国之心和民族情怀。

一部马氏庄园史,半部中国近代史。整理和挖掘马氏庄园所深含的历史文化资源,以及马氏家族主要成员的爱国事迹,发挥安阳地方优秀文化资源的爱国主义教育价值,使青年学生铭记历史、胸怀天下、放眼未来,为实现中华民族的伟大复兴而奋斗,是本书写作的初衷。

是为序。

目录

第一章

马氏庄园及其楹联欣赏

这里是中州大地一座充满神秘色彩的封建官僚府第；这里是清末头品顶戴，曾任广西、广东巡抚的私人庄园；这里走出过清朝翰林院编修、民国总统府内史、北洋政府秘书；这里诞生了一位反抗列强掠夺、开创地方民族工业先河的爱国实业家；这里孕育了被孙中山誉为"天下为公""巾帼英雄"的"同盟会"中州女杰。这就是被专家誉为"中州大地绝无仅有的封建官僚大型府第"，人称"中原第一官宅"的马氏庄园。

河南安阳马氏庄园——中原第一官宅

马氏庄园鸟瞰图

一、马氏庄园概况

马氏庄园位于河南安阳西 22 公里的安阳县蒋村乡西蒋村,为清末头品顶戴、两广巡抚马丕瑶的故居。

马氏庄园始建于清光绪六年(1880 年),工程持续四十余年,现存基本完整。建筑群主要由北、中、南三区组成,共分六路。北区一路,建四个四合院;中区四路,西三路前后均建四个四合院,中轴线上开九道门,俗称"九门相照";东一路为马氏家庙,前后两个院落;南区一路,亦为一组九门相照的建筑。屋顶多为硬山,悬山次之,每处院落俯看呈"斗"字形。三区共有厅、堂、楼、廊、室等 308 间,占地面积 20 000 多平方米,建筑面积达 5000 多平方米。加上庄园配套建筑设施"马氏义庄",庄北、中、南三座花园及马厩、柴草库、仓库等,总占地面积在 70 000 平方米以上。

整个庄园布局严谨,主次分明,错落有致,气势宏伟,被专家誉为"中州大地绝无仅有的封建官僚大型府第",人称"中原第一官宅",是全国重点文物保护单位,国家 4A 级旅游景区,全国红色旅游经典景区,河南省廉政教育基地。

(一)建设沿革

光绪六年(1880 年)至光绪十一年(1885 年),正殿建成。

光绪九年(1883 年),西路始建。

光绪十三年(1887 年),中路始建。

光绪十五年(1889 年),东路始建。

民国十三年(1924 年),东路建成,中、西二路仅将大门及临街房建成,后因时局变化,搁置。

抗日战争初年归为公有,历为安阳县师范、安阳县第一中学、蒋村完全小学和蒋村粮站等单位占用。

2000 年 9 月 25 日,河南省人民政府公布其为省级文物保护单位。随后几年,政府数次拨巨款进行了全面维修,基本恢复了原貌。

2007 年 4 月 30 日,安阳县举办了马氏庄园第一届文化旅游节,"中原第一大宅"正式对外开放,成为一处闻名遐迩的旅游观光景区。凭着规模宏大的建筑群和厚重的历史文化资源,马氏庄园从一个普普通通的"零 A"景点一步晋升为国家 4A 级旅游景区。5 月,马氏庄园修复一新,正式对外开放。

2009 年 4 月 23 日,举行 4A 级景区揭牌仪式。

(二)建筑布局

马氏庄园占地面积 20 000 多平方米,其中建筑面积 5 000 多平方米,共分三区六路,每路分四个庭院,九道大门,俗称"九门相照"。整座庄园布局严谨,错落有致,古朴典雅,雄浑庄重,既有典型的北京四合院宽敞明亮的建筑风格,又有晋商大院深邃富丽的建筑艺术,还有中原地区蓝砖灰瓦、五脊六兽挂走廊的建筑特色,具有高雅的文化品位和厚重的历史底蕴。

北区位于中街路北,坐北朝南,前后两个四合院,后院之东西又各建一跨院,谓之"亚元扁宅"。多为硬山顶式的楼房,原为马丕瑶祖上旧宅。马氏四兄弟分家时,分给了次子马吉樟。民国初年,马吉樟任袁世凯总统府内史期间进行了翻修和改建。

中区在三区中规模最大,约占整个庄园的三分之二。它坐落在南街之北,亦坐北朝南,各类建筑计 158 间,由家庙一路(即东一路)和住宅三路(西三路)组成,其中家庙居东,住宅区居西,四路建筑各自成体系,左右又互相呼应。

家庙正门下层辟三道拱券门,上为读书楼五间。头进四合院东西厢房各五间,曰"东塾""西塾"。正房过厅五间,悬山顶式,前后带廊,高台基,名曰"燕翼堂";后院厢房各三间,东为"遗衣物所",西为"藏祭器所"。正殿五间,高大宏伟,名曰"聿修堂",即享堂。前建月台。它的规格和布局是严格

按照清光绪年间制定的《清会典》规定建造的。

住宅三路的建筑形式及格局大同小异。均南开正门,由四个四合院组成,前庭后堂,左右对称,由南向北,逐级抬高。中路大门高大宏伟,而东、西正门则均为洞券门,西路大门内又建有屏门。只有中路建有二门,内置屏门。后院又有不同:西路主房为平房五间,而中路、东路主房则各为楼房五间,东路东厢又为三间楼房。在建筑规格上,中路为高,东路次之,西路又次之。在建筑时间上,西路较早,中路次之,东路又次之。马氏兄弟分家,东路归长子马吉森所有,西路归四子马吉枢所有。

南区与中区隔街相望,原设计为三路,其中东路建成于民国十三年,中、西二路仅将大门及临街房建成,后因时局变化,搁置至今。

南区东路坐南向北,亦为九门相照,前后四个四合院。其中头进院和三进院较小,分别建二门、三门,门两侧各为两间廊房,东西厢房各为三间;二进院和四进院较大,其正房均为七间,东西厢房各为五间。

南区的建筑规模和规格,都明显高于中、北二区,这不仅表现在建筑体量的增大,大门的增多,而且表现在精美的石、砖和木雕建筑物件的大量使用。究其原因,南区为民国时期所建,已不再受封建社会的种种规定和限制。马氏四兄弟分家时,分给老三马吉梅。

庄园建筑全为砖木结构,灰瓦盖顶。屋顶多为硬山顶式,另有悬山及平顶等。另一显著特点是,无论正房、配房大多有前廊,有的则前后带廊,形成廊廊环绕,院院相通,尤其是雨雪天便于行走。

二、马氏庄园主要景点

马氏庄园作为全国红色旅游经典景区、国家4A级旅游景区和河南省廉政教育基地,拥有多处知名景点,这些知名景点蕴含了丰富的历史文化信息,具有不同程度的历史文化教育价值,也是马氏庄园异于他处的标志性景点。

(一)慈禧下榻处

慈禧太后下榻处位于中区中路的第三进院正房,这里曾是马丕瑶继母杨氏晚年的居所。1900年8月15日,八国联军攻入北京,慈禧太后与光绪皇帝及包括马吉樟在内的一班护驾大臣仓皇逃往西安避难。翌年,由西安返京。1901 年 12 月 20 日抵达彰德(安阳),在马吉樟的奏请下,慈禧太后下榻马氏庄园。该厅木隔扇上还篆刻有"眉寿无疆"的字样。

慈禧在马氏庄园的下榻处

(二)光绪皇帝下榻处

光绪皇帝下榻处在慈禧太后下榻处的后院东厢房。马吉樟在为父、母守孝及武昌起义后回家曾在此居住。1901 年 12 月,光绪皇帝随同慈禧太后一同返京时,曾下榻于此。

光绪皇帝在马氏庄园的下榻处

（三）马丕瑶故居

马丕瑶故居在中区中路的最后院的正房，它是一座面阔五间的两层楼房，高台基，前有廊，硬山顶式，内楼梯。上下层匾额均由马丕瑶亲撰，曰"澹远楼""修身堂"，楹联"一等人忠臣孝子，两件事读书耕田"亦由马丕瑶亲撰。

马丕瑶故居——修身堂

（四）马吉森故居

马吉森故居位于马丕瑶旧居楼之东，符合"长子居东"的习俗。它和马丕瑶旧居楼雷同。其底层前额正中镶嵌有仿苏东坡笔迹的"德有邻堂"巨型木匾。

马吉森故居——德有邻堂

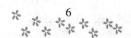

（五）马青霞故居

马青霞故居也称马家绣楼，与马吉森故居同处一院，位于东厢，三间硬山顶式楼房。底层前额正中镶嵌有仿苏东坡笔迹的"思无邪斋"大型木匾。

马青霞故居——思无邪斋

（六）刘邓大军"鲁西南会议"旧址

1947年6月中旬，刘邓大军出晋东南上党地区，进入豫北地区，司令部设在马氏庄园。刘伯承和邓小平分别下榻于中区西路的第三进院东、西厢房。1947年6月22日的"鲁西南作战会议"就在此院的堂屋召开。该院又称"红色小院"。

刘邓大军"鲁西南会议"旧址："红色小院"

（七）龙抱槐

龙抱槐

　　龙抱槐为马氏庄园一大奇观，位于中区西路的第三进院内，即刘邓大军鲁西南会议旧址小院。一株胸径约20厘米的葛藤犹如一条巨龙，平地卧起，向上缠绕在附近的一棵古槐上，故而得名，它们像一对亲密的异性兄弟一样，互为依存，相映成趣。民间有传说：抱着龙抱槐，三天不睡考秀才，七天不睡中举人，十天不睡进士来。

（八）进士第匾

马丕瑶"进士第"匾额

　　马丕瑶进士第匾，长241厘米，宽99厘米，厚4.5厘米。木质。金黄地，饰浅浮雕云龙纹图案。正中书"进士第"三个大字，行书。右侧书"署户部左侍郎兼管三库事务大理寺卿稽查右翼觉罗学郑敦谨大总裁经筵讲官工部尚书上书房行走翰林院掌院学士镶白旗蒙古都统倭仁经筵讲官兵部尚书兼管顺天府尹事务万青藜户部右侍郎兼管钱法堂事务正白旗汉军副都统熙麟为"，左侧书"同治元年壬戌科会试中式第一百八名贡士殿试第三甲第二十名朝考第三等第十七名赐进士出身马丕瑶立"。匾额均为仿宋体。马丕瑶时年31岁。

（九）太史第匾

马吉樟"太史第"匾额

马吉樟太史第匾，长242.5厘米，宽99厘米，厚4.5厘米，木质，黄金地，饰浅浮雕云龙纹图案。正中书"太史第"三个大字，行书。右侧书"光绪六年庚辰科会试中式第二百九十五名贡士九年癸未保和殿复试第一等第十四名殿试第二甲第三十七名赐进士出身"，左侧书"朝考第二等第五名　钦点翰林院庶吉士　十二年丙戌散馆　钦定第二等第七名　授职编修国史馆协修马吉樟"，均为仿宋体。

马家双进士。马丕瑶是同治元年（1862年）进士，年龄为31岁，成绩为"殿试第三甲第二十名，朝考第三等第十七名"。次子马吉樟是光绪六年（1880年）考中进士，年龄21岁，成绩为"殿试第二甲第三十七名，朝考第二等第五名"。

小知识：清代科举考试

童试：指府、州、县的基层考试。赴考者叫作童生，考中之后叫秀才，第一名叫案首。

乡试：正式较高级别的国家考试。在省城进行，赴考人是各地的秀才，考中之后称举人，第一名是"解元"。

会试：比乡试再高一级的考试。在礼部举行，赴考者是举人，考中之后

称贡士，第一名是"会元"。第二至五名是"经元"。

殿试：在紫禁城的保和殿举行，皇帝亲自主持，赴考者是贡士，考中之后称进士，殿试的第一名为"状元"。

连中三元：乡试第一名"解元"，会试第一名"会元"，殿试第一名"状元"。

（十）寿字轴

光绪二十年(1894 年)马丕瑶为继母守孝期满，服阕入京，先后两次受到慈禧太后和光绪皇帝的召见。慈禧为庆贺自己的六十大寿，于九月二十五日御笔亲书"寿""福"二字及如意、蟒袍、尺头等，赏赐给马丕瑶，以示对其卓著政绩的褒奖和鼓励。

"寿"字轴，长 2.87 米，宽 1.08 米，撒金粉红地，正中书一巨型"寿"字，行书。字首盖有"慈禧皇太后御笔之宝"的朱红御印。寿字两侧为楷书款，右款书"慈禧端佑康颐昭豫庄诚寿恭钦献崇熙皇太后万寿光绪二十年九月二十五日"，左款书"赐头品顶戴前兵部侍郎兼都察院右副都御史广西巡抚臣马丕瑶"。

慈禧赐给马丕瑶的"寿"字中堂

三、马氏庄园楹联匾额欣赏

马氏庄园之所以被称为"中原第一大宅"，原因有三：一是其建筑规模宏大，保存完整，是"中州大地绝无仅有的封建官僚府第建筑标本"；二是马氏庄园篆刻的许多楹联匾额，体现了中国传统文化的精髓；三是马氏庄园的主人——马氏家族与中国近代史结下的不解渊源，"一部马氏庄园史，半部中国近代史"。这些因素使马氏庄园形成了独特的文化底蕴。

马氏庄园里有数量很多的匾额楹联，形式各异，内容丰富。从质地上看，有木、有石、有砖；从书体上看，有楷书、行书、篆书、隶书等；从内容上看，有写景抒情者，有表现远大志向者，有歌功颂德者，也有宣传忠孝节义者。撰文除马丕瑶父子外，还有光绪皇帝及清末名流；书者也尽是书法名家，为马氏庄园增添了浓厚的文化色彩。尤其是马丕瑶亲撰的做官信条楹联："不爱钱不徇情，我这里空空洞洞；凭国法凭天理，你何须曲曲弯弯。"做人的信条楹联："天下无不是底父母，人生最难得者弟兄。"做事的信条楹联："一敬

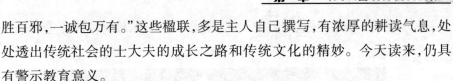

胜百邪,一诚包万有。"这些楹联,多是主人自己撰写,有浓厚的耕读气息,处处透出传统社会的士大夫的成长之路和传统文化的精妙。今天读来,仍具有警示教育意义。

(一)楹联

1.一等人忠臣孝子,两件事读书耕田

马丕瑶要求自己并教育子孙,在朝为官要忠于朝廷,居家为子要孝敬父母。做人要忠孝两全,这就是一等人。马家是耕读之家,对子女因材施教,传家久远。

修身堂(中区中路第四进院落)

马丕瑶的子女恪守家规,颇有建树。长子马吉森,诚信经营,实业救国,开河南民族工业之先河;次子马吉樟,进士出身,曾任翰林院编修、国史馆协修、会典馆总校、湖北按察使、北洋政府总统府秘书等职,为官爱民如子,执着于教育救国;三子马吉梅官居山东候补知府,民国时期曾任安阳县议会议员;四子马吉枢悬壶济世,妙手回春,人称"马大善人";其女马青霞是辛亥革命女杰,著名民主革命家、教育家,享有"南秋瑾、北青霞"之美誉;其孙马载之曾被选送美国留学,攻读采矿专业,回国后致力于我国的矿业教育事业。

2.天道无私,用力须从根本处;圣言可畏,求安只在隐微中

这副楹联的意思是,自然规律公正无私,做学问须从基础做起;圣人教导违背不得,求平安须从慎独开始。楹联显示了马家的立身和行事准则:从严要求自己,恪守正人先正己的家风。

3.不爱钱不徇情,我这里空空洞洞;凭国法凭天理,你何须曲曲弯弯

客厅中堂(中区中路第二进院落)

这副楹联是马丕瑶即任山西平陆县知县时编撰的一副楹联,因其第一任官职是平陆县知县,所以在此后的官宦生涯中,他一直携带着这副楹联,挂在客厅之上,告诉那些来往的人,自己不爱钱,也不徇私情,办事要依据国法、天理。楹联体现了马丕瑶一生的为官之道。

4.静以修身,俭以养性;入则笃行,出则友贤

养正堂(中区东路第四进院落)

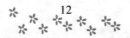

上联的意思是用静思反省来提高自己的修养,使自己尽善尽美;用节俭来培养自己高尚的品德。下联的意思是在家要尊敬父母,话语和逊,态度恭顺,勤奋踏实;在外交友要结交贤良的朋友。这副楹联可以说是马丕瑶四儿子马吉枢一生的真实写照。马吉枢一生居家种田,他深谙医术,常年免费为百姓行医治病,本人却过着节俭的生活。

5.世事如棋,让一步不为亏我;心田似海,纳百川方见容人

三进门(南区第二进院落)

这副楹联的意思是说,处事如下棋,让一步不算吃亏;心胸似大海,能容人方显雅量。人间百态,吃亏是福。不与人斤斤计较,礼让他人,犹如宽广无垠的大海,容纳百川溪流,方显为人处世的大气与魅力。

6.春风大雅能容物,秋水文章不染尘

四进院(中区东路第四进院落)

上联的意思是,温暖的春风雅量高远,有包容接纳世间万物的大爱情怀。下联的意思是,文辞笔墨如秋水一般清澈明净,不沾染半点世俗尘埃。楹联深刻地蕴涵了一种脱俗无尘的境界,意在教育马家后人清心寡欲、胸襟宽广、超凡脱俗。

7.勿徒跪拜趋跄,要体先志守先规方是敬宗尊祖;不在富贵贫贱,能做好人行好事乃为孝子贤孙

聿修堂(中区家庙一路第二进院落)

此联在马氏家庙正堂。意思是说,祭祖时不能光有跪拜的姿势,要遵守祖先定的规矩,这才是对祖先的尊敬;富贵也好贫穷也罢,只要为人清清白白,能做好人好事就是马家的孝子贤孙。马丕瑶要求子孙们不仅注重外在行为上的三叩九拜,更强调思想上的用心和行为上的行善,这才是对列祖列宗最大的敬重。

说到马氏家庙,还需要提一下"马氏家庙"匾额的"马"字的故事。马氏家庙的匾额是当时军机大臣、户部尚书阎敬铭题写的。"马"字下面应该有四点,寓意为马有四蹄。但阎敬铭写这个"马"字下面只有三点,少一点。为何?阎敬铭意在提醒马丕瑶:第一,现在我是一品官,你是四品官(马丕瑶当时在山西任州官),离我还差一点,还得继续努力;第二,尽管你现在口碑很好,山西老百姓都夸你是马青天,但距离朝廷的要求也还差一点,不能自满,继续奋斗,才能保住名节。

"马氏家庙"中的"马"字下面只有三个点

8. 致爱则存,致悫则著;不辱其身,不羞其亲

这副楹联的意思是,能爱人以真、诚实守信,实乃安身立命之本,不投机取巧、自取其辱,不让列祖列宗蒙羞。该联体现了马氏家族做人的真诚和胸襟。

9. 清节皎然——马氏家训屏风

马氏家训屏风(中区中路二门)

中区中路二门内设置木屏门一道,四扇屏门上刻有马氏家训,为马吉樟所书,刻于光绪十三年(1887 年)。其大意是:女主内,男主外,老幼有序。家长对家人要严格要求,不失法度。全家人都要诚信庄重,各尽其责,各尽其

道,和睦相处。

10.天下无不是底父母,人生最难得者弟兄

仪门(中区中路第二进院落)

上联包含了两层意思,一是对父母尽孝是我们的本分事,即使父母有不是,我们仍然要一如既往地孝养他们;二是马丕瑶在朝为官一直把老百姓当作自己的衣食父母,这体现了他浓浓的公仆情怀。下联则力在表达兄弟之间的手足情深。

11.与有肝胆人共事,立身立业;从无字句处读书,明理明心

克己堂

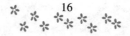

马氏庄园头进院正房为"克己堂"（马丕瑶的先生郑云笥先生故居），左右有一对马丕瑶亲书的楹联："与有肝胆人共事，立身立业。从无字句处读书，明理明心"。周恩来在南开中学读书时，曾写了一副自勉联："与有肝胆人共事；从无字句处读书"。在长期革命斗争中，周恩来一直以此作为为人处世的准则。"从无字句处读书"告诉我们，不要读死书，死读书，要从实践中增长自己的知识，所谓"行万里路，读万卷书"，结交朋友要"与有肝胆人共事"，有肝胆、有头脑、有智慧的人，他能从知识和为人上帮助你、提醒你，此所谓"近朱者赤"也。

12. 处世无他，莫若为善；传家有道，还是读书

求知堂（马家书房）

家庙路二进院正房匾额为"求知堂"（马家书房），楹联内容为"处世无他，莫若为善；传家有道，还是读书"。从中可以明显看出，在马丕瑶看来，与人相处之道，善为根本，与人为善；家道兴旺的秘诀，在于"读书"二字，读书明理，读书传家，读书经世等多次突显出读书求学的重要性。

13. 有钱莫喜考试；虽贫亦要读书

最能突显马丕瑶对子女知识教育重视的是马氏庄园内著名的读书楼。楼内檐写有"澹静堂"三字，外檐写有"读书楼"，前檐写有两句话："有钱莫喜考试，虽贫亦要读书。""澹静"二字有恬静安然之意，更体现一种"非淡泊无以明志，非宁静无以致远"的处世方式。"有钱莫喜考试，虽贫亦要读书"两句话，突出了马丕瑶在子女治学路上的谆谆教诲，读书求学，并不能因富

而投机偷懒,更不能因贫而放弃。在这平淡的话语中可以看出马丕瑶教育子女讲究平和、耐心,并非事事都严厉训斥。

读书楼——马家私塾

马家非常重视教育,凡是马氏近支4至13岁的子孙都要在马家私塾读书,年满13岁成绩优异者,移到"读书楼"继续攻读,以应科举考试;成绩略差的,就让其耕田种地,或干其他。读书的马家子孙每天早晨一上读书楼,上楼的梯子立即就被人抽掉,直到学生完成规定的学习任务方可下楼,否则不许下楼。现在的楼梯是为了方便游人参观而后来修建的,原来读书楼没有楼梯,只有一个可以移动的木梯。

14. 万支本是一身,田制鱼鳞,聊赡我亲疏族党;富贵敢忘微贱,清分鹤俸,先给他鳏寡孤贫

马氏义庄坐落在中街的北区之西,是马丕瑶专为救济鳏寡孤贫而修建的。其大门额镶嵌"马氏义庄"四个大字的石匾额。两侧楹联为"万支本是一身,田制鱼鳞,聊赡我亲疏族党""富贵敢忘微贱,清分鹤俸,先给他鳏寡孤贫"。匾联均为马丕瑶撰书,行书。

(二)匾额

1. 惩忿窒欲

"惩忿窒欲",源于《易经》的第四十一损卦:"象曰,山下有泽,损,君子以惩忿窒欲。"惩忿,在于去除心中愤怒,严于律己,宽以待人;窒欲,就是要抑制无限欲望,清心寡欲,无欲则刚。此匾旨在告诫马氏后人,不强求,不奢求,淡然就好。戒止愤怒,堵塞情欲。

"惩忿窒欲"匾（东券门内）

东券门外

2. 日新其德

"日新其德"源于《易经》的大蓄卦，有自强不息之意。《大学》上说，汤之《盘铭》曰："苟日新，日日新，又日新。"此匾旨在激励马家后人每天加强学习，不断更新知识，提高品德修养，弃旧图新，与时俱进，自强不息。

（三）小结

以上是笔者列举的具有代表性的楹联、匾额。马氏庄园保存有大量的楹联、匾额，这些楹联、匾额的内容是马氏家族耕读传家的精髓，具有浓厚的中国传统文化特征，也是中华民族优秀传统文化的主要内容，是我们应当传承弘扬的。马氏庄园还有其他楹联匾额,如"传家有道惟存厚,处事无奇但率真""少交无益友,多读有用书"和"一诚包万有,一敬胜百邪"等,对传承中华优秀文化、构建当代和谐社会,帮助青少年树立正确的人生观、价值观,有很好的启迪意义。

马氏庄园内楹联匾额按其内容,大体可分为以下三类:

1. 修身类

(1)静以修身,俭以养性;入则笃行,出则友贤。

(2)一等人忠臣孝子,两件事读书耕田。

(3)天道无私,用力须从根本处;圣言可畏,求安只在隐微中。

(4)致爱则存,致悫则著;不辱其身,不羞其亲。

(5)有钱莫喜考试;虽贫亦要读书。

(6)少交无益友,多读有用书。

(7)一诚包万有,一敬胜百邪。

(8)"惩忿窒欲""日新其德"。

2. 处事类

(1)处事无他,莫若为善;传家有道,还是读书。

(2)传家有道惟存厚,处事无奇但率真。

(3)与有肝胆人共处,立身立业;从无字句处读书,明理明心。

(4)天下无不是底父母,人生最难得者弟兄。

(5)世事如棋,让一步不为亏我;心田似海,纳百川方见容人。

3. 为官类

不爱钱不徇情,我这里空空洞洞;凭国法凭天理,你何须曲曲弯弯。

马氏庄园是中国封建官僚府第的实物标本,是清末和民国初年社会发展状况的展馆。她的主人们为中华民族的复兴做了许多有益的事情,在他们身上表现出来的"爱国恤民,疾恶如仇,激浊扬清,天下为公,与时俱进,自强不息"的共同特点,实质上就是中华民族优秀品行的缩影。两者的水乳交融,使得马氏庄园成为中国近代历史的见证和传承中华民族优秀传统文化的载体,从而具有了神奇而又无穷的魅力。

四、马氏家训家规

马氏庄园主人马丕瑶十分重视教育子孙,不仅以身作则、躬身示范,同时也留下了不少家训家规,这些家规家训使得马氏家族人才辈出,享有"一门双进士,三代五俊杰"的美誉。

(一)马氏家训——《约斋铭》

马丕瑶对自身要求严格,曾专门设置反省室——约斋,定期反省思过,并书写《约斋铭》作为自己与子孙律己修身、处世为官之道。《约斋铭》是马丕瑶四十一岁时,深为自己以前律己不严而懊悔,书十二条曰之"铭",作为自己和家人的座右铭,旨在自律和警醒家人,亦为家训。

《约斋铭》全文共741字,包括戒色、功名、思虑、笔墨、言语、处家、生业、银钱、享用、应酬、读书、豪情十二条,思想内涵丰富。[①] 全文如下:

1. 戒色

嗜欲之中,色易淫。汝年将半百,而犹童心。妄生徇欲耻孰深,约约寡欲精神爽,乐在这里寻。

释义:在人的各种欲望中,"色"是最容易让人着魔和堕落的。想想自己年将半百,仍然像个孩子似的,管不住自己。今后一定要约束自己,约之再约:应当摒弃私心杂念,清心寡欲,扼制自己的欲望。只有这样,才能精神清爽,找到快乐。

2. 功名

十年俗吏味亲尝,不学无术空彷徨。悔从前,侥博科第,求志欠精详。幸来尧舜故乡,风犹唐魏治愧循良。辜负吾民父母望,河东山右空绕一场。约约灰,冷了躁进热肠,淡静中,讨一个内圣外王。确有主张,勿悠悠碌碌随人忙。

释义:十年从政,尝够了作为一般俗吏的甘苦,由于自己不学无术,遇事常左右彷徨、无所适从。悔恨从前只为应付科举考试而存在侥幸心理,对儒家"修齐治平"之志,理解得不深不透。幸好来到了尧舜的故乡,感受到良好的唐魏风气。如果我辜负了老百姓的期望,就好比空来此地一场。今后一定要约束自己,约之再约:冷却追名逐利的躁进热肠,以恬淡平静的心理,去追求内圣外王的境界。要坚定自己的主张,不可碌碌无为、随波逐流。

① 杨春富.马丕瑶马吉樟文选[M].安阳:安阳县文化局马氏庄园管理处,2007:97-99.

3. 思虑

闲居所为无不至,如马纷驰难防意。试思万起万灭中,何者可以对天地? 约约人,鬼关头,幽独审几勿暗肆。

释义:闲来想想自己所做之事,有很多是无法预料的。试想,世间万物有生有灭,无穷无尽,但能立于天地、经得起考验的是什么? 今后千万要牢记:在关键时刻,一定要做个谨慎细心、独立思考、约束自我、理智清醒之人,决不放纵自己。

4. 笔墨

辞达而已矣,立诚在于是。动笔万千言,几字载明理。圣贤之书不得已,愈久愈新简奥里。约约戒虚车,阐要旨,惜墨如金勿浪使。

释义:下笔为文,重要的是能精准表达意思,而不是玩弄辞藻徒具形式。自问以往文章,动辄长篇大论,其中有多少字是讲述了智慧的道理呢? 学习圣贤的经典是终生不能停止的,读的时间越久,新体会新发现就会越多。以后一定要约束自己,约之再约:为文力戒虚浮,应以阐明要旨为主,惜墨如金,一个字也不要随便浪费。

5. 言语

心存言少,不存则多。亦思缄口,奈易放何? 忍之复忍,躁渐消磨。约约安,简尚谦和。议论风生,须防舌剑起风波。

释义:一个人把话存在心里,说话就少;否则,就会喋喋不休,口无遮拦。谁都想三缄其口,谈何容易? 但只要强制自己忍住不言,就会慢慢克服急躁发言的毛病。以后一定要约束自己,约之再约:保持安静,少说话,求和睦,免得祸从口出,话多惹风波。

6. 处家

继慈则娘亲,孝须十分真。糟糠妻,莫轻嗔。婢收勿弃,犹戒厌故喜新。儿辈严课读,也要善诱循循。约约家之本在身,不修己,难责人。何以使伦理正,族党化,僮仆驯。雍雍肃肃,和乐一家春。

释义:娘亲是慈爱的,儿女尽孝要十分真诚。对于糟糠之妻,莫要嗔怪。对收养的贫穷奴婢,切勿抛弃。千万不能喜新厌旧。对于儿孙后辈的学习,严加管束的同时,也要循循善诱,循序渐进。一定要约束自己,约之再约:家庭教育的成败在于一家之主本身,不能以身作则、修身律己,便很难去指责别人。怎么能做到家庭风气纯正,乡党亲善和谐,上下团结一心呢?一家之内既有活泼的一面又有严肃的一面,才会其乐融融、温暖如春。

7. 生业

有屋数椽,灯红照读,有田两顷,野绿催耕。但能克勤克俭,可免呼癸呼庚。约约退步想,勿求赢。心足福清,桃花源里听三声。

释义:有几间茅屋,不妨碍灯下读书,有一两顷土地,随季节到田野去耕作,也就够了。只要能勤劳节俭,就不会挨饿,不用去求人借贷。一定要约束自己,约之再约:贪心萌动时,要退一步想,切勿追求物质生活的满足。只要有书可读,有田可耕,心无愧疚,知足常乐,那不就是桃花源里悠然自得的福人吗?

8. 银钱

宝蚨飞,债猬积,句稽茫然,笑煞痴颠。究竟得金占艮当知止,一金二戈莫腰缠,盈虚消长。这个大算盘,操自青天。约约丈夫,穷且益坚。惟守节用之道述尼宣。

释义:宝蚨团团飞转,赌债随时增添,费尽心机赚大钱,到头来神情茫然,被人笑话财迷痴癫。为人处世应知足,不要想着一夜暴富万贯缠,穷富盈亏会变幻,一切由命听天算。一定要约束自己,约之再约:大丈夫越穷困,志向越坚定。人生在世一定要恪守节俭,这也是孔子教导后人的道理。

9. 享用

官气须脱然,物物周全费万千,何补性天?玉注瓦盆同一醉,绣帏莞席同一眠。约约秀才儿,家风休改换。布被暖,菜根鲜,素位乐陶然。

释义:必须从俗吏的官气陋习中超脱出来,八面玲珑,在讲求阔气排场上费尽心机,对自己的本性又有何益处呢?玉壶里的酒和瓦盆里的酒,同样都能醉人。躺在银床绣帐中和躺在竹帘草席上,也同样都是睡觉。一定要约束自己,约之再约:穷秀才时的家风,万万不能改变。粗布被褥同样暖人,家常便饭同样美味。做个守本位、尽本分,不变本色的官员,去享受那超凡脱俗的陶然之乐。

10. 应酬

不道学,不神仙。风尘吏,归来暂息尘缘。益友临,虚怀领受;穷亲至,实意周旋;俗客来,也报到:先生出门去,不知在青山。郭外绿水桥边,约约得闲。事外小立花前,养我静中天。

释义:不学那道学模样,不学那神仙风骨。作为现世一个小官吏,无时无刻都生活在凡世之中,与常人无异。益友来拜访,诚信接纳,虚心请教;穷亲戚来走亲,诚心诚意好招待;平常客人来造访,如果没在家,请告诉他:先生出门游山玩水,行无踪迹,归无定期!公务家事忙碌之余,一定要利用好空闲时光。置身事外,抛却烦恼,站在花前月下,看云卷云舒,在一片宁静中修身养性,利用难得的休闲功夫提升自我。

11. 读书

少年名场争角,经史文只供得雕虫刻楠。多杂多浮少精确,无把握。不切身心自修磨,琢读圣贤书终无觉。从来党祸起儒林,尤戒别户分门相谣琢。约约勿取后日名,行贵庸,理辨驳。但求作一个明白平易人,细读我三纲八条之大学。

释义:年轻人喜欢争名斗利,认为先贤的经典大作只不过是博取功名的手段。读书贪多浮躁,不求甚解,一知半解,没有把握精髓。不能切合自身研习、磨炼,读书也没有什么领悟、觉醒。中国历史上的朋党之争都是起源于不同门派的知识分子之间,相互造谣和诽谤中伤,由此而引发的惨剧很多。一定要约束自己,约之再约:不要太看重功名,不要为日后功名而采取过激行为,但心里一定要明白是非曲直的道理。行为宜中庸,道理需辨明。认真读一读先贤的经史文集,做一个明白平和之人。

12. 豪情

破万里浪乘长风,封侯投笔树奇功。推到一世之豪杰,气如虹。抑思古来旋乾转坤,轰轰大事业,都酝酿在临深,履薄抑抑小心中。愈收敛,愈优隆。若不从惕厉忧勤阅历磨炼出,是为愤世之假英雄。

释义:胸有大志之人,当"破万里浪乘长风,封侯投笔树奇功。推到一世之豪杰,气如虹"。然而,光有豪情壮志还不行,看那古来能够扭转乾坤、成就轰轰烈烈大事业的英雄,哪个不是在创造伟业的时候步步小心、如履薄冰。行为越收敛,优势越明显。如果只有雄心壮志,没有谨慎警惕、勤奋执着和忧患意识,那就是一个假英雄。

《约斋铭》思想内涵丰富。如"功名"中说"治愧循良,辜负吾民父母望","思虑"中说"幽独审几勿暗肆","处家"中说"不修己,难责人,何以使伦理正"……同时,马丕瑶几乎每条铭文都用"约约"二字来做强调,意思是对自己对家人要"约束再约束,严格再严格"。通观《约斋铭》全篇,其敬让、诚信、勤俭、积善、修身、律己的儒家传统思想十分突出。这是马氏家训中的精华,也是马氏家风的集中体现。

(二)马氏家规——《易经》"家人卦"

除了以《约斋铭》为家训,马丕瑶后来又从《易经》中选出第三十七卦"家人卦"作为家规,教育全家人遵守。

马氏家规屏风——《易经》第三十七卦"家人卦"

"家人卦"由离卦和巽卦组成。离卦光明而依附,象征家长操劳家务且依赖全家人员配合;巽卦有力而顺从,象征家庭成员鼎力支持家长。其全文如下:

> 家人,利女贞。《彖》曰:家人,女正位乎内,男正位乎外。男女正,天地之大义也。家人有严君焉,父母之谓也。父父,子子,兄兄,弟弟,夫夫,妇妇,而家道正。正家,而天下定矣。

> 《象》曰:风自火出,家人。君子以言有物而行有恒。

> 初九:闲有家,悔亡。

> 《象》曰:闲有家,志未变也。

六二：无攸遂，在中馈，贞吉。

《象》曰：六二之吉，顺以巽也

九三：家人嗃嗃，悔，厉，吉。妇子嘻嘻，终吝。

《象》曰：家人嗃嗃，未失也。妇子嘻嘻，失家节也。

六四：富家，大吉。

《象》曰：富家大吉，顺在位也。

九五：王假有家，勿恤，吉。

《象》曰：王假有家，交相爱也。

上九：有孚威如，终吉。

《象》曰：威如之吉，反身之谓也。

《家人卦》内容用现在的白话来说，主要意思如下：

家人卦：卜问妇女之事吉祥。《象辞》说：家人的爻象显示，六二阴爻居内卦的中位，像妇女在内，以正道守其位，九五阳爻居外卦的中位，像男人在外，以正道守其位。男外女内，皆能以正道守其位，是天地间的大义。家庭有尊严的家长，就是父亲、母亲。父亲像个父亲，儿子像个儿子，兄长像个兄长，弟弟像个弟弟，丈夫像个丈夫，妻子像个妻子，家道就端正了。端正家道，天下也就安定了。

《象辞》说：本卦外卦为巽，巽为风；内卦为离，离为火，内火外风，风助火势，火助风威，相辅相成，是家人的卦象。君子观此卦象，从而省悟到言辞须有内容才不至于浮泛，德行须持之以恒才能充沛。

初九：防范家庭出现意外事故，没有悔恨。《象辞》说：防范家庭出现意外事故，就是警惕未然事变。

六二：妇女在家中料理家务，安排饍食，没有失误，这是吉祥之象。《象辞》说：六二爻辞之所以称吉祥，由于六二阴爻居九三阳爻之下，像妇人对男人顺从而又谦逊。

九三：贫困之家，众口嗷嗷待哺，这是愁苦之事，但能辛勤劳作,可以脱贫致富。而富贵之家,骄奢淫逸,妻室儿女只知嬉笑作乐,终将败落。《象辞》说:贫困之家,而能辛勤劳作,未失正派家风。富贵之家,一味嬉笑作乐,则有失勤俭之道。

六四:幸福家庭,大吉大利。《象辞》说:幸福家庭,大吉大利,由于六四阴爻居于九五阳爻之下,像家人和顺而各守其职。

九五:君王到家庙祭奠祖先,不要忧虑,祖先福佑家人,凡事吉祥。《象辞》说:君王到臣民之家,说明君臣交相爱护。

上九:君上把握杀罚之权,威风凛凛,权柄不移,终归吉祥。《象辞》说:上九爻辞讲杀罚立威,终归吉祥,由于君上能够内省己身,外树威望。

马丕瑶把《易经》第三十七卦"家人卦"作为马家的家规,旨在表明:在家庭的诸多关系中,夫妇关系是根本;男主外,女主内;家内之事,女子是主要因素;家庭主妇正,则全家正;家庭主妇不正,则全家不正。家正而天下定。

可以看出,《家人卦》未言及男子,并不是男子在家中不居重要的地位,恰恰相反,"利女贞"恰是以男子的口气来说的,男子在家中不管怎么做,总是正确的,关键是女子要能行妇道守持正固。"女贞"恰是男子齐家的主要内容,所以卦辞言"利女贞",是男尊女卑的一种体现。对此,读者也无须苛求马丕瑶的男尊女卑思想,作为正统儒家的封建文人,他是很难超越那个时代的。

马丕瑶把"家人卦"作为家规,并用上等木材制成大屏风置于马氏庄园中区一进门,意在要求家人守制明礼,职事有司,各尽其道,和睦相处。

马丕瑶和马氏族人还把马氏家规家训中的经典语句和其他为人处世道理,制作成楹联匾额,悬挂在马氏庄园的各个地方,让族人随时可见,随处感悟。

在马丕瑶严格的家教下,子孙辈中大都学有所成,出类拔萃,见识不凡。

长子马吉森(1857—1912),字子明,清末民初实业家。首建豫北纱厂,积极创办工、矿业,努力践行着"一等人忠臣孝子""一诚包万有"的马氏家训,一生忠心爱国。

次子马吉樟(1859—1931),字积生,光绪九年进士。嗜古笃学、工书法。

历任翰林院编修、湖北按察使等职,曾赴日本考察教育。为官恤民善施,力主改革,提倡教育救国。

小女马青霞(1877—1922),曾东渡日本留学,归国后,在河南和北京创办女子学校,亲任校长,并倾力支持孙中山革命事业,先后将百万家产,毫无保留地捐献给教育和修路事业,享有"南秋瑾,北青霞"之美誉。

孙子马恒融(1900—1971),字载之,早年留学美国,归国后,先后任教于河南焦作福中矿务大学(今中国矿业大学前身)、兰州西北工学院等,是我国工矿学界先驱。海内工矿界名人,很多都是马载之的弟子。

马家"一门双进士,三代五俊杰"。在马氏三代人成长成才的道路上,可以说,马氏家训家规的熏陶发挥了重要作用。

第二章

"百官楷模"马丕瑶

百官楷模——马丕瑶

光绪皇帝赐匾马丕瑶"百官楷模"

左宗棠为马丕瑶题写"清节皎然"匾额

　　马丕瑶是马氏庄园的主人,他一生为官清廉,忠诚爱国,勤政爱民,尽职尽责;为人则克己守礼,刚直不阿,疾恶如仇,治家严谨,深受朝廷器重和百姓爱戴。在山西为官时,百姓呼其为"马青天";时任户部尚书、军机大臣,光绪帝的老师翁同龢称赞马丕瑶"爱国恤民";光绪皇帝赐匾"百官楷模"。马丕瑶生前荣誉尽显,多次受到朝廷赏赐;死后殊荣加身,光绪皇帝诰封光禄大夫、威武将军,并亲自为其撰写祭文,赞其"性行纯良,才能称职",为国"鞠躬尽瘁"。

慈禧赐马丕瑶"福""寿"字

笔者认为,光绪皇帝称赞马丕瑶为"百官楷模",比较全面;翁同龢的"爱国恤民"评价更能体现马丕瑶一生为政追求。鉴于光绪皇帝褒奖马丕瑶为"百官楷模"的匾额至今仍悬挂于马氏庄园中区显要处,马丕瑶的事迹对于当今官员廉政建设和思想作风建设仍具有很好的警示和示范作用,故本书采用"百官楷模马丕瑶"作为本章的题目。

一、马丕瑶生平

马丕瑶(1831—1895,道光十一年至光绪二十一年),字玉山,河南安阳县蒋村人。同治元年(1862年)进士。历任山西平陆县、永济县知县,解州(今山西运城)、辽州(今山西左权县)知州,太原府知府,署理山西按察使和山西布政使。光绪十三年(1887年)任贵州按察使,光绪十四年(1888年)正月调任广西布政使。十五年(1889年)秋,任广西巡抚。他创建官书局,惠及读书人而广施教化;倡办蚕桑,开设机坊。

光绪二十年(1894年)十月,授任广东巡抚。时值中日甲午战争,积极修复海防设施,选拔任用有才能的得力将领,兴办团练,加强武备。光绪二十一年九月初八(1895年10月25日),因忧愤国事卒于任上,终年65岁。两广总督谭钟麟奏报朝廷,诰授"光禄大夫"①"威武将军"。

---

① 释注:光禄大夫是虚职,是皇帝对文官的特别恩赏,为正一品官,是文臣中的最高阶官,相当于现今的国策顾问。

马丕瑶一生为官,其经历大体上可以分为以下四个阶段。

(1)读书求学阶段:1831 年(道光十一年)至 1861 年(咸丰十一年);

(2)山西为官阶段:1862 年(同治元年)至 1886 年(光绪十二年)。其间,马丕瑶历任山西平陆县、永济县知县,解州(今山西运城)、辽州(今山西左权县)知州,太原府知府,署理山西按察使、布政使,时间长达 24 年;

(3)贵州为官阶段:1887 年(光绪十三年),贵州按察使;

(4)两广巡抚阶段:1888 年(光绪十四年)至 1895 年(光绪二十一年),任两广巡抚。其间 1892 年秋至 1894 年六月,为继母杨氏病卒丁忧在家,1894 年七月丁忧期满后服阕入都;十月任广东巡抚。

对马丕瑶产生了重大影响的事件主要如下:

咸丰元年(1851 年),马丕瑶转学至麻水学馆,拜郑芸笥先生为师。

咸丰六年(1857 年),马吉森出生。

咸丰八年(1858 年),马丕瑶考中举人。

咸丰八年(1859 年),马吉樟出生。

同治元年(1862 年),马丕瑶中进士,分发山西候补知县。在考察期间受到了山西巡抚郑敦谨的器重,并且为他安排幕府。

同治七年(1866 年),初夏,马丕瑶授任山西平陆县知县。期间勤政爱民,深受百姓爱戴,呼其为"马青天"。

同治五年(1868 年)春,马丕瑶改任山西永济县知县。

同治十年(1871 年),八月,其父马天平(字均亭)病卒于永济。马丕瑶丁忧三年。

同治十三年(1874 年),马丕瑶为父丁忧期满,服阕入都,补署河东监制同知。

光绪三年(1877 年),小女儿马青霞在河南安阳出生。陕西、山西大旱,灾情严重,饥民暴乱。马丕瑶受命署理灾情较重的解州(今山西运城)知州。马丕瑶临危受命,积极筹粮赈灾的同时,彻查地亩,打击豪强官绅,减轻农民田赋,终使解州转危为安,流民还家,未经镇压而暴乱自平。次年解州全境丰收,义仓存粮万石,并开始对外支援,一举解除数州之困。事后,在救灾成绩评比中,马丕瑶被评为全省第一。经张之洞、曾国荃等联名奏报朝廷,光绪帝表彰马丕瑶"实心爱民,忠心朝廷"。

光绪七年(1881年),马丕瑶莅任山西辽州(今山西左权县)知州。

光绪八年(1882年),马丕瑶任太原知府,是年汾河暴雨成灾,马丕瑶组织救灾,加强堤防,清理冤狱,释放无辜犯人。山西巡抚张之洞感其政绩,上奏朝廷,恳请嘉奖。

光绪十年(1884年),马丕瑶升任冀宁道。光绪皇帝赐匾"百官楷模"。

光绪十一年(1885年)初,钦点山西按察使;四月,钦点山西布政使。

光绪十三年(1887年),二月,任贵州按察使。

光绪十四年(1888年),正月,调任广西布政使。

光绪十五年(1889年),八月,升任广西巡抚。设立官书局,倡办蚕桑,开设机坊,建设育婴堂、栖流所,办医药局。光绪十五年,江南苏浙一带洪水成灾,马丕瑶捐赈银20 000两。光绪十六年(1890年)十一月,光绪皇帝为表彰马丕瑶赈灾贡献,赐其头品顶戴。

光绪十八年(1892年),马丕瑶继母杨氏病故,他因丁忧被免去广西巡抚之职。

光绪二十年(1894年),七月,马丕瑶为继母丁忧期满,服阕入都。其间先后受到慈禧太后和光绪帝的数次召见。十月,授任广东巡抚,辞陛出京,南行广州赴任。

光绪二十一年(1895年),正月二十日,就任广东巡抚。四月十七日,甲午战败,马丕瑶"愤懑不能自己",上书皇帝《力阻和议折》,要求"将李鸿章发交刑狱治罪"。五月,广东禁赌。九月初八,马丕瑶以忧病死,终年65岁。马丕瑶临死之前,由自己口述、两广总督谭钟麟代笔写给光绪皇帝《遗折》一份,希望皇上"励精图治"。光绪皇帝诰封马丕瑶为光禄大夫(正一品,文官最高官阶)、"威武将军"(正一品,武官最高官阶),并亲自为他撰写祭文。

二、马丕瑶"爱国恤民"故事

马丕瑶一生为官清廉,忠诚爱国,体恤百姓,留下了许多爱国恤民的故事。这些故事在今天看来,对许多为官者仍具有很好的教育作用。

(一)马丕瑶智慧断案,公正为民

1. 智审石磙

这个案件发生在马丕瑶任山西平陆知县期间。

一少年家境贫寒,父母双亡,与年迈多病的祖母相依为命,生活十分困难,全靠他整天走街串巷卖油条,赚些小钱养活祖母。一天,少年卖完油条,急着解小手,把钱袋放在厕所外的石磙上去撒尿,出来后钱袋不翼而飞。想到祖母还等着他买米回家做饭,没想到现在钱丢得一文不剩,少年号啕大哭。少年哭了半天,心想,在这儿一直哭也没有用,盗贼也不会可怜他,主动把钱给送回来,得想办法把盗贼抓住。少年看到附近的县衙,就到县衙击鼓鸣冤,要求县太爷抓住盗贼,把钱找回来。

马丕瑶听完少年的哭诉后,被他的孝心感动了。立即给了少年一些银两,让他赶紧回家给祖母买米做饭,勿让祖母担忧,抓盗贼的事由官府来办。

第二天,马丕瑶在县衙门外张贴了一则安民告示,告诉百姓:明日在县城中心街审判石磙。

县太爷要审厕所旁边的石磙?有这种怪事?消息传出,瞧热闹的人蜂拥而至。大家怀着莫名兴奋的心情,围观县太爷是如何审石磙的!

马丕瑶审石磙案件迅速在民间发酵。开审那天,马丕瑶命人把石磙从厕所旁边移到审案现场。审石磙开始了,瞧热闹的人山人海。但县衙规定,凡靠前目睹马丕瑶审石磙的人,必须在石磙旁边的一个清水盆里扔一枚铜钱,作为前排观赏费。突然,有一个邋遢之人将铜钱扔进清水盆后,水面顿时浮起了油花,马丕瑶一声令下:"拿下此人!这铜钱来路不明。"

衙役立即将此人拿下,摁倒在地,一顿板子打来,邋遢之人便交代了偷盗少年钱袋的过程。

2. 巧判铜鼓

同治七年(1868年)春,马丕瑶改任山西永济县知县。

县城有两户邻居:张家和白家。一天,张家和白家商量,决定在两家地界打井,共用一井水。在挖井的时候,挖出了一面铜鼓,看样子是老古董,价值不菲,可以卖个好价钱。双方都想独吞铜鼓,张家说是他先挖到的,白家说是他先挖到的,争执不下。有人建议说,干脆一家一半,平分算了。但张家、白家都不愿意,于是,双方找到县衙,请官府评判。

马丕瑶听完双方的陈诉后,又认真看了看那面铜鼓,发现铜鼓腰身上刻着"马援"二字,立即有了主意。只见马丕瑶突然掩面痛哭,边哭边向张、白二人诉说:自己的先祖叫马援,当年奉朝廷之命,抵御西夏,战事失利,为国捐躯，没想到在此找到证据。这铜鼓是俺马家的传家宝呀。

张、白两家目瞪口呆，立即表示不争铜鼓了，愿意物归原主。马丕瑶给了两家一些小钱，作为二人的辛苦费，感谢两家为马家找到了先祖遗物。张、白两家千恩万谢地走了。

其实，马丕瑶明白，这种案件，没有第三方在场作证，双方又不接受平分调解，很难判决，当他看到铜鼓上的"马援"二字时，灵机一动，索性自己收回铜鼓，并赏赐了张、白二人。后来马丕瑶把铜鼓变卖掉，所卖收入上交国库。当地百姓交口称赞。

3. 妙惩黑财东

马丕瑶上任永济县令后平反了不少冤假错案，被百姓们称为"马青天"。

一天，马县令下乡体察民情，半道上遇见一位老者。这老者身穿长衫，看样子像个读书人，年过花甲，须发皆白，边走边哭。马县令叫停官轿，问道："老人家，何故洒泪！"

老者抬头见是县太爷，连忙跪地施礼道："学生余长庚见过太爷。"

马县令道："老人家，站起来讲话，不必如此。"

老者名余长庚，自幼饱读诗书，二十岁考取了秀才，乡试三次未能中举，便在乡间教书为业。去年受聘于县西管家庄大财主管兴旺家授课，管兴旺说一年铜钱十吊，但先生不能有不认识的字。余长庚心想：我自幼与书为伴五十余载，应该不会有不识之字，便答应了。结果余长庚辛苦教书一年，年底结算工钱时，东家管兴旺写了个"井"字中间加一点让余长庚认，余长庚从未见过这个字，只好对管兴旺说不认识这个字，管兴旺听了，狡黠地笑了笑，写了副上联让余长庚对：井中投石"丼"，响声如雷。

余长庚不认识这个"丼"字，自然也无法对出下联来。管兴旺对余长庚道："这么简单一个字先生都认不得，岂不是误人子弟？咱有言在先，若有不认识的字，工钱免付……"余长庚问管兴旺："东家，学生才疏学浅，工钱不给无话可说，只是这个字念啥，望东家告诉学生，我也好长些知识。"管兴旺听了笑了笑，对余长庚道："老夫子，井中投石，'丼'（dong）乃石头落井的声音。"

马县令听了余长庚的话后，知道是管兴旺有意昧工钱，想了想对余长庚道："老人家，既是与书本为伴五十多年，想必是才高八斗学富五车，这样，本县与你出一上联,你若对得上来,本县保证为你加倍讨回工钱,如何?"

余长庚听了马县令的话,心里又燃起一丝希望。便对马县令道:"太爷,既然有此雅兴,学生听命便是。"

马县令想了想吟道:四面灯单层纸,照亮东南西北。

余长庚听了马县令的上联后心想:县太爷吟的是灯笼联,我已至如此境界,就诉诉苦吧,便开口吟道:一年学八吊钱,历尽春夏秋冬。

马县令听了余长庚的下联赞道:"好,对得好,对仗工整。你且随本县回衙门暂住,待本县与你讨回工钱后,你再回家。"就这样,马县令让人把余长庚接回县衙。

第二天,马县令差人将管兴旺传到县衙大堂。管兴旺依仗是山东巡抚的小舅子,与前几任县令都是称兄道弟,对马县令也只是抱了抱拳算是施礼。马县令怒道:"大胆狂徒,见了本县竟敢不跪,分明是藐视朝廷命官,左右拉下去重打二十大板。"

堂上差役得令,虎狼般将管兴旺狠狠打了二十毛竹大板,只打得管兴旺哭爹喊娘,皮开肉绽,连声喊冤不止。

打完板子后,马县令提笔在纸上写了个"毲"字,掷在管兴旺面前问道:"你说说这个字念啥?"

管兴旺看了道:"太爷,小人虽说不才,也念过十多年书,却从未见过此字。"

马县令听了冷笑一声道:"蠢才,这是竹板打屁股的声音,念 pia。"

管兴旺听了猛然醒悟,知道县太爷是为余长庚打抱不平。

马县令又将一张纸扔在管兴旺面前道:"你看看本县给你对的下联可得体。"

管兴旺一看,只见纸上写着:井中投石"丼"(dong),响声如雷。竹板打腚"毲"(pia),屁股开花。

管兴旺脸羞成了猴儿屁股,只好认错受罚,挨了打又赔偿余长庚了双倍工钱后,一瘸一拐地走了。①

---

① 孙晨林.马县令妙惩黑财东[J].对联.民间对联故事:上半月,2009(2):10-11.

4. 怒烧石龟

马丕瑶在解州任知州时,曾经断过一件石龟案。

有一段时间,接连有民众到知府报案:近日,常有年轻女子在路过一片坟地时离奇失踪。马丕瑶微服私访,发现离这片坟地不远的地方是一个寺院,有僧人向小贩买梳子、篦子等女人梳头的东西。和尚、僧人买什么梳子篦子? 马丕瑶分析,这里面肯定有猫腻。他果断行动,派人把寺院和坟地团团围住。坟地除了一个大石龟,就是十几个荒草丛生的坟头。马丕瑶决定从石龟入手,开始办案。他召集众人,一本正经地指着石龟骂道:"打它一百鞭子,看它还敢胡作非为不敢。"石龟无语,马丕瑶接着喊道:"拿火烧它。"

火把扔向石龟及石龟后面的坟头上。顿时,荒草烧光了,坟头塌陷,露出一个洞口,衙役捕快循洞进去,发现有地道。再往里走,地道直通寺院。从地道上去,发现寺院两间房子里有几个蓬头散发的女子正在哭泣,一个猥琐的和尚正抱着一个年轻女子,在寻欢作乐,被衙役捕快抓了个正着。

马丕瑶勃然大怒,立即查封寺院,释放被抢民女,将作恶的僧人严刑正法,为当地社会铲除了一颗毒瘤。

5. 发配石涧沟

马丕瑶在太原担任知府期间,一天,一个地痞来状告一个饭店厨师打伤了自己,要求知府大人严惩凶手。马丕瑶很奇怪,让衙役把原告带到府衙,问明情况。原来,这个地痞在一家小饭店吃饭,不但不给店主饭钱,反而打了店主几个耳光。饭店的一个厨师看见自己的老板被吃霸王餐的地痞打得鼻青脸肿,怒火中烧,抓起菜刀,一刀把地痞的五个手指给剁了。

地痞一看自己吃了亏,又打不过厨师,拖着受伤的手哭着喊着跑到府衙,要知府马丕瑶给他主持公道。马丕瑶一听厨师的口音,像是安阳老家的人,便一拍惊堂木,大声呵斥道:"常言说,遇事要冷静,有理说理,有冤说冤,你一言不合,便持刀砍人,真的不讲王法了吗? 本府根据大清律条,发配你到东方石涧沟万丈深渊,狼群经常出没的地方,永远不得回转。"

其实,马丕瑶清楚,石涧沟是个村庄,与自己老家蒋村是邻村,涧也不深,沟也不长,村边有一道一里多长的小涧小沟,叫石涧沟。马丕瑶为了保老乡无事,没把村庄的名字说出来,故意把石涧沟说得恐怖吓人。再说,那个地痞有错在先,被人剁了手指,也是活该! 自己不当为了这种地痞而过分处罚一个有正义感的好人。

上述五个故事①均表明了马丕瑶是一个很有智慧的人。他把自己的聪明才智用在了维护社会公平正义、保护民众合法权益的地方，也为自己赢得了"马青天"的称号。

(二) 马丕瑶清正廉洁,不畏权贵查贪官

"不爱钱不徇情,我这里空空洞洞;凭国法凭天理,你何须曲曲弯弯。"这是马丕瑶做官的原则。马丕瑶为官多年,以清正廉明闻名。对于投其所好上门送礼之人,马丕瑶一概拒之门外,所以他不仅被百姓誉为"马青天",同时也深得朝廷的赞赏,多次委以重任,派其秘密核查官员贪污腐败等事。

1. 拒收贿赂惩治地痞无赖

马丕瑶在平陆当知县时,抓捕了一个无恶不作的地痞流氓。地痞流氓的家人听说马丕瑶喜欢养花,立即送来两盆洛阳牡丹,花盆特意用白银打造。马丕瑶立即差人送回,暗中调查地痞平日所为,发现该人是一位为官多年的县吏之子,平时为非作歹,强抢民女,鸡鸣狗盗,什么坏事都干,民愤极大。但地痞仰仗其父在县衙为官,每次作恶后,竟能逍遥法外,百姓敢怒不敢言。马丕瑶闻听,勃然大怒,毫不犹豫地将歹徒打入囚牢,严惩法办。并对家人说:"人之投吾所好者,必有所为而来,稍中其毒,与饮鸩。"

2. 太原知府"马青天"

光绪七年(1881年),马丕瑶做太原知府时,张之洞(1881至1884年任陕西巡抚)请他出任山西清查局局长,只用三天时间,就查出了山西布政使与地方官作弊贪污三十万两银子的罪行。在此案的相关案件中,马丕瑶共查出贪官上百名,使山西官场兴起廉政之风,老百姓称他为"马青天"。

3. "大清包拯"马丕瑶

光绪十一年(1885年),马丕瑶刚当上山西布政使时(相当于现在主管财政的副省长)晋商中生意最红火,实力较大的乔家、常家、王家、曹家、渠家的掌舵人,都先后给他送来数目可观的银票,希望马丕瑶以后能照顾他们的生意,少收赋税。马丕瑶清楚,这些晋商实力强大,商号遍及全国,而且手

---

① 故事根据邓叶君《头品顶戴马丕瑶》(河南文艺出版社,2007年)第101-106页内容整理。

眼通天,与朝廷中的不少重要官员交往甚密。如果直接拒绝他们,会对自己不利,就让管账如数收下银票。事后,收他们的赋税时,抵赋税税额。几家巨商了解了情况以后,不但不少交,反而争着多交。同时还专门制作了一面锦旗,上书"大清包拯马丕瑶",敲锣打鼓送给马丕瑶。

4. 广东禁赌

清朝时期,广州是我国南部重镇,海运贸易十分发达。广州汇集着世界各地的客商和各色人物,因此在当时的广州赌馆林立,赌风盛行。因赌博引起的偷盗、抢劫、打架、争斗之事,几乎天天发生;因赌博而倾家荡产、卖儿鬻女者,妇女沦为娼妓者,不计其数。当时官府为了得到更多的利润,就定了一个规定:只要赌馆将其收入的四成上缴,就可以开业经营。这就等于官方承认赌馆的合法性。因此,广州城赌馆生意十分火爆,赌风愈演愈烈,治安很混乱。马丕瑶到任广东巡抚查明情况后,决心禁赌。光绪二十一年(1895年)五月,马丕瑶发布《裁革陋规,严禁赌馆告示》:"士农工商,各有正业。自赌盛行,无业者以赌为业,有业者改业为赌,父兄宗族不可禁遏。甚至室家离散,骨肉伤残,民俗人心由此大坏。"他在给朝廷的奏折中写道:"纵民为赌,实纵民为盗。欲止盗非先禁赌不可,欲禁赌非裁四成陋规不可。"马丕瑶严令,自告示发布之日起,官府停止收取赌馆的四成钱款,对赌馆严行查禁,如再复开,必将严惩。自此,广东赌风被禁,社会风气明显好转。

5. 查办李瀚章

马丕瑶就任广东巡抚之前,慈禧太后就下旨命他查处两广总督李瀚章的渎职和违法情况。马丕瑶刚到广东上任,李瀚章为收买他,派人送来一颗玲珑剔透的绿翡翠白菜。他铺开宣纸,写了一副对联,让来人看,并大声读给来人听。那是他在平陆任知县时亲自撰并挂在正堂给打官司的人看的:"不爱钱不徇情,我这里空空洞洞;凭国法凭天理,你何须曲曲弯弯。"来人只得抱着价值连城的宝物灰溜溜地走了。马丕瑶首先从外围入手,查处了李瀚章的亲信、前广东雷琼道杨文骏贪赃敛财白银数十万两,前广东琼州镇总督杨安典以办海防为名、暗中开设赌场专供贪官赌博的罪行,上奏朝廷,予以严惩。

接着又查清了两广总督李瀚章"懈驰海防、玩忽职守"的渎职事实:前两广总督张之洞曾在沿海要地树立许多木桩和铁桩,并架有木质长桥,桥上铺设木板。沿海设立的木桩和铁桩主要目的为阻止敌舰靠岸,而木桥则是为平日通行及转运军火所用,战时便将其封闭。自光绪十五年(1889 年)十月李瀚章接任两广总督之后,接受外商贿赂,私自拆除沿海近岸交通要道上的木桩和铁桩,为外商船只走私货物提供方便。沿海其他各处的木桩漂失甚多,所存着也大都朽烂,木桥上的木板有不少毁坏,而李瀚章却未及时加以修补,导致海防懈驰,形同虚设。

马丕瑶克服种种困难,将调查情况据实上奏朝廷,要求惩治李瀚章。不久,清廷下旨罢免了李瀚章两广总督的职务。

马丕瑶查处山西布政使和李瀚章贪腐案,均为下级查上级的典型案件,如果没有忠诚为国的决心和过人的智慧,是很难顶住压力,查个水落石出的。

6. 推行官员家产公示制度

马丕瑶就任广东巡抚后,打击贩毒吸毒,禁赌馆,鼓励开商铺,广开言路,采取"官员自报家产,政府按册清查"的办法,打击贪官污吏。马丕瑶把全省的司道府县各级官员召集到一块,让他们自报家产。然后,让按察使率人前去他们家中逐一核对,对三分之一隐瞒不报的人,立即革职查办。让布政使对一贫如洗的清廉官员,进行嘉奖补贴。同时给光绪皇帝上书,保举贤才,一下子推荐提拔了十五名司道府县官员,在广东首开先例,令人叫好。①

(三)马丕瑶勤政爱民

马丕瑶无论在何地任职,都置个人利益于度外,把对朝廷忠心转化为殚精竭虑、尽心尽责、清除积弊、造福黎民的实际行动。马丕瑶 31 岁中进士,以"知县即用"分发山西。恰逢偏处边地的平陆县盗匪猖獗、民怨沸腾,原任知县如坐针毡,千方百计寻求调离。面对诸多积案和百姓的怨声载道,马丕瑶一上任就在大堂上悬挂出"不爱钱不徇情,我这里空空洞洞;凭国法凭天理,你何须曲曲弯弯"的长联,表明公正严明的态度。随着一批积案得到公正处理,马丕瑶赢得了平陆父老的信任和支持,在他们的帮助下,很快摸清了匪患的详情和原因,并将盗匪团伙一网打尽。从此,平陆盗匪销声匿迹,百姓拍手称快,"马青天"的盛名不胫而走。

---

① 邓叶君.头品顶戴马丕瑶[M].郑州:河南文艺出版社,2007:72-74.

1. 平息黄河滩地争端

从清朝康熙乾隆时期一直到清末，黄河沿岸山西、陕西两省之间民众为争夺滩地而矛盾不断。清末，山西省永济和陕西省的华阴、朝邑等县之间民众大争黄河滩地，原因是黄河流幅不定，滩地面积增加或减少的数额也不定。也正是这样的原因，黄河滩地很难确认归属权，黄河沿岸民众为此争斗不息，多次发生流血事件。尤其是永济县上源头村和夏阳村两个村子，因一片河滩地你争我夺，长期诉讼不已，每有械斗，常有死伤，数十年得不到解决。为解决这一问题，朝廷曾经下诏要求河东道会同永济、朝邑、华阴三县共同勘定界限，并把结果层层上报。但是事情总是得不到解决。

同治七年（1868 年），马丕瑶在平陆县任满三年，调任永济县知县。此时，马丕瑶即把施政的重心转到本地黄河滩地的问题上，抽出时间和精力把黄河滩地之争提到议事日程上来。1869 年，马丕瑶亲自到两村滩地办案，组织人员认真用罗盘勘察，丈量面积，并参考前任知县的原来定案，划分界畔。在三个多月时间内，共设立了 11 处界畔，其中 7 处明畔，4 处暗畔。界畔统一立石柱，用朱砂写明方向定位。同时在界畔上设置小型魁楼。马丕瑶亲自为之撰写铭记。为了防止沙流移动界畔，马丕瑶让人栽种了"王"字形柳树 9 株，用以界定一方边界。订立那么多的标记，正是针对该处黄河流幅不定，滩地面积也不定的特点。如果此后丢失一两个标记，也能靠其余的标志来分辨界线。

马丕瑶认为，滩地引起的争诉原因，一是黄河滩地存在的客观原因，一是丈量尺度和公正问题。因此，马丕瑶在丈量勘界过程中，严格按照当时公布颁定的统一铁尺，同时要求参与人员严格公正丈量，保证不出现纷争。

在以农为主的传统社会中，滩地争夺案件，都是黄河沿岸居民为了维护自己的利益而引起的，如果处理不当或处理不及时，就会引起地方不安定。地方官员的责任，是妥善处理好这些争端，以使当地社会安定，并保证国家的税课。马丕瑶心系百姓，心忧国家，不辞劳苦，亲临现场，很好地解决了两个村的黄河滩地纠纷。

2. 解州赈灾，百官楷模

从光绪二年初（1876 年）到光绪五年（1879 年）旱灾在北方多省肆虐，其中山西、河南、山东、陕西、直隶五省情况最为严重，而河南、山西两省又属重中之重。1877 年(丁丑年)和 1878 年(戊寅年)灾情空前严重,故称此次灾荒为"丁戊奇荒"。这是有清"二百余年未有之灾"。长时间的干旱少雨使得庄稼产量锐减,甚至颗粒无收,致使出现了严重的饥荒。越来越多的百姓挣扎在死亡线上。灾荒最初还能以草根、树皮度日,可是随着"树皮既尽,亢久野草亦不复生,……路旁倒毙,无日无之"。据统计:死于此次灾荒和疫病者约一千万人(也有人估计为九百万和一千三百万),从重灾区逃荒到外地的人数达到二千万以上。①

1877 年,山西大旱,饥民暴动,解州是重灾区,形势尤为严重。解州,古称解梁,是三国蜀汉名将关羽的故乡,即今运城市盐湖区西南 15 公里的解州镇,镇西有全国现存最大的关帝庙,俗称解州关帝庙,系全国重点文物保护单位。"丁戊奇荒"中,解州受灾最重,饥民暴乱,星火闪现,五省灾区燎原之势随时都可爆发,继而引发全国暴乱。值此国家危难之际,马丕瑶受到赈灾钦差阎敬铭赏识,被委以重任,出任解州知州,加赏盐运使衔。到任后,马丕瑶立即采取了积极的应对措施,提出了"赈务六要",即:任绅(任用当地有名望的乡绅担任赈灾负责人)、筹粮、审户(清查受灾人口)、分赈(分发赈灾物资)、弹压(阻止暴乱)、纠弊(纠正弊端)。详细提出了在赈灾时应注意的问题。并且在加大官方赈灾力度的同时更加注重灾后的重建工作。为了能使当地早日渡过难关,马丕瑶可以说是殚精竭虑、尽心筹划,做了四件事:

第一,赈济灾民,整顿仓储,平抑物价。马丕瑶及时派人到外省购粮,划分困难等级,计口给粮。为了能有效抑制物价,马丕瑶令受灾之地设立平粜局,并将山西大同等地的粮仓发放到各地用来平抑市场粮价。此外,鉴于解州各地备荒赈灾所创立的仓储制度已名存实亡,各地仓廪亏空严重,马丕瑶着手整顿仓储,保有充足的储备粮,目的是防患于未然,在面临灾难时能从容面对。

第二,重新清丈土地。治标须治本。马丕瑶通过深入细致调查,了解到饥民之所以作乱,是因为当地豪强地主拒不实行"摊丁入亩"。清朝雍正时期全面推行土地赋税制度改革,废除原先的"人头税"(政府按人头征收赋税或丁银),推行摊丁入亩(政府按照土地田亩数征收丁银,每亩地征收一定数

---

① 刘冉. 马丕瑶的为官思想与实践[D]. 长春:东北师范大学,2011:6.

量的银两,即"地丁银")。但山西有20多个州县没有推行"摊丁入亩"政策。豪强地主占有大量土地,却不纳税赋;农民没有土地,却要交各种田赋丁银,是为"田赋不均"。所以当时有人一针见血地指出:"晋民有无田之课,州县有赔粮之缺,官民交困,行之丰年,犹受其病,处此凶岁,更何以堪?"情况确实如此,当此荒年之际,百姓饿殍遍野,亟需官府救济,可是官府手中没有钱粮,地主豪绅手里有粮食,但他们囤积居奇,无疑是在加剧社会矛盾。马丕瑶查明情况后,决定彻底核查地亩,清丈土地,从根本上解决问题。经过艰苦细致的工作,解州的土地终于清查完毕,并绘制成册,"全州共有十六里九十五甲(作者注:一寸为一甲,数村或数十村为一里),民田,平坡,砂垦等各色屯田共计三十二万一千八百五十二亩一分三厘两毫三丝二忽"。

解州清丈土地的工作取得了巨大成效,解州也转危为安,流民还家,未经镇压而暴乱自平,从而成为其他州县纷纷效仿的榜样。山西巡抚卫荣光有感于马丕瑶的政绩,上奏朝廷,赞扬马丕瑶"勤求治理,实心爱民";在解州"督同该州绅民清丈田亩,会造鱼鳞散册一千余本,前后两载,始克功绩"。使得"粮赋条理精密,使国无通赋,民无冤粮,举百年痼疾一旦扫除殆尽,实为晋省一百人万州第县中所无"。在清廷政策鼓励下,各地争相办理此事,也取得了一些成效,在一定程度上减轻了民众的负担。[①]

第三,酌减赋税差徭,减轻农民负担。马丕瑶在解州赈灾期间,主要做了两件减轻农民赋税和负担的事情。[②]

(1)减轻徭役。光绪《解州志》中《田赋》一册记载,山西解州流差日益增多,百姓不堪差徭重负。其中一项就是"车马费"。按照当时官府规定:官署所用器具及差务开支均来自乡里,地方官出行以及官亲幕友远游时所需要的交通工具,也由乡里民众提供。但乡民常常"畏道远,辄愿折银交官,每车约数十金",此为"车马费"。由于官吏盘剥,车马费与日俱增,百姓苦不堪言。

马丕瑶身为解州知州,体恤民情,召集当地官绅共同筹议裁减差徭一事。首先,决定根据村庄的大小"酌定应差次数,轮流先后";其次,按照田地

---

① 刘冉. 马丕瑶的为官思想与实践[D]. 长春:东北师范大学,2011:8-9.
② 韩红英. 马丕瑶家庭教育研究[D]. 开封:河南大学,2016:29-32.

亩数应差,每亩摊派一文钱。未改革之前,乡民每亩每年需摊派十多文钱,现在改为一文,大大减轻了乡民负担。为避免摊派的错乱繁杂,拥有田地不足一亩的乡民,仍征收一文钱。这样一来,每年"得钱三百千零",其中六成用为"解粮车费",即押送粮食所用车费。半成为"试院州署椽费",供当地试院、州署修筑房屋所用。半成为"经收里长"经费,每里均有一里长掌管该地的粮赋等征收,需要提供部分补助。其余三成"发商生息,以备兵差"。最后,拟定各官署需要用的器具,"除裁减不计外,仍定以数",即不允许官署借器具不足之名滥征乡民钱财。经过努力,马丕瑶与当地官绅共筹议出29条新章程,并呈请工部侍郎阎敬铭,经其详细核定,批准"自光绪六年正月起改行新章,试办一年"。

(2)免征民粮。"丁戊奇荒",解州受灾严重,马丕瑶心急如焚,在光绪四年(1878年)和光绪五年(1879年)两次上奏朝廷,免除解州百姓下半年的田赋和钱粮。

第四,积极恢复灾后生产、稳定社会秩序。劝民回家,对耕种荒田者发放劝垦经费,鼓励农民垦荒种地;由官府出钱购买骡马、耕牛和驴,半价卖给农民,减轻农民负担;编印《蚕桑简易法》,鼓励种桑养蚕,开设缫丝机坊。

解州赈灾,体现马丕瑶勤政爱民的品质。通过清丈土地、均减徭役等,使农民获得了相应数量的土地,生产积极性大大提高;整顿仓储有利于恢复和提升地方防灾害的能力;鼓励民众发展养蚕业使得民众的生活水平有所提高,并且客观上也顺应了近代商品化的历史趋势。这些措施使得解州的灾民救济以及灾后重新恢复生产、稳定社会秩序方面都取得了巨大的成效,促进了地方经济的恢复和发展。第二年(1878年)解州全境丰收,义仓存粮万石,并开始对外支援,一举解除数州之困。"故晋饥虽甚,惟解州民无流亡,田鲜荒者。"

马丕瑶自同治五年至光绪十二年(1862—1886年),一直在山西为官,历任平陆县知县、永济县知县、解州知州、辽州知州、太原知府、山西按察使和布政使等职,时间长达二十余年。其间,马丕瑶勤政务实,积极赈灾救荒,多次上奏朝廷,减免田赋差徭役,裁撤陋规,恢复生产,发展经济,忠心爱民,政绩卓著。

光绪八年(1882年),马丕瑶任太原知府,是年汾河暴雨成灾,马丕瑶积极救灾,实行固防,平反冤案。山西巡抚张之洞感其政绩,上奏朝廷恩请嘉奖。光绪十一年(1885年)初,马丕瑶被钦点为山西按察使;四月,又被钦点为山西布政使。从知县到布政使,他始终践行"忠臣"标准,勤政爱民,深得民众爱戴和朝廷信赖,"百姓呼为马青天"。光绪十年(1884年),光绪帝褒奖他"堪为晋省百官之楷模"①,并御赐"百官楷模"匾一块,该匾额至今仍悬挂于马氏庄园。

马丕瑶对国家是忠诚的,对待百姓是爱护和体恤的,对父母是孝敬的。他侍奉父母更是严格恪守孝道。他的俸禄,除了时不时接济一些穷苦乡邻外,主要就用来赡养父母。任永济县令时,他父亲突然病逝。接到消息后,他立刻报请停薪,归家丁忧,为父守孝。这时,他连买棺材、雇车马回家的钱都拿不出来了。永济人听说后,被马丕瑶廉洁奉公的事迹深深感动,纷纷解囊相助,捐凑银两,这才解了他燃眉之急。

马丕瑶在山西二十年如一日,用自己的实际行动诠释了"忠臣孝子"的含义,赢得了朝廷和百姓的赞誉,为他以后成为封疆大吏奠定了良好基础。

光绪十三年(1887年)二月,马丕瑶被调任贵州按察使兼署布政使;四月,遵旨入京,受到慈禧和光绪两次召见;八月,任广西布政使。

光绪十五年八月,马丕瑶升任广西巡抚,正式成为封疆大吏,同时还兼任兵部侍郎和都察院右副都御史。

3.整顿吏治,劝农蚕桑,减轻赋税,发展经济

广西桂林现在是我国著名的旅游城市,也是西南地区的经济重镇。在宋代以后,它一直是广西政治、经济、文化的中心,号称"西南会府",直到新中国成立。光绪十五年(1889年)八月,年近花甲的马丕瑶被任命为广西巡抚,来到桂林。从道光时期开始,广西一直兵事不断,到光绪年间,整个广西已经为战争所累,民生疲惫,社会元气大伤。此时又是中法战争刚刚结束,作为封疆大吏,如何加强边疆的力量成为摆在马丕瑶面前的一个严肃问题。

马丕瑶任广西巡抚(1889—1892年)后,在给光绪皇帝上的第一道奏折中,他没有过多提及巩固边防军事的做法,而是建议在广西创建官书局,兴办桑蚕,开设缫丝织绸机房。

---

① 杨春富.马丕瑶马吉樟文选[M].安阳:安阳县文化局马氏庄园管理处,2007:1.

马丕瑶升任巡抚后不久就在广西各地巡查,行程达 4 000 里。这可不是观光旅游,他仔细查看山川险要、访问民间疾苦、考察吏治情形,收获甚大。他曾经慨叹道:"巡抚巡抚,非'巡'不能'抚'也!"经过调查,他认识到:"防边莫先固本,察吏始能安民,第一要务首在审官。"光绪十五年(1889 年)十二月,他向全省发布了《广西禁地方官苛派告示》,严禁各地官吏巧立名目勒索百姓。在实践中他认识到,幕友把持官府,最容易败坏官场风气,因而奏请驱逐广西劣幕,以"除幕蠹"而"清吏源"。在当巡抚期间,马丕瑶持之以恒地荐举干才,参劾劣员,使广西官场风气得到整肃。

劝农蚕桑,发展社会经济,是马丕瑶治桂的一个亮点。为了推动蚕桑运动的进行,马丕瑶不仅把自己编写的《劝民种桑歌》遍贴各地,还积极搜集蚕桑各书,如《养蚕实济》《蚕桑宝要》等,刊刻后分发广西各地,并开办各类蚕业学校,对民众进行教育,使他们懂得蚕桑之利和植桑养蚕之法。他先在桂林、梧州两府设立机坊,请附近女师来教民缫织,并随时收购民众制出的新丝,来学习的人十分踊跃。马丕瑶采取官办、民办两种形式,开办了养蚕学校和蚕桑讲习所、传习所二十多处,向农民宣传讲解养蚕知识。他督促各府、州、县官员认真办理植桑养蚕事务,并多次上奏朝廷,请求给予办理蚕桑事务卓有成效的官绅以奖赏。他还请求清政府减免广西新产丝绸厘税,以利发展,均获准。厘税的减免解除了商人的顾虑,便利于丝绸的销售。在马丕瑶的带动下,广西各级官员也开始重视办理蚕桑事务,有力地促进了广西蚕桑业的发展,提高了农民收入。据记载,广西在植桑养蚕运动中所获得的价值每年约"五六十万金"。①

另一方面,他也想办法减轻老百姓的负担。在担任广西布政使时(1888年正月至 1889 年秋),他闻知当地对贩运米谷,有层层设卡、抽取厘捐之陋规,马丕瑶认为这种做法不妥,"谷产于地,地即纳粮,谷又抽厘,名非加赋,实则重征"。由于实行这种不合理的办法,米谷运不出去,农民卖不了钱,便都不愿多种,致使谷米产量大减,价格高昂,于是外国人将大量洋米用轮船运来,其利反而为外人所得。有鉴于此,马丕瑶慨然上奏朝廷,请求免除谷厘捐。当广西巡抚时(1889—1892 年),他通过巡查,看到了老百姓的生活状

---

① 刘冉.马丕瑶的为官思想与实践[D].长春:东北师范大学,2011:18.

况,因此多次上奏朝廷,反映广西民众生活艰难的状况,请求募集款项时予以体谅。例如在《筹解备荒银两折》中,他把在梧州、浔州、南宁等府所访询到的情形上奏皇上,认为劝募新捐恐怕"难期有济"。

马丕瑶在广西建育婴堂。广西经济落后,思想愚昧,重男轻女思想严重。民间有溺女婴、弃女婴的习惯。马丕瑶上任后,在发展经济的同时,下令官府开设育婴堂,接济生育女婴的贫困家庭,大批收养弃婴,规定:凡是生女婴送到育婴堂登记的,政府每月给婴儿父母800文钱,资助18个月。此举有效刹住了溺女婴的恶俗,平民百姓受益匪浅。①

尤其需要提及的是,马丕瑶的选用官吏标准集中地体现了他勤政爱民的特点。马丕瑶始终认为:"治莫先于察吏,察吏受重乎爱民,凡廉明慈惠、存心爱民者,无论职大职小,用宽用严,均不愧循良之选。"②可见,为官廉洁、慈善明惠、常怀爱民之心为马丕瑶选用官吏时参考的重要标准。

(四)马丕瑶忠诚谋国

1.督办广西边防军务

清代广西边防是中越边防的关键地段。法国侵占越南后,法军在中越边境沿线驻屯重兵,中越边界的形势发生了根本变化。在此情况下,清政府接受张之洞的建议,在广西设置了边防督办,任命提督苏元春为督办。时任广西巡抚的马丕瑶提出了构筑炮台营垒的边防工程建设思想,奏请准用苏元春带领军队修复镇南关,重建国门。

随后,马丕瑶奏请两广总督张之洞拨银10万两购买洋炮。这批洋炮运抵广西边防后,马丕瑶立即布置安装,从而拉开了营建广西边防炮台的序幕。马丕瑶奉旨巡查边防工程时说:"由龙州抵镇南关口,一路丛峰峭壁,层层险要,连城四山斗绝,提臣营于此,适南关、龙州之中,足资屯运……"

从马丕瑶的亲身经历看,广西沿边炮台经过历时两年的一期工程建设,大体上初具规模。广西边防二期工程建设发挥的作用不大,原因是法国要在越南修筑中越边界绕到平而关外,从而避开镇南关中路的纵深防御,占据了龙州上游的交通枢纽,造成镇南关反居其后,大大降低了镇南关的防御作

---

① 刘冉.马丕瑶的为官思想与实践[D].长春:东北师范大学,2011:22.
② 刘冉.马丕瑶的为官思想与实践[D].长春:东北师范大学,2011:21.

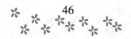

用。面对新出现的危机,马丕瑶亲赴广州与时任两广总督的张之洞会商,决定加强平而关、龙州一带的设防,并购置克虏伯巨炮,参照虎门炮台工程式样及布防情形进行设防。边防炮台建设开支巨大,清廷不愿支付这笔巨额费用,主张缓办。马丕瑶上奏力争:"臣亦知款巨时艰,惟广西边防 1700 余里,处处紧连越壤,三关百隘,防不胜防,全靠扼险凭高,多置炮台,必一台足顾数隘,层层联络,节节应援……"在当时军队机动能力因地形限制十分落后的情况之下,以炮台的远程火力控制边关重要据点的做法,是非常明智的选择。

由此也可以看出马丕瑶的远见卓识和未雨绸缪的国防危机感。在时局艰难的情况下,能在如此短的时间内修筑如此庞大而坚固的边防工程设施,非有坚忍不拔毅力则难以胜任。广西边防工事有效地遏止了法国的侵略野心,使其不敢贸然进犯中国,保持了边境地区半个多世纪没有发生重大战事。

马丕瑶深知,唯有振兴边境一带的经济,才有可能集中更多的钱用于边防炮台和隘口的建设。为恢复和发展地方经济,增强广西沿边的经济实力,马丕瑶指示苏元春在许多地方建房造圩,积极鼓励边民聚居经商。他甚至还曾采取"赶圩有赏"办法来请各村寨群众赶圩做生意,各边防隘口市场逐渐繁荣起来。

2. 劝谏慈禧俭办六十寿辰

光绪二十年,阴历甲午年十月初十(1894 年 11 月 29 日),是清朝的最高统治者慈禧太后的六十岁大寿。清政府打算拨出三千万两银子的专款为慈禧太后举办盛大的庆寿典礼。北京城里的大小官员发了疯似的,想尽法子捞钱,以便给慈禧太后送上一份厚礼,博取她的欢心。

慈禧非常重视自己的六十寿诞。按照旧历天干地支计算,六十为一个甲子轮回,是一个非常重要的吉祥年份。慈禧认为,自己这一辈子经历非常坎坷,十七岁入宫,从来没有过太平日子,马上就要成为六十岁的老人了,应该趁此机会好好庆祝一番。

为了举办隆重的庆典,一年前就已着手筹备。慈禧晚年的行事作派,处处刻意模仿乾隆。乾隆晚年营建了宁寿宫,以备将皇位传给儿子嘉庆之后,做太上皇时养老居住。慈禧计划 1889 年 55 岁时,宣布撤帘归政给已经大婚亲政的光绪皇帝之后,搬入宁寿宫居住。乾隆寿辰要去圆明园庆贺,并在沿途大摆排场，慈禧也计划去颐和园风光一回。但圆明园在第二次鸦片战争期间被英法联军毁之一炬，慈禧决定在原清漪园的旧址上重新修建一座颐和园①，作为自己归政养老、颐养天年的地方。

1884年至1895年，为慈禧太后退居休养，以光绪帝名义下令重建清漪园。由于经费有限，乃集中财力修复前山建筑群，并在昆明湖四周加筑围墙，改名颐和园，成为离宫。尽管如此，修建颐和园的庞大开支还是让清政府的财政倍感拮据。为了不误慈禧的六十大寿，讨取慈禧太后的欢心，清政府不顾海防吃紧，不惜挪用北洋水师的海军军费用于建造颐和园。所以，北洋水师从1889年至1894年甲午战争爆发之前，五年时间内没有获得清政府一两银子的军费，没有购置一发炮弹，没有购置一艘舰艇，甚至缺乏基本的维修费用。原先已经向英国预定好的一艘新型军舰也被迫放弃，英国当时把这艘军舰已经开到了香港，催促清政府付款提货，但李鸿章没有钱，含泪放弃了这艘当时世界上最先进的军舰。这艘军舰后来被日本购得，成为日本海军的旗舰，即吉野号，在甲午海战中给北洋水师造成巨大威胁。1894年11月7日，日本攻陷大连，扬言进攻北京的时候，李鸿章也不敢把这一消息报告慈禧。谁都知道，马上就是慈禧太后的六十大寿。

正当庆典紧锣密鼓筹备时，日本在黄海挑起战争。1894年8月1日，中日互下宣战书。众所周知，慈禧的颐和园是挪用海军经费建成的，所以后来有人讽刺说，北洋水师的铁舰全军覆没，倒是颐和园的石头船永不会沉。

战争搅乱了慈禧的庆寿计划。没有心情也没有脸面再大肆铺张的慈禧，不得不在1894年9月25日下旨，取消在颐和园的庆典及沿途的"点景"工程。史载，慈禧的六十大寿，是在宁寿宫中黯然度过的。

当然，朝中耿直的大臣还是有的。马丕瑶就是其中之一。1894年7月，马丕瑶为继母丁忧期满，服阕进京，等待朝廷新的任命。九月，慈禧召见马丕瑶。马丕瑶直言上奏慈禧，建议慈禧不要修建颐和园，把六十寿诞挪到紫禁城中，既体面又省钱，省下银子可用于增加军费、加强海防。

---

① 颐和园坐落在北京西郊，距城区十五公里，占地约二百九十公顷，与圆明园毗邻。它是以昆明湖、万寿山为基址，以杭州西湖为蓝本，汲取江南园林的设计手法而建成的一座大型山水园林，也是保存最完整的一座皇家行宫御苑，被誉为"皇家园林博物馆"，也是国家重点旅游景点。

马丕瑶此举无疑是冒着巨大风险的。他知道，慈禧太后很重视这次六十大寿，最反感别人劝阻。但马丕瑶就是这个脾气，他认为，当前国家困难，钱要用在加强国防上。

慈禧听后，很想发作，但又忍住了。她知道马丕瑶是个忠臣，百姓称呼他为"马青天"，光绪皇帝赐匾"百官楷模"。慈禧和颜悦色地对马丕瑶说："我知道你是大清的忠臣，是为大清好，我修园子（颐和园）的钱、办庆典的钱，都是大臣自愿捐的，没有用多少国库的钱。你的建议很好，我会考虑的。念你为大清服务多年，政声卓著，百姓拥戴，今天赏赐你'福''寿'字各一方，如意一柄，蟒袍一件，尺头二匹。望你继续为国尽忠，为百姓造福，做个忠君爱民的好官。"

马丕瑶趴在地上，大气也不敢出，听完慈禧太后的话，后背都浸透了汗水，好像走完了一段无比艰辛的路程，筋疲力尽；又好似蒙眼走向万丈深渊，不知道哪一步会要了自己的老命。尽管他之前做好了充分的准备，但这种临场经历的紧张程度还是出乎了他的预料。现在，突然听到太后非但不怪罪他，反而又赏赐他许多东西，鼓励他好好干，着实让他喜出望外。既然太后这样厚待自己，他马丕瑶也不好意思再说什么了。

3. 甲午战争期间，加强广东海防

1894年10月，清政府任命马丕瑶为广东巡抚，马丕瑶辞别慈禧太后和光绪皇帝，赴任广州。1895年1月，马丕瑶正式到任。此时，中日甲午战争仍在继续。

马丕瑶到达广东后，立即从四个方面加强海防战备：

其一，修复桥桩。对沿海原建木桥（长达二百二十三丈，平时用以通行和转运军火，战时封闭）重加整修；添购大船，载满巨石，一旦战事发生，将载满巨石的大船驶入大海，阻挡敌舰；加造木排，环以铁链，系以锚链，无事则傍依海岸，有事则横绝中流。

其二，慎择统帅。当时驻防广东的军队，有当地的粤军，还有外来的湘军、淮军，将领各自为政，号令不一，不能很好地配合。马丕瑶认为"平时不能联络一气，临警何能袍泽同心"，他决心整顿这种混乱状况。他让水师提督郑绍忠统帅诸军，又组织一支"游击之师"，以便打仗时机动灵活，能够互相策应。

其三,兴办团练。他认为"官设兵以卫民,民设团以自卫,古今良法,成效昭然","倘能训练精熟,得与勇营相为表里",则"进可为征调之师,退可为守御之助"。

其四,精备军实。为了加强军队的装备,马丕瑶主张土洋结合,即原有各军,操习洋枪洋炮;新募兵勇,则可使用当地土造的抬枪、线枪。洋枪洋炮,可以再行购置;抬枪、线枪,他令制造局赶制了六千杆。[①]

4. 甲午战败后,上疏朝廷《力阻和议折》

1895年4月,日本强迫清政府签订《马关条约》。《马关条约》的签署标志着甲午中日战争的结束。中方全权代表为李鸿章、李经方,日方全权代表为伊藤博文、陆奥宗光。

根据条约规定,中国割让辽东半岛(后因俄、法、德三国干涉还辽而未能得逞)、台湾岛及其附属各岛屿、澎湖列岛给日本,赔偿日本2亿两白银,增开沙市、重庆、苏州、杭州为商埠,并允许日本在中国的通商口岸投资办厂。

《马关条约》使日本获得巨大利益,刺激其侵略野心;使中国民族危机空前严重,半殖民地化程度大大加深。该条约适应了帝国主义列强对华资本输出的需要,随后列强掀起了瓜分中国的狂潮。

马关条约签订后,举国气愤。国人直接把矛头对准了李鸿章,认为失败的根本原因是李鸿章治下的北洋水师作战不力,临阵却逃;最后又是李鸿章去日本签订了丧权辱国的《马关条约》。李鸿章是慈禧太后面前的红人,得罪李鸿章就是得罪慈禧太后。谁敢当面去得罪那个手握生杀大权的慈禧呢?马丕瑶敢。因为马丕瑶坦坦荡荡,他对大清没有二心。其实,慈禧也算是对马丕瑶不薄,六十大寿时不仅赐他"福""寿"二字,还有玉如意一柄、蟒袍一件、尺头二匹。不念新情念旧恩,如果马丕瑶识时务,就不该在《马关条约》上与慈禧较真儿。但马丕瑶出于爱国激情,却偏偏较了真儿。1895年4月28日,马丕瑶上疏朝廷《力阻和议折》,写道:"此次条款电信到粤,粤人无不怒目切齿,思食李鸿章倭奴之肉,欲得而甘心焉! 想天下之民情,固无不痛心疾首于此议也! 臣拳拳之心,叩祀吾皇万岁,伏愿我皇上大震天威,首以宗社为重,立将现议各款,严行拒绝,并援崇厚之例,将李鸿章发交刑狱,

---

① 于忠华.刘青霞传[M].郑州:中州古籍出版社,2011:6-7.

以谢国人。"

马丕瑶接着建议"严整师旅,速将所失地方克期收复"。沿江沿海,"将防务切实严备,以遏寇氛","各省民团义旅,准其一律助战"。

他在奏折中最后写道:"自古战争,不在于外势之强弱,而判于一心之敬。但使我上下中外,共常存忧勤惕厉之心,自可收扫荡廓清之效。国威一振,众志成城,彼曲我直,彼骄我奋,败者可胜,失者可复,数月之后,事局可变"。只有与日寇决一死战,将其打败,才不至于"伤元气,损国威"。①

该奏折披肝沥胆,充满了对社稷、国家的忧虑。马丕瑶的拳拳爱国之心,跃然纸上。

马丕瑶在《力阻和议折》里提出:拒和、惩贼、整顿海防、团结再战。这与康梁后来的公车上书主张(下诏、迁都、拒和、变法)有相似之处。

5. 上疏《敬陈管见及时奋兴折》,提出十条治国方略

光绪二十一年(1895年)六月,面对"水患连年,倭复告警"的海防形势和国势颓废,马丕瑶"思有以警觉",上疏光绪皇帝"修明政事,精神气象,咸与维新",提出十条治国方略,希冀振兴大清江山。

十条治国方略②是:"圣学宜懋修""民心宜固结""言路宜广开""政务宜崇实""疆吏宜慎择""将才宜预储""水师宜巡海""陆师宜精练""使臣宜博访""华商宜保护"。

以上十条,"敬天法,祖勤民,以及行政用人,整军怀远,皆当时切要之图",是马丕瑶一生治国理念的浓缩和精华,凝聚着一代忠臣的忧国之心。

马丕瑶忧国忧民,积劳成疾。光绪二十一年(1895年)九月八日,他挣扎着给皇帝上了最后一道奏折,希望朝廷能够"励精图治",并向朝廷总结了自己的一生:"臣赋性孤介,嫉恶太严,遇事不避嫌怨,毅然为之,但求有裨于君,其他无所恤。"写完奏折,是日,马丕瑶带着无限的忧愁,卒于广东任上。

马丕瑶生活在清晚期的封建社会没落时代,他作为封疆大吏,至死不忘对国家的忠诚。

(五)马丕瑶重视文化教育

马丕瑶认为"做官以教化为先"。在平陆任知县时,特别注重教化,处理

---

① 杨春富.马丕瑶马吉樟文选[M].安阳:安阳县文化局马氏庄园管理处,2007:59-61.

② 杨春富.马丕瑶马吉樟文选[M].安阳:安阳县文化局马氏庄园管理处,2007:68-79.

亲族之间的争讼,一般先以亲族大义为重,婉转说教,很少动用刑具。

马丕瑶对子孙、族人的读书有极为严格的要求。为了督促子孙、族人认真读书,马丕瑶在马氏庄园里专门建了一座"读书楼",并请光绪皇帝的老师翁同龢题写了楼名。他要求马家子孙13岁以后,就要到读书楼学习。"读书楼"当时没有楼梯,而是用一个专门的木梯,把孩子送上去后撤走。如果当天的学业没完,绝对不允许下楼。

马丕瑶每到一地任职,都将教化民众作为重点,力图建立淳朴、浓厚的乡风,进而维护平和的社会环境。

1. 以科举教化民众

中国封建社会时期庞大的科举考试体系,它首先为封建统治者选拔出有头脑的,同时又深受儒教伦理纲常影响禁锢的官吏;其次,它使社会中大多数儒生士子、乡绅的注意力集中在正统学说上,而且为有才能和有抱负的人提供了走上官路的正道。只要是有才能的人均可以通过科举之路步入仕途,从而笼络了人心,得到了广大百姓的支持,为维护封建社会的稳定做出了贡献。

马丕瑶很重视科举的作用。在他为官的三十多年间,非常注重科举考试的公正、公平性,在他出任"光绪乙酉科山西乡试统考官、光绪乙酉科山西乡试提调官、戊子科广西乡试外提调官、辛卯科广西乡试监临官、乙丑恩科广西武乡试主考官"等历次考试时,马丕瑶都亲历亲为,一丝不苟,以期选拔德才兼备之人,为国效力。

科举考试使得一些想要为官的下层民众找到了一条通往仕途的道路,成为这些人的奋斗目标。这在一定程度上起到了缓和社会矛盾的作用,有利于社会安定。

2. 以教育教化民众

马丕瑶重视教育教化民众的突出表现就是积极推广建立乡学,聘请德高望重之人从事教学,并且他本人对学监也非常重视,礼遇有加。早在山西为官期间,马丕瑶就一直大力建设乡学,聘请有名望的士人出任先生,教育乡间子弟。为了表示对教育的重视,马丕瑶对学监礼遇有加,送衫靴、帽插花,赏酒果,旗鼓迎导,亲自送他们去谒庙拜师。还从学生中选取优秀者,亲自为他们讲课,留在衙署中读书。

同时,马丕瑶也很重视书院对民众的教化作用,重视书院和书局的建设。在解州任职时,他重新修缮了当时著名的解梁书院,刊刻了《四书》《六经》《小学》等典籍,还亲自编著了《二语摘读》二卷和《女小儿语》一卷,刊印并散发全州。

他在广西当巡抚时,就在浔州(今广西桂平市)、柳州、梧州、南宁、太平、泗城(今广西凌云县)、百色、郁林(今广西玉林市)、归顺(今广西靖西县)等府、厅、州各设立了9个官书局。每个官书局均建书楼,楼上藏书,楼下阅览。同时马丕瑶上疏朝廷,请求一些藏书较多的省份支援一部分书籍,也得到允准。此后,东南各省所送书籍便陆续运到。马丕瑶在广西筹办蚕桑、机坊之时,他四处寻访蚕桑之书,将所觅《蚕桑实济》《蚕桑提要》等,刊印数千册,也通过官书局分发到广西各地。①

1895年8月,马丕瑶在巡视广州城时,遇到一家盖书楼的和一家盖饭店的在争地基的长短,各不相让,马上要打起来了。

马丕瑶意识到,尽管书楼和饭店都有用处,但对于一个弱智野蛮的人,纵然吃得膘肥体壮,于国于民又有多少用处?马丕瑶马上下令盖饭店的无条件服从盖书楼的。盖饭店的嫌地方小,可以另择地方,费用由官府出。否则,谁闹事抓谁。矛盾迅速得到化解。

重视书楼建设,马丕瑶从知县时就开始。凡民间建设书楼的,官府除给一定补贴外,对要求题字的书楼他有求必应,官府建的书楼、书局,他每处必题字或亲自撰写楹联。下面是他撰写的书局楹联:

永济养正书屋:厚重沉静载福之气;安详恭敬办学之基。

浔州书局(今广西桂平市):揽八九省之精华益人神知;收左右江之灵育我英才。

桂垣书局(又叫桂林书局):不负昔年辛苦地;漫云旧例未关心。

笔者认为,清政府创办官书局的初衷是为了"正人心""维世道",重建封

---

① 余群. 马丕瑶与桂垣书局[J]. 广西地方志,2012(6):57.

建传统文化,但其产生的社会效果却大大超出了统治阶级的主观愿望。官书局通过大规模的刻书,保存了大量的文献典籍,为中华民族传统文化的传承和发展起到了一定的作用。官办书局所刻、所印之书多注重实用性和学术性,且校勘精审,整理和保存了一批古代文献。通过传播这些书籍,满足了当时广西各族读书人的需要。对于马丕瑶在广西所创办的官办书局所起的作用和产生的积极影响,我们应予以充分肯定。

3. 以道德教化民众

清朝时期以四书五经等儒家经典为教育核心,注重培养民众"三纲五常"的伦理道德,马丕瑶也提倡以道德观念来教化民众。

首先,大力推崇传统的价值观念。儒学的普及被认为是控制地方的基本手段。统治者鼓励民众读书和做学问,除了希望儒学能够影响士人之外,还因为儒学能够向百姓进行道德教育,使儒学渗透到社会下层,为民众思想观念上的恢复、深化奠定基础。为此马丕瑶极力树立贞节烈女,孝子贤孙的榜样。将永济县已故的一百七十余人确定为"节孝"人选,设立牌位,供奉于祠宇。并让"北乡的士人崔孝廉、樊茂才和南乡的大儒生杨廪生,亲手书写匾额,进行表彰,县内专门出资购买羊、酒,供奉在祠宇里。"这种做法使得"三纲五常"的传统观念更加深入民心,同时也使广大民众向往这种荣誉,"感化"了民众。

其次,净化社会风气。①废除地方上的陈规陋习。针对永济县的一些陈腐土俗,马丕瑶于同治九年发布《永济应兴应禁告示》,其中共罗列了二十多项应兴应禁事宜。如,敬老慈幼,照顾鳏寡,亲人之间不可随意对簿公堂、妇女不可随便露面、严加维护宗族声誉、严禁将幼女残害致死,如若查出将其父母严惩;等等。针对广西个别地方迷信风水重新迁葬的现象,光绪十六年(1890年),马丕瑶发布了《广西禁止停丧迁葬告示》严令:"限半年一律埋藏,勿轻改葬,存没皆妥,如违严究。"②黜奢崇俭,培养节俭之风。解州被百年不遇的"丁戊奇荒"冲击后,一派民生凋敝的景象,在此情形下,提倡节俭更具有现实意义。所以在《解州黜奢崇俭告示》中,马丕瑶详细制定了婚丧嫁娶的费用标准,以及民众的穿衣规格等,严禁铺张浪费。使民众积极参与到灾后的恢复生产工作中。③严禁民众赌博。①

(六)马丕瑶的洋务思想

马丕瑶的洋务思想的初步形成是在他担任广西巡抚期间(1889—1892年),就任广东巡抚后,其洋务思想日臻完善。他认为"守中学而屏西学,见拘于墟;尚西学而薄中学,道失其正",所以他主张在不失正道的前提下积极学习西学,可见其洋务思想与曾国藩、李鸿章和张之洞等洋务派的思想如出一辙,均主张"中学为体,西学为用","师夷长技",比较重视学习西方先进的科学技术,来维护巩固清王朝的统治。

广东原有一所水陆师堂,"讲求算学、化学、驾驶、战阵诸学,法良意美",但是"由于教习不精,法程不备,人材太杂,执艺不专","迄今卒无成效"。于是马丕瑶奏请朝廷重新整顿该学堂,以求储备人才;同时他还请求朝廷在"乡会两科外,专设艺学科目",以此促进西学。另外,马丕瑶还建议朝廷"广兴报馆,使得备言得失",因为这样不仅可以"不出户庭而天下之利弊,了如指掌,且使内外臣工群畏清议,贪酷之风赖以稍戢",还可以让"翰林部属兼令阅报,采其切实者陈于政府,以资治理,其谬妄者置之不议不论,既无门户党援之见,又无清流攻讦之端,言者无过,听者有益,亦达聪明目之一端也"。

最后,还有一点非常值得一提。马丕瑶注意到"各国使臣来华,不独能通西瀛诸国语言文字,并有能习中国语言字者,更有能读中国经史于奏章舆地民情,津津乐道者;而中国使臣任满回华,一无闻见";于是他请求朝廷选派那些"深明体制,夙著忠诚者,以为正使",同时对随行的翻译、学童等人也要择优选取,并建议朝廷给使臣及其随员酌情补贴一点"游观交往之资",这样就可以使他们对"洋务洋学,效可立睹"。②

与其他洋务派相比,马丕瑶的洋务思想具有以下几个鲜明特点③:

1. 重视农业

洋务运动时期,洋务派的目光更多地集中于军事、工商业以及新式学堂的建立等方面,很少有人关注农产品的商品化。虽然在中国封建社会时期,

---

① 刘冉.马丕瑶的为官思想与实践[D].长春:东北师范大学,2011:24-26.

② 水丽淑,彭洋."百官楷模"马丕瑶的一生及其为官思想[J].科学·经济·社会,2013(1):191-192.

③ 刘冉.马丕瑶的为官思想与实践[D].长春:东北师范大学,2011:16-17.

传统的自给自足的自然经济占主导地位,但是在《马关条约》签订后,外国资本主义纷纷来到中国开矿设厂,这使得中国传统农业中的资本主义因素不断发展起来,正是在这种情况下,马丕瑶产生了以农业来"求富"的思想,这是对洋务运动的一个创新。

2. 注重"民生"

虽然马丕瑶与传统洋务派的主观目的相同,都是以"求富"来巩固清朝的封建统治。但洋务派发展民用工业以求富,只局限于少数人的"求富",即多为官办或者官督商办的企业。而马丕瑶的洋务思想中,则更多地关注了普通百姓的生活,以提高民众生活水平的办法来稳固民心,从而达到巩固统治的目的。他在广西就发起了全省植桑养蚕活动,明确指出发动这一运动的目的就是使百姓足衣食,进而达到最终目标——"粤西通南海,达重洋,蚕事畅行,倍利他省。凡我同寅尽一分心,民受一分惠,为闾阎开乐利之源,即为朝廷培边荒之元气,而循吏之子孙亦将食报于无穷也。"①

3. 拒和列强,保护民族工业

马丕瑶对待列强的态度与传统洋务派有所不同。洋务运动的外交方针是守定和议或守定和约。从朝廷奕訢到地方上李鸿章等洋务派头目,无一不遵循这个方针。但马丕瑶却坚决反对向列强屈膝投降,签订不平等条约。并且他主张保护民族资本主义的发展,借以抵制列强的经济侵略,从而增加国家的财政收入。

甲午中日战争开战之际,马丕瑶出任广东巡抚。当时广州、香港一带的航运多被外国商船把持,为了扭转这种不利局面,马丕瑶采纳了当地乡绅的建议,在广州建设直达香港的铁路,长达三百多里。这不但抑制了外轮在港粤的经济利益,也加强了对沿海海防的保护。并且他还着重提出了在此紧要关头必先加强广东海防,使民同仇敌忾。在光绪二十一年(1895年)上奏《广东防务布置折》中指出广东亟需筹办的要务有四端:"曰修复桥桩、曰慎择统帅、曰精办团练、曰精备军实。"惊闻甲午中日战争战败的消息后,上折痛批李鸿章并力奏劝阻议和,"谓倭人恃李鸿章为内援,李鸿章恃倭人为外

---

① 杨春富.马丕瑶马吉樟文选[M].安阳:安阳县文化局马氏庄园管理处,2007:103.

援,由今观之,诚不诬也"。与日本议和必然导致台湾人民的揭竿反抗,所以"万不可允者"。①

马丕瑶的这些主张充分表明了他反抗列强侵略的坚定态度。可以看出,马丕瑶较传统洋务派的思想有所创新,与同时代的其他洋务官员相比,具有进步性。但是他却没能逃出洋务思想的范畴。因为他同洋务派其他人士一样,认为"我朝列祖列宗制度远超千古,内无宗室外戚、宰相、宦官之祸起,外无朋党藩镇加赋开矿之变生堪卜万年有道之长,永普四海升平之颂",对封建制度大加赞颂,也不肯离经叛道。

马丕瑶上述洋务思想在其自身的实践中也得以执行,他在广西积极发展养蚕缫丝,促进农业商品化;在广东主张保护在外商人,发展对外贸易;学习西方先进技术,开办工矿企业。只不过随着甲午战争的失败,洋务运动也日趋衰微,加上马丕瑶不久就去世了,他的许多思想和计划也就不了了之。

(七) 马丕瑶与康有为、梁启超

1895 年年初,马丕瑶刚到广东任巡抚不久,便慕名拜访了康有为、梁启超,就国家形势、变法进行了交谈。康、梁力主中国学日本进行变法。

马丕瑶问康梁:"你们师徒二人凭什么变法? 一无职,二无权。"

康、梁二人一下被马丕瑶问住了,便请教马丕瑶该怎么办。马丕瑶说:"上疏皇帝,由皇帝下令,自上而下地变法。"

康有为担心皇帝身边顽固派很多,上疏没有用。马丕瑶分析道:大清经历 200 多年的发展,顽疾甚多,变法肯定不大容易。但只要有恒心,有毅力,精诚所至,金石为开。只要坚持不懈上疏皇帝言事,终究能感动圣上,皇上肯定会知道的。此外,应试中榜做官,也能见到皇上。见到了皇上,可以更好地陈述你们的变法主张。

马丕瑶的一席话,坚定了康、梁上疏皇帝的变法信心。②

果然,过了不久,1895 年 4 月 17 日《马关条约》签订以后没多久,5 月 2 日,在北京就发生了"公车上书",领头的正是康、梁二人。康梁的万言书许多内容与马丕瑶以前向皇上写的《力阻和议折》相似。

---

① 杨春富.马丕瑶马吉樟文选[M].安阳:安阳县文化局马氏庄园管理处,2007:59-61.
② 邓叶君.头品顶戴马丕瑶[M].郑州:河南文艺出版社,2008:88-90.

甲午战败，马丕瑶上奏《力阻和议折》，对于割让台湾、辽东等地给日本，痛切陈述其严重后果，他愤然写道："此次电信到粤，粤人无不怒目裂眦，思食李鸿章、倭奴之肉，欲得而甘心焉。想天下之民情，固无不痛心疾首于此议也。伏愿我皇上大震天威，首以宗社为重，立将现议各款严行拒绝。"他建议"严整师旅"，准"各省民团义旅一律助战，收复失地"。

马丕瑶在《力阻和议折》中表达的主张有：拒和、杀李（李鸿章）、整饬海防收复失地，众志成城，重振国威。

而康梁公车上书的核心内容是：下诏、迁都、拒和、练兵、变法。即：下诏鼓天下之气，迁都定天下之本，练兵强天下之势，变法成天下之治。

可以看出，在拒和、杀李两点上，马丕瑶、康梁是高度一致的。

后来，康有为考中了进士（名列第八），而梁启超名落孙山。马丕瑶得知消息后，专门为康有为题写了四个大字"光前裕后"，做成匾额派人送到南海县康有为的老家；为梁启超写了六个大字"有志者事竟成"，也做成匾额派人送到梁启超的老家。

康、梁公车上书失败后，二人在上海组织了强学会，许多朝廷重臣，如户部尚书翁同龢、封疆大吏张子洞、袁世凯都加入了，并慷慨捐款。但李鸿章要加入遭到了康、梁的严词拒绝。马丕瑶的次子，翰林院编修马吉樟，也向强学会捐银资助，此乃后话。

甲午中日战争，中国战败，被迫与日本签订了丧权辱国的《马关条约》，深深刺激了大清政府和中国人民，许多正直爱国的封建官僚、先进的知识分子和青年学生以此为耻，希望清廷以此为鉴，向日本学习。马丕瑶作为封疆大吏，接受不了大清王朝向日本割地赔款的事实，因此，马丕瑶激愤异常，抑郁成疾。

光绪二十一年九月初八（1895年10月25日），他拖着病重的身体，自己口授，由时任两广总督谭钟麟代笔，为朝廷上疏最后一道奏折。在《遗折》中，希望光绪皇帝"励精图治"，"力求自强之道"。是日晚，马丕瑶病卒，终年65岁，死后葬于老家河南安阳县蒋村之南原。

（八）马丕瑶与孙中山

孙中山在1894年春带着自己改进国家的意见书（主要内容：仿行西法，变法图强，实现人尽其才，地尽其利，物尽其用，货畅其流），冒充李鸿章的兄弟,希望面见直隶总督兼北洋大臣李鸿章,但被精明的李鸿章一眼看穿,果断拒绝。李鸿章意犹未尽,随手写了一句话嘲讽孙文,"持三尺帖,见一品官,小子还敢称兄弟",并让门人交给孙文;孙文立即回复:"读百卷书,行万里路,布衣亦可笑王侯"。高手过招,不同凡响。这是孙中山与李鸿章的第一次接触,以一副搞笑的对联结束。孙文因此对李鸿章很有意见,感觉自己的救国良策无人赏识。

孙文的远大抱负在李鸿章那里碰了钉子,心里很郁闷,他认识到,靠李鸿章这些顽固派无法实现自己的治国理想,他开始变得激进。他把目光投向了另一个人物,自己的"父母官"马丕瑶。1895年农历9月初,在马丕瑶去世前七八天,孙中山面见马丕瑶,陈述自己的救国良策,表示"不推翻鞑虏,誓不罢休",就是牺牲个人,也在所不辞。马丕瑶静静地听完孙中山的陈述,认为他过于急躁和偏激,无疑是在冒险,拿生命做儿戏。但他又十分欣赏孙文的爱国情怀,当即表示:日后无论何时何地,他马丕瑶即使帮不了孙文,但也绝不会加害孙文,并嘱咐孙文,尽快离开广州,以后说话做事不要锋芒太露。

其实孙中山之所以见马丕瑶,是因为马丕瑶有"马青天"的好名声,他觉得马丕瑶是个开明官员。但要让马丕瑶推翻清政府,显然违背了马丕瑶做"忠臣孝子"的做人准则。

但孙文已经决定在这一年的九月初九(1895年10月26日)这一天在广州发动起义,这是他的第一次起义。他想争取马丕瑶的支持,遗憾的是没有成功。非但如此,这次起义事先由于叛徒告密,早已走漏了风声。马丕瑶是较早得知孙文起义的人。起义前一天,当两广总督谭钟麟建议抓捕孙文时,马丕瑶十分痛苦和矛盾:作为朝廷命官,他不能做有违朝廷的事;作为一个有正义感的人,又不能做残害社会人才的恶事。经过再三权衡,马丕瑶决定利用巡防广州城的机会,派仆人李全在镇海楼找到了孙中山,把他亲自写的"内部泄密,走为上策"的纸条交给孙中山。让孙中山离开广州,远走高飞。正如马丕瑶对夫人杨氏所说:如果今天我不做这件事(作者注:指告知孙中山起义泄密之事),我后半辈子都活得不安生!

孙中山看到纸条,知道起义计划已经泄露,下令取消计划,并规劝郑少白、陆皓东等几个起义组织者放弃行动,伺机待动。但不幸的是,由于陆皓东执意要回起义总部拿文件,被埋伏在那里的清兵抓获,最后被处死。孙文逃亡香港,剪掉辫子,表示彻底与大清决裂,流亡海外,先后到了日本、檀香山,继续投入推翻清廷的战斗之中。①

三、马丕瑶获得的赏赐和荣誉

马丕瑶一生忠诚爱国,廉洁爱民,不但深受百姓喜爱(百姓称之为"马青天"),也多次获得朝廷赏赐和赞誉,其生前死后备受殊荣。

(一)生前得赏

"不爱钱不徇情,我这里空空洞洞;凭国法凭天理,你何须曲曲弯弯。"这是马丕瑶做官的原则。马丕瑶在山西为官二十多年,清正廉洁,勤政爱民,缉查匪盗,维护治安,救荒赈灾,减轻赋税,发展生产,深得百姓爱戴,百姓呼其为"马青天",山西巡抚张之洞、曾国荃曾多次上奏朝廷为其嘉奖。在两广为官期间,马丕瑶加强边防海防,禁赌禁毒,开办书局,教化民众,惩治贪官,植桑养蚕,振兴经济,忠心谋国,时任户部尚书、军机大臣和光绪帝的老师翁同龢1894年称赞马丕瑶"爱国恤民"。

马丕瑶一生克己职守,忠诚爱国,体恤百姓,政绩卓著,多次受到光绪帝和慈禧太后的恩赐:

> 光绪十六年正月二十六日,光绪皇帝御赐"福"字;
> 光绪十六年十一月初二,光绪皇帝赏给马丕瑶头品顶戴;
> 光绪十七年正月二十七日,光绪皇帝御赐"福"字;
> 光绪二十年九月二十六日,慈禧太后赏给马丕瑶御笔"福"
> "寿"字各一方,如意一柄,蟒袍一件,尺头二匹;
> 光绪二十一年二月初二,光绪皇帝御赐马丕瑶"福"字一方。

(二)死后殊荣

马丕瑶因病去世,慈禧闻之,一连两顿未进食,叹息道:"国失良才,民失

---

① 根据邓叶君《头品顶戴马丕瑶》,河南文艺出版社2007年版,第128-150页内容整理而来。

良官啊!"

光绪帝闻之大惊,潸然泪下,立即下旨诰封马丕瑶为"光禄大夫""威武将军",安享文武官秩最高荣誉,外加赏赐匾额"鞠躬尽瘁",并亲自撰写祭文予以褒奖和表彰。祭文如下:

> 广东巡抚马丕瑶,鞠躬尽瘁,臣子之芳踪;赐恤报勤,国家之盛典。马丕瑶性行纯良尔,才能称职。方冀遐龄,忽闻长逝,朕用悼焉,特颁祭葬,以慰幽魂。呜呼! 宠赐重垆,庶沐匪躬之报,名垂信史,聿昭不朽之荣,尔如有知,尚克歆享。

这段祭文的意思是:广东巡抚马丕瑶,鞠躬尽瘁,你成就了为人臣子的芳名与德行。体恤酬报勤勉的官员,是国家的一项重要仪式活动。你马丕瑶性行纯良,才能称职,正值受人尊敬的高龄之时,却忽然听到你长逝的消息,我特颁祭典,以慰你在天之灵。恩赐建造高堂祭奠,希望你好好享受因为自己奋不顾身尽忠效力而得到的酬报,名垂青史,明白地昭告天下,让大家知道皇上赐你的不朽之荣宠。你如地下有知,就请享用这些祭品吧。

光绪帝写完祭文之后,诰授大清文笔最好的资政大夫山东巡抚李秉恒①(也是马丕瑶的好友)执笔撰写马丕瑶碑文,诰授大清书法上乘的进士及第、光禄大夫、建威将军、前翰林院编修、吏部尚书江崇绮②书丹碑铭。

光绪皇帝让汉人撰碑文,满人书碑文,可见在光绪的眼里,马丕瑶是大清满汉大臣的典范。

马丕瑶的故居马氏庄园位于安阳西 22 公里的蒋村乡西蒋村,被誉为"中州第一名宅"。

---

①　李秉恒是汉人,时任山东巡抚;后来任四川总督巡阅长江水师大臣。在八国联军侵华包围北京城时,许多清军将领和大臣贪生怕死,不敢主战,李秉恒不顾 70 多岁的高龄,主动请缨,奔赴前线,英勇抗击八国联军,最后孤军奋战,吞金而亡,以身殉国,表现了一个大清忠臣不屈不挠的英雄气概和民族气节。马丕瑶的二儿子马吉樟当时就在李秉恒的军中服务,目睹了李秉恒为国捐躯的英勇事迹,深为感动。

②　江崇绮是大清建国以来考试汉文唯一中状元的满蒙人,其书法在大清堪称一绝。

四、马丕瑶后代

马丕瑶膝下有四男三女,亦多远见卓识,在中国近代史上占有一席之地。长子马吉森,清廷翰林院待诏,开办安阳六河沟煤矿(现属邯郸),首创安阳广益纱厂(今安阳豫北纱厂前身),成立安阳矿业总公司,并出任安阳商会会长;开创河南地方民族工业之先河,是一位著名的实业家。

次子马吉樟,进士出身,历任翰林院编修、国史馆协修、会典馆总校、湖北按察使、提学使等职,深得朝廷器重。辛亥革命后,任袁世凯总统府内史、北洋政府总统府秘书等职。在湖北任职期间,自己出银29万两输送湖北优秀学子40名到美、日深造;在民国任职期间维护过许多革命党人。

三子马吉梅,秀才出身,在山东、山西等地任过几处不上品级的小官,曾官居山东候补知府(未实授)。后来告别官场,回到家里,经营家里的上百顷土地,还担任过安阳县境内几个小煤矿的小经理,民国时期曾任安阳县议会议员。其孙马载之曾被选送美国留学,攻读采矿专业,回国后致力于我国的矿业教育事业,是我国著名的工矿泰斗和中国矿业大学的教授。

四子马吉枢,秀才出身,光绪甲午年间荐候选双日同知,一直在家经营土地,种地为生。马吉枢略通医术,闲暇之余,悬壶济世,为乡邻寻医问诊,人称马大善人。

特别值得一提的是马丕瑶的三女儿马青霞,年轻时嫁于河南开封尉氏首富刘耀德为妻,又称刘青霞。马青霞是我国著名的资产阶级民主革命家、教育家、社会活动家、辛亥革命女志士。马青霞是中国同盟会会员,乐善好施,修桥铺路,酷爱教育事业,先后办了尉氏女子华英学校、省城中州女学堂、北京女子政法学校、北京女子师范学校,并任校长。捐巨资支持孙中山革命。孙中山曾两次亲切接见她,并为她题写了"天下为公""巾帼英雄"匾额。她撰写的《告四万万男女同胞书》和《祭秋瑾》等文章充满了浩然正气,有"南秋瑾,北青霞"之誉。

五、修建马氏庄园的费用来源

马氏庄园始建于清光绪十一年(1885年),主体建筑到光绪二十一年(1895年)基本建成(全部竣工是在1920年),断断续续修建了30多年,是清末头品顶戴、兵部侍郎兼都察院右副都御史、两广巡抚、光禄大夫马丕瑶的故居。占地面积20 000多平方米,建筑面积5 000平方米,比"乔家大院"还要大1 300平方米,各种房屋308间。马氏庄园的家住格局、规模、形式是严格按照《清会典》《大清律例》所列一品至三品官员建筑规制进行的,没有越雷池一步。

作为"中原第一官宅",马氏庄园绝对可以称作豪宅,很容易使人想到"三年清知府,十万雪花银"的民谣。这是百姓对清代官僚阶层整体腐败的评价。但如果我们客观地分析一下马氏庄园主人的实际收入,就会对马丕瑶和他的子女产生敬佩之情。

马氏家族修建马氏庄园,到底花了多少钱,目前没有记录,笔者也没有见到专家考证,但可以肯定的是,在断断续续三十余年的建筑过程中,投入的费用必定不会少。那么,这些费用是如何来的呢?

笔者认为,修建马氏庄园的费用主要有三个来源:马丕瑶、马吉樟的养廉银和俸禄;马家的地租收入;马家经营实业的收入。

大清为使各级官吏做到不贪不占,从七品知县到一品要员,每个级别,每年除正常的俸禄外,还给一定数目的养廉银。七品官每年2 000两,六品、五品、四品、三品、二品、一品,级别越高,养廉银越多,一品官的每年的养廉银高达15 000两。马丕瑶终生为官,从七品做到正二品,皇帝又赏他头品顶戴,享受一品官员的待遇。他的待遇应该和李鸿章一样,每年有15 000两的养廉银,再加上正常的薪金俸禄,几十年积攒下来,修建一座上百间房子的家园是不成问题的。马丕瑶的二儿子马吉樟也是终生为官,从大清的翰林院编修一直做到湖北按察使(正二品),后来又担任民国总统府秘书,俸禄水也不会太低。单是父子二人的俸禄积攒下来,就是一笔很大的数目。马氏父子注重官声,没有必要再利用贪污受贿敛取修房盖屋的钱财。

而且马丕瑶一生很节俭。他不像其他高官一样,养着众多的幕僚、家人和侍从(比如李鸿章仅供养的师爷就多达百人,家奴更是数量巨大),他选侍从坚持精干高效、轻车简从的原则,只要能自己做的坚决不聘请外人。他到广东赴任时,由于听不懂粤语,才聘请了当地一位既懂汉语又懂粤语的人当翻译,三个月后,马丕瑶能够听懂大部分粤语,就马上辞退了这个翻译。

另外,马家在当地拥有很多土地,马丕瑶的两个小儿子马吉梅和马吉枢

在家常年经营上千亩的土地，每年有不少收入；马丕瑶的大儿子马吉森创办多家矿山和工厂，收益不菲，这些收入都是建设马氏庄园的经济来源。

六、马丕瑶印象

马丕瑶十七岁时，在水冶镇段村佛光寺游玩时写了一首词《一笔勾》，该词作体现了马丕瑶出仕救民、报效国家、淡泊名利和务实的人生理想和品格。全文如下：

> 不学那道学模样，亦不作名士风流。愿学焉，耕莘夫，钓渭叟，运筹帷幄张子房，鞠躬尽瘁武乡侯。将圣主扶持，群雄扫荡。做一个扭转乾坤手，平生志愿方可酬。到那时，归隐山丘，放怀诗酒，天地名物一笔勾。①

通观马丕瑶三十多年的为官经历和人生历程，他确实如《一笔勾》诗词中所言，努力实现年轻时的理想。马丕瑶忠诚爱国，勤政爱民，廉洁自律，尽职尽责，刚正不阿，疾恶如仇，克己守礼，治家严谨，既做好官又做实事，深受朝廷器重和百姓爱戴。这是他留给后人的基本印象。

但马丕瑶的缺点也是十分明显的。他把做一个忠臣孝子视为自己的最高理想。即便他所效忠的清王朝已经腐朽不堪，马丕瑶也不会背叛。马丕瑶如果出生在太平盛世，他的形象无疑是完美的。遗憾的是，他生活在中国社会巨变的时代，这个时代正如孙中山先生所言：世界潮流浩浩荡荡，顺之者昌，逆之者亡。在那个大变革的时代，马丕瑶抱残守缺、革命性不足等缺点就显得有些不合时宜。他的这种缺点也是那个时代许多旧式封建官僚所具有的通病。重要的是，马丕瑶与同时代的多数顽固派守旧官僚（如曾国藩、李鸿章等）相比，其开明的一面显得难能可贵；但与同时代的思想先驱（如康有为、梁启超、孙中山等）相比，则显得革命性不足。

总之，马丕瑶是一个居于顽固派和革命派中间的人物，他的思想比较复杂。但不可否认的是，他是一位忠诚谋国的典范。

---

① 杨春富.马丕瑶马吉樟文选[M].安阳:安阳县文化局和马氏庄园管理处,2007:94.

第三章

"文以载道"马吉樟

马吉樟（1859—1931），马丕瑶次子，光绪九年（1883 年）进士。马吉樟曾任翰林院编修、国史馆协修、会典馆总校、皇帝侍讲侍读、日讲起居注官，官至湖北按察使；民国成立后，曾任袁世凯总统府秘书、北洋政府秘书。马吉樟一生经历过甲午中日战争、戊戌变法、庚子国难（八国联军侵华）、辛亥革命、袁世凯称帝、中日《二十一条》签订、孙中山二次革命、南北分裂以及北洋军阀混战等重大

文以载道——马吉樟

历史事件。中华民国成立以前，马吉樟作为清政府官员，是庚子国难中慈禧太后和光绪皇帝仓皇西逃的随驾大臣之一，1911 年武昌辛亥革命的见证者和亲历者，袁世凯蛰居安阳的参谋人。中华民国成立以后，马吉樟作为袁世凯总统府秘书，是袁世凯、孙中山 1912 年会晤的见证者，是袁世凯称帝的反对者，亦是中日《二十一条》签订的亲历者。袁世凯死后，马吉樟作为北洋政府秘书，经历了国家南北分裂、军阀混战的局面。

马吉樟书法作品（一）：马吉樟题写的"眉寿无疆"匾额，悬挂于慈禧下榻处

马吉樟书法作品（二）　　　　马吉樟书法作品（三）

马吉樟"嗜古笃学，谨於为文"，学识渊博，工于书法，尤善篆书。1922 年去职后寓居北京，精研金石，潜心著述，有《益坚壮斋稿》遗世。国子监祭酒盛昱在评价马吉樟的篆书时说："当代篆书，首推积生，因其无派，故超乎众派。"这也正是对马吉樟篆书书法最为准确的概括和评价。民国成立后，马吉樟应袁世凯之邀，担任总统府秘书。但马吉樟向袁世凯提出："只作文，不做官"，只醉心作文章，希望"以文载道"，传播自己的信仰。正式基于马吉樟善篆书、喜作文的特点，本编命名为"文以载道马吉樟"。

一、马吉樟生平简介

马吉樟，字积生，号子诚，晚年号坚壮翁。马丕瑶次子、马吉森之弟、马青霞的二哥。其生平大致如下：

光绪五年(1879 年)，考中举人。

光绪六年(1880 年)，考中进士。

光绪九年(1883 年)，殿选为庶吉士。

光绪十二年(1886 年)，授翰林院编修。

光绪十八年(1892 年)，任国史馆协修、会典馆总校。

光绪二十一年(1895 年)，马丕瑶死，马吉樟丁忧在家，在安阳昼锦书院和后渠书院讲学。

光绪二十五年(1899 年)，服阕入都。

光绪二十六年(1900 年),跟随长江水师大臣李秉衡抗击八国联军;十月,马吉樟护驾慈禧、光绪播迁西安,御驾回鸾时,途径安阳,慈禧太后、光绪皇帝下榻马氏庄园。

光绪二十九年(1903 年),会试在河南开封举行,马吉樟任同考官(即副主考);同年夏,以翰林院编修的身份任甘肃乡试正考官。

光绪三十年(1904 年),马吉樟授翰林院撰文、侍讲、侍读、日讲起居注官。

光绪三十一年(1905 年),河南公立豫学堂成立,马吉樟被推举兼任总监督(相当于校长)。

光绪三十三年(1907 年),马吉樟东渡日本,考察政治与学务。

光绪三十四年(1908 年),马吉樟任湖北武昌盐法道。

宣统元年(1909 年),马吉樟任湖北按察使。

宣统二年(1910 年),三月,马吉樟实授湖北按察使(七月,改为提法使)。

宣统三年(1911 年),武昌起义爆发,马吉樟回安阳家居。

民国元年(1912 年),马吉樟任袁世凯总统府秘书。

民国四年(1915 年),马吉樟续任袁世凯总统府内史(秘书)

民国五年(1916 年),袁世凯死后,马吉樟辞去总统府秘书。

1918 年,徐世昌任民国总统,马吉樟复任总统府秘书。

1922 年,徐世昌辞职,马吉樟亦辞职,居于北京寓所。

1931 年,马吉樟病故,终年 73 岁。

马吉樟的经历是典型的封建文人出仕之路。家境殷实,官宦之后,少年得志,中进士,入翰林,其后为官,一路算是顺风顺水。

一生为官的马吉樟,和他的家族一起,历经洋务运动、太平天国、甲午海战、戊戌变法、八国联军入侵北京、辛亥革命、清帝退位、袁世凯称帝、五四运动和中国共产党诞生。在这样国际国内各种势力纷繁复杂、错综迷离的政治环境下,马吉樟却要风得风,要水得水,为各派所认同,这不能不归因于他的眼光、主张和气节。

马吉樟虽为清末进士,但他思想新,学问深,有自己的见识。光绪三十一年(1905年),清政府彻底废止了科举制度,全国各省纷纷兴办新式学堂。马吉樟与其妹马青霞联合河南籍显官袁世凯、张邵予等在北京筹办"豫学堂",马吉樟任学堂监督。豫学堂传播了许多新观念,培养了许多仁人志士。1907年马吉樟曾东渡日本,考察实务。而她的妹妹马青霞也正是因为和他一起的这次日本之行,结识了孙中山、黄兴、鲁迅、宋教仁、陈其美、何香凝、康有为、梁启超、张钟端,并加入同盟会。是年,他回国任湖北按察使后,想方设法筹集28万两银子,作为留洋经费,选送40名湖北学子赴美留学。

1912年中华民国成立后,马吉樟虽被袁世凯从老家请回北京,任总统府内史、北洋政府秘书,但他对清政府和北洋政府的腐败和列强的肆虐痛心疾首。早在《马关条约》签订时,他愤言:"李鸿章甲午战争误国,马关条约卖国,此贼不杀不足以平民愤;倭寇欺我华夏,列强尽是帮凶。我泱泱大国,可悲可叹焉……"马吉樟犀利眼光,爱国之情,声情毕现。

马吉樟的政治眼光和气节还体现在袁世凯称帝上。虽然袁世凯视其为亲信,但在袁世凯称帝后,马吉樟以称病为由,拒绝履职,以示抗议。

二、马吉樟与庚子国难

1900年(农历庚子年),八国联军攻陷北京,慈禧太后和光绪皇帝率领一帮王公大臣仓皇逃亡西安,中华民族陷入任人宰割、备受欺凌的苦难之中,史称庚子国难。马吉樟作为慈禧西逃的护驾大臣之一,从头到尾经历了"太后西狩"(清政府亦称"播迁西安")的全过程。

马吉樟在随慈禧太后和光绪皇帝逃难西安的过程中,做得最有意义的事莫过于劝说慈禧一行在返京途中移驾马氏庄园。

1900年8月15日,八国联军占领北京,慈禧、光绪和一帮王公大臣仓皇西逃,马吉樟是随行人员之一。在西逃路上,1900年8月20日,慈禧发布《罪己诏》,借此掩饰自己仓皇弃城而逃的行为,大意是说:皇帝与皇太后本来是想为国殉难的,但被一帮王公大臣胁迫,仓皇西狩。把八国联军入侵归罪于"拳匪作乱,各地官员、军队将领和一些王公大臣办理不善,导致事端"。《罪己诏》实际上是在向外国人回答,到底应该由谁来承担中外开战的责任这一问题。起码从内容上看,只有义和团和那些地方官僚、军队以及无知的王公大臣们才应该成为清算的对象。与前两个月向八国联军开战的《宣战诏书》截然不同。《宣战诏书》称义和团为"义民",号召全国上下执戈以卫社稷。这两道诏书马吉樟都参与起草了。1900年9月7日,慈禧发出了严加剿灭义和团的上谕,慈禧第一次明确宣布镇压义和团。

在西逃路上,马吉樟注意到有三个官员——直隶怀来县知县吴永(曾国藩的孙婿)、甘肃布政使岑春煊、山东巡抚袁世凯——很讨慈禧喜欢。果然,这三个人日后都当了大官。

> 慈禧出逃的第五天,日驰夜奔,不得饮食,既冷又饿,有时只能嚼食玉米秆解渴。吴知县得知太后要来怀来县,亲自跑三十里跪迎,还专门采购各种珍馐佳肴供慈禧、光绪及随行人员享用。慈禧在怀来县停留三天,吴永天天美味招待,精心服侍。太后、皇上,满汉全席一桌;王公大臣,各一品锅;护驾的士兵,上烩菜若干锅。尽管膳食比不上王宫气派豪华,但对于多日担惊受怕、风餐露宿、饥不择食的慈禧一行来说,能在逃难途中吃上这样的美味佳肴,着实令人感动。慈禧一高兴,随即任命吴永为前路两台会办,随扈西行,成为显赫人物。
>
> 第二个人物是甘肃布政使岑春煊。岑春煊听说慈禧太后与光绪一行一路西逃,星夜率兵前来护驾,夜晚亲自守护在慈禧栖身的破庙门外,忠心护主,精神可嘉。慈禧大为感动,后来任命岑春煊为陕西巡抚、山西巡抚,一路调升至四川总督、两广总督,青云直上,如日中天。
>
> 第三个是袁世凯。八国联军侵华时,袁世凯时任山东巡抚,主张剿灭义和团。慈禧太后和光绪逃难到山西境内,其状惨不忍睹,缺吃少喝。袁世凯闻讯,立即率人送来几车鸡鸭猪肉和蔬菜,外带二十六万两白银,供太后逃难路上使用。袁世凯雪中送炭,惊得慈禧太后一直夸其为大清忠臣。后来,李鸿章死后,慈禧太后命袁世凯接替李鸿章,成为直隶总督兼北洋大臣。

慈禧太后一到西安,马吉樟就请求太后返京途中一定要到他家光顾,并说已经准备好了黑檀木的龙床。慈禧太后见马吉樟与他父亲马丕瑶一样,

都对大清忠心耿耿，便答应下来。

其实，当时床并没有做好，慈禧答应之后，马吉樟立即派人给大哥马吉森送信，让他大哥不惜一切代价做两架龙床、一张龙饰雕刻大圆餐桌，再买一套高档青花瓷碗、盘子和两双象牙筷子。马吉森不敢怠慢，接信后立即携带重金到南方购买上等黑檀木，请了十几个能工巧匠，忙活了好几个月，做好了两张雕有龙饰图案的龙床和一张龙饰图案餐桌。

1901年12月20日晚（农历辛丑年十一月十日），慈禧与光绪来到安阳将村马氏庄园卜榻。慈禧住的是马丕瑶母亲的房子，光绪住在马吉樟的房子里。慈禧和光绪在马氏庄园住了两晚。

马吉樟不敢怠慢慈禧，因为他深知，慈禧是一个十分注重吃喝享受的人，其饮食的奢侈程度超过了有清以来的所有皇帝。在紫禁城皇宫内，慈禧的生活非常奢靡，她一顿饭的费用可以让一万五千个农民吃一顿饱饭，皇宫一天的生活费需纹银四万两！——四万两意味着什么呢？可以购买一艘甲午海战时世界速度最快的吉野级巡洋舰。慈禧为了个人享受，完全不顾国家海防和人民死活，浪费实在太惊人了。这些马吉樟都清楚。但他的阻劝并没有什么效果，目前把慈禧招待好才是首要大事，毕竟他也要为自己的家族利益考虑一二。

马家兄弟想方设法、竭尽所能地招待慈禧光绪一行，总算没有出现纰漏，慈禧很高兴。后来，1907年，马吉樟东渡日本，考察政治与学务。光绪三十四年（1908年），任湖北武昌盐法道，后改任湖北按察使，并加封二品顶戴。慈禧也算兑现了她的承诺。

三、马吉樟参与创办北京豫学堂

光绪三十一年（1905年），清政府下诏，废科举，兴新学。北京首开风气之先，率先兴办新学堂。当时，北京建立了几所国立学堂和一些私人学堂，一般学子是进不去的。各省在京的官员为了方便自己的子女入学接受新式教育，纷纷在北京成立了诸如畿辅学堂、齐鲁学堂、湘学堂、蜀学堂、闽学堂、江苏学堂，专门培养自己家乡的子弟。当时的北洋大臣、直隶总督袁世凯找到马吉樟，协商筹建"河南豫学堂"，招生对象主要是在京的河南籍官员子女，资金主要靠在京官员募集。马吉樟十分热心，把妹妹马青霞也拉了进来,开始了募捐活动。

袁世凯捐银一万两,马吉樟捐银一万两,马青霞捐银三万两,加上其他人的捐款,共筹集经费七万五千两银子,作为启动经费。豫学堂的地址设在北京宣武门外达智桥路北的原嵩云草堂处。这里是河南籍的京官聚集之处。由于马吉樟学问高深,被大家推举为总监督(校长)。

豫学堂建成之后,于光绪三十一年(1905年)八月开始招生,聘请教员。共录取学生150名,中学生分为甲乙两班,每班各50名,其中京官子弟和少数客籍学生约占三分之一。另外附设简易师范一班,人数也为50名,大都是年龄大的学生。

当时的豫学堂开设的课程有经学、修身、国文、历史、地理、物理、化学、数学、体操等,尤其重视中学、英文、算学三门。①

豫学堂在当时京师的各省学堂中是第一流的,如马吉樟说:"校款存在经费充足,功课整齐,为京师各省私立学堂第一也。"②

豫学堂中学五年毕业,师范二年毕业。创建以来,先后为我国培养出2 000多名学生。其中有很多优秀人才,如我国早期的新农艺专家、浙江农学院教授王金吾(浙江农学院1960年扩建成浙江农业大学,1998年与其他四所高校合并建成浙江大学);我国著名的考古学家、历史学家徐旭生先生(1926年任北京大学教务长)。

四、马吉樟与辛亥革命

1911年10月,武昌辛亥革命爆发时,马吉樟任湖北提法使,正三品,赏二品顶戴,是武昌辛亥革命的直接见证人。提法使就是原来的按察使,又称臬台、臬司,1910年7月改称提学使,人们仍习惯称按察使,相当于管司法的副省长。武昌辛亥革命爆发后,马吉樟在革命党人的保护下,被送出湖北,回到河南老家安阳。1911年12月,同盟会骨干、革命党人张钟端受湖北军政府的指示,回河南开封发动起义(史称河南开封辛亥起义),以策应湖北武昌首义。由于叛徒告密,起义失败。开封辛亥起义失败后,马吉樟参与营救

① 李玉洁.辛亥女革命家刘马青霞评传[M].北京:科学出版社,2012:75-83.
② 杨春富.马丕瑶马吉樟文选[M].安阳:安阳县文化局马氏庄园管理处,2007:140.

被捕的革命党人。

另外,关于辛亥革命需要说明的一个问题是,史书上说的关于中国近代辛亥革命,是泛指发生于公历 1911 年(农历辛亥年)革命党人为推翻清政府而举行的历次起义之总称,并非特指某次革命事件。本书本章节所述的辛亥革命,主要指 1911 年 10 月湖北武昌起义(即武昌首义)和 1911 年 12 月张钟端等革命党人在河南开封举行的起义(即河南开封辛亥起义)。这两场起义是与本书本节有关的革命事件,在此特做说明。

(一)武昌起义爆发前的马吉樟

同盟会河南支部负责人、革命党人张钟端当时就在马吉樟的手下工作。张钟端能在马吉樟手下工作,应归功于马青霞。

张钟端,河南许昌人,早年留学日本,是同盟会河南支部负责人之一。1907 年春,马青霞游学日本时加入了同盟会,结识了张钟端,二人在工作中结下了深厚的革命友谊。张钟端日本留学毕业后,受同盟会总部委托,到国内开展推翻清政府的活动。张钟端回国后找到马青霞,想让其帮忙安排工作,为反清活动做掩护。马青霞知道张钟端的来意之后,就把他介绍给了当时任湖北按察使的二哥马吉樟。马吉樟安排张钟端在自己的手下当幕僚。当然,马青霞没有向二哥说明张钟端背后的秘密工作,她怕马吉樟不答应。其实,马吉樟心里很清楚,妹妹马青霞和张钟端都是同盟会会员、革命党人,他只是不点破罢了。张钟端到武汉工作后,经常奔走于上海、南京、开封之间,为反清革命而忙碌。马吉樟从不干涉,睁一只眼,闭一只眼,而且尽量默默地为其提供方便。

武昌辛亥革命爆发后,张钟端任湖北军政府参谋长。马吉樟当时是清政府湖北按察使,一下子成了革命的对象。张钟端劝马吉樟离开,并提出护送他回河南。马吉樟提出两个条件:一是革命党人不要滥杀无辜,允许妇女老人孩子自由出城;二是按察使大印必须随身携带,不能交于革命党人。张钟端答应,亲自护送马吉樟出湖北,回河南。

这里有个问题:武昌辛亥革命爆发时,马吉樟作为湖北提法使(即按察使),主管司法和法律,难道之前他一点都不知道武昌要发生起义吗?

其实,在武昌首义爆发前,就出现了好几起与革命党人有关的案件,都被马吉樟放过了。因为他觉得这些案件对清政府的统治构不成威胁,只不过是年轻人在胡闹,成不了大气候。另外,尽管革命党人张钟端在他手下当幕僚,但张钟端是绝不会把起义的事情告诉马吉樟的,因为从表面上看,二人身处两个针锋相对的阵营,要劝说马吉樟公开站出来支持革命,做大清的逆臣,张钟端没有这个把握。所以,马吉樟对武昌辛亥革命之事有预感,但不清楚革命在何时爆发,规模多大,能否成功。

但是,我们不能否认,马吉樟事先是有预感的,或者说是有耳闻的。因为武昌起义爆发前,他经历过四起与革命有关的案件,如果他是个足够敏感的人,是可以嗅出其中的革命味道的。

第一件事,听从黎元洪的劝告,不为难革命党人。

黎元洪,湖北黄陂人,比马吉樟小五岁,辛亥革命前任湖北新军第二十一混成协协统(旅长)。黎元洪早年毕业于北洋水师学堂,担任过北洋海军"广甲"号军舰管轮。甲午海战中,广甲号被日舰击沉,黎元洪死里逃生后,投靠署理两江总督张之洞。张之洞询其海军经历及建造防御工事的观点后甚是欢喜,认为黎元洪是忠诚可靠且有能力之人,遂委以监造金陵狮子山、幕府山、清凉山、乌龙山炮台工程。在工程建设中,黎元洪亲临有危险的工地,勤奋监工,风餐露宿。张之洞任湖广总督时,黎元洪随赴武汉,为张之洞编练新军,被提升为协统。黎元洪,为人和蔼可亲,谦虚诚恳,思想既不新派也不守旧,是各方都能接受的人物。给人的印象是爱兵惜才,平易近人,宽宏大量。

黎元洪所管辖的湖北新军中革命党人很多,共进会和文学社等革命团体成员很活跃。他明知自己是坐在火山口上,说不定哪一天就会被牵连。为了避免陷入两头为难的尴尬境地,他采取的办法是,对上瞒着,对下一经发现,给足路费,礼送出境。1911年9月中旬,即武昌起义爆发前,有人向黎元洪举报:革命党人黄兴给他一个部下写信,准备策划起义。黎元洪立即用重金收买举报者,并把信件烧毁。同时,让举报者以生病为由,迅速离营回家。黎元洪还怕不妥,又在黄鹤楼旁边一家酒店设宴款待按察使马吉樟,寻求靠山。席间,黎元洪隐隐约约向马吉樟透漏了此事,并一再自责:"都是我平时管教不严,出了纰漏。"马吉樟自己就暗护过革命党人,再说他妹妹也是革命党人;另一方面,他觉得黎元洪这个人厚道、讲义气,就给黎元洪吃定心丸:"没事的。你部队里文化人多,思想活跃点儿是正常现象,保不准你手下日后还会出大官的。别怕,有了啥事,我替你担着。"当时,马吉樟对此事的判断没有那么严重。

黎元洪接着说了他对时局的看法:"眼下全国动荡不安,朝廷控制社会很吃力,有点思想的人蠢蠢欲动,闹事造反的人接连不断,说不清谁是龙谁是虎,都想为自己争一席之地,脱离大清。做官的人还是谁也不要得罪,多给自己留条后路,给谁办过事谁也不会忘了。"

马吉樟深以为然,二人谈得很投机,对时局的看法颇有相似之处。这件事后来也没有人追问,风平浪静地过去了。不过,马吉樟很佩服黎元洪的处事风格,认定这个人不简单。果然,1911 年 10 月 10 日,武昌辛亥革命爆发后,黎元洪被革命党人推举为湖北军政府都督,成为首义元勋。尽管黎元洪被推举为武昌辛亥革命领袖是被迫的和毫无思想准备的,是天上突然掉下一个"林妹妹",但也说明,黎元洪在当时的革命党人眼里具有一定的"革命潜质"和群众基础。后来,黎元洪又两次担任中华民国总统,三次担任副总统,成为民国历史上的一个传奇人物。

第二件事,说服湖广总督瑞澂,没有逮捕革命党人。

革命党人武昌暴动前不久,湖广总督瑞澂曾在湖北新军一个营里得到一份革命党人名册,把名单给了马吉樟,让马吉樟按名单捕人。马吉樟亲自到督署说服瑞澂大事化小,小事化了。马吉樟对瑞澂分析道:"咱们治下出了这种人,抓捕了传出去,朝廷怪罪下来,咱们也逃脱不了干系。以后看看这帮人的表现,若今后规矩了就算了,不规矩,咱们随时可以收拾他们。"瑞澂勉强同意了马吉樟的意见。

第三件事,保护武汉《大江报》主编。

第二件事刚过没几天,武汉《大江报》发表了一篇赤裸裸满是火药味的文章,成为一桩轰动全国的报案。这家报纸胆大包天,报上的大标题竟敢赫然写着:大乱者救中国之妙药。内容一针见血写道:"今日情势,事事皆现死机,处处皆成死境。膏肓之疾,已不可为,然犹上下醉梦,不知死期将至。长日为年,昏沉虚度,痛饮一杂,人人病夫。此时非有极大震动,激烈之改革,唤醒四万万人之沉梦。亡国劝奴之官衔,行将人人欢腾而不自知耳。和平改革既为事理所必无,次之则无规则之大乱,予人民以深痛巨创,使至于绝地,而顿易其亡国之观念。是亦无可奈何之希望。故大乱者实今日救国之妙药也。呜呼,爱国之志士乎,救国之健儿乎,和平已无望矣,国危如是,男儿女儿好自为之,勿令黄祖呼侫而已。"

瑞澂当即将此事定性为淆乱政体,扰害治安,认定《大江报》与文章作者肯定与革命党人有染。要求立即查封报馆,永禁发行,并传唤文章作者交审判庭照律究办。谁知写文章的人跑了,巡捕把报馆的主编、副主编和编辑抓来问罪。审判厅法官向马吉樟汇报判刑之事,说《大江报》主编傲慢。法官问他登这样的文章是何用意,他振振有词地说:国民长梦不醒,非大乱不足以警觉,故出此激愤之语。法官说:你这时评中明确宣传和平改革之无望,实为淆乱政体,扰害治安。主编一不做、二不休,反问法官道:试问立宪之诏旨是和平而来,还是因乱而来?

法官对马吉樟说:"如此不法分子得重判,至少让他坐十年大牢。"

马吉樟有意保护主编,故意轻描淡写地说:"秀才造反,十年不成。一篇文章要是能把大清的江山搅乱了,我写十篇文章回击他。读书人、文化人爱钻牛角尖,一百篇文章,都抵不过我们的一根棍棒。给他一个教训就是了。"最后,这个主编被判了一年半监禁。

第四件事,劝说瑞澂不要乱杀革命党人。

革命党人起义前制造炸弹,不慎将烟火掉在火药盘上,引起爆炸,暴露目标,瑞澂下令大肆抓捕革命党人。在马吉樟看来,抓了革命党人,关起来让他们反省反省就可以了,可瑞澂偏偏把几个领头的都杀了。马吉樟曾三次劝瑞澂刀下留人,革命党人那么多,你能杀完吗?瑞澂不理睬马吉樟,认为马吉樟太仁慈了,如果上次就狠狠地教训一下革命党人,还有这次事件吗?瑞澂不但杀了领头的革命党人,还扬言要按照搜来的名单逮捕新军里所有的革命党人,格杀勿论。马吉樟气得扭头走了。他知道,这些革命党人根本不怕死。事后的发展果然应验了马吉樟的判断。瑞澂坚持按名单抓捕革命党人,激起了革命党人的反抗,最终引发了辛亥革命,瑞澂仓皇逃窜,差一点被革命党人抓住,险些丢了性命。①

以上情况说明,马吉樟事先是预料到武昌早晚会爆发革命的,但他不知道何时会爆发革命。他秉承"和为贵"的处事方法,对革命党人的态度是温

---

① 邓叶君,李东泽.笔走龙蛇马吉樟[M].郑州:河南文艺出版社,2007:6-11.

和的，或者说是同情的，但他没有参与其中。这也博得了后来武昌起义时革命党人对他的优待。

（二）武昌首义爆发时的马吉樟

1911年10月10日（农历辛亥年八月十九日），武昌辛亥革命终于爆发了（即武昌首义）。关于武昌首义爆发的原因、导火索、经过等史书有很多记载，笔者在此不再多言。我们关注的是，武昌首义爆发时，作为湖北按察使的马吉樟在干什么？

10月10日晚，革命党人炮轰督署，吓得湖广总督瑞澂屁滚尿流，急带护兵从督署后墙挖洞钻出，仓皇逃窜，一说乘楚豫轮逃跑了，一说逃往汉口租界。清军群龙无首，乱作一团。

马吉樟闻听楚望台、总督府方向炮声隆隆，枪声大作，立刻就想到革命党人造反了。但这次造反好像来得有点突然。不一会儿，江夏县吏李曾麟打电话告诉马吉樟：武胜门外炮队兵变，叛军正在焚营攻城。这证实了马吉樟的判断。马吉樟立即奔赴总督署，走到半路，见"叛兵"（作者注：指革命党）正在攻击总督府，无法近前，只得中途折回。马吉樟打电话到总督府，请总督瑞澂调兵抵御，但电话线已断，无法联系。马吉樟不知道，此时瑞澂已经从总督府后墙跑了。这时候外面炮声大作，子弹乱飞，马吉樟待在按察使府衙，做好了以死报国的准备。

10月11日，马吉樟听说交涉使施炳燮也在城内，想前往与之商谈目前局势，但刚出门就发现大街上炮弹乱飞，枪声如爆豆一般，只好回到府衙。在接下来的几天里，马吉樟召集仍留在城内的官员，在按察使府衙商议如何联络咨议局、商会和红十字会等部门维护城内治安和伤员救治事宜，直到10月15日，城内局势稍微平静。

10月16日，街上到处是革命党人在拦截路人剪发，以示革命新气象。有革命党人来到按察使府衙，要求马吉樟剪发，交出按察使大印，另发湖北军政府的新大印。马吉樟断然拒绝，说：枪可以缴，但按察使大印不能缴。

10月17日，马吉樟忽然听说瑞澂又回到了湖北，便急忙跑去求见。原来10月10日，革命党人起义时，瑞澂吓得乘坐军舰逃到了安徽芜湖。朝廷大怒，立即革去了瑞澂湖广总督的职务。但是，新派总督尚未到任，就命瑞澂即刻返回湖北，戴罪立功，协助陆军大臣荫昌平息叛乱。马吉樟赶往瑞澂处,向他汇报这几天的情况,并提出交出按察使大印,请求瑞澂治罪。瑞澂焦头烂额,胡乱安慰了马吉樟几句,就打发他走了。

马吉樟刚回到按察使府衙,中午一点的时候,革命党起义总司令蒋翊武、参谋长孙武、军务部部长张振武派张钟端来找他。他在按察使府衙大堂的椅子上坐稳。张钟端对他说:如果不愿协助革命军工作,可以离开武昌城,革命军负责护送,保护他的安全。马吉樟深受其父马丕瑶的影响,一心要做忠臣孝子,不愿留在武昌,遂提出两个条件:一是革命党人不要滥杀无辜,允许妇女老幼自由出城;二是按察使大印必须随身携带,不能交给革命党人。不丢大印至少表明他没有背叛大清。张钟端答应了。

10月17日午后三点,马吉樟随张钟端出城。马吉樟此时的心情很复杂。一方面,他是大清的湖北按察使,从表面上看,与革命党人是对立的;另一方面,他又是同情革命的,革命党人张钟端与他关系密切。这种关系对马吉樟而言,既有利,又有弊。对于不明真相的革命党人来说,他们可能把马吉樟当成清廷的余孽给消灭掉;对于清楚实情的革命党人(如张钟端等),马吉樟可能得到照顾,免遭革命军误伤。因此,马吉樟必须小心行事,以免被拥护大清的顽固分子污蔑为革命党同伙,为自己带来杀身之祸。

护送途中,张钟端告诉马吉樟,革命党人已经推举黎元洪为湖北都督。

马吉樟说:"你们选对了。黎元洪也算湖北新军将领中的开明人士,没打骂过士兵。此人统领下的新军中,革命党人最多,可他发现了,总是给足经费,让他们离开军营,人称活菩萨,是个忠厚之人。"

张钟端说:"革命党人对你印象也很好啊!你担任湖北按察使这么多年,为湖北百姓做了许多好事,老百姓都感激你。"

马吉樟微微一笑,谦虚道:"这都是应该做的。为官一任,造福一方嘛。家父在世的时候,经常教导我,要为国尽忠,勤政爱民。做人要懂得宽容,得饶人处且饶人嘛。"

马吉樟嘴上这么说,是因为他心里确实问心无愧,坦坦荡荡。他在湖北任按察使近四年,上没有对不住朝廷的事,下没有对不住黎民百姓的事,他的政声虽然比不上父亲马丕瑶,但在湖北官民中间,包括在革命党人心目中,还是比较好的。除了对革命党人比较同情外,他对百姓也很仁慈,对贪官劣绅疾恶如仇。一个知府贪污了百姓的赈灾款,马吉樟至今还记得,调查清楚后立刻把这个贪官处置了。一个知州的家财超过了他的实际收入,马吉樟查清后,把来路不明的财产变卖充公。一个知县的儿子强奸民女却逍遥法外,马吉樟查明事实后,果断把他们父子俩抓进牢房。他效仿父亲在广东的做法,在湖北全省,从九品官起推行收入家产申报制,每半年由按察使派出六个清正廉洁的人,在全省各府州县进行明察暗访。全县共计三十五名因申报情况与实际不符的官员被免职。他很重视新学教育和人才培养。在署理湖北提学使时,把平时节约下来的二十八万两纹银全部资助了湖北四十名优秀学子赴美留学,大大超过了当时朝廷给予六个人的留学指标。回想起这些往事,马吉樟感觉自己是对得起大清和湖北百姓的。可惜的是,大清这些年太不争气了,许多事跟不上历史潮流,也难怪孙文等革命党人闹事。他看清了大清的症结,理解革命党人的最终目的是让国家走上富强之路,让百姓过上好日子。所以,这些年,他尽可能不与革命党人为难。而且自己的妹妹马青霞也跟着孙文闹革命,他对革命党人下不了狠手啊!

张钟端护送马吉樟离开湖北,二人告别。马吉樟北上回河南老家,张钟端回武昌继续革命。

(三)写作《辛亥鄂变大事记》

马吉樟回老家后,总觉得心里空落落的,这些天的经历如同做梦一般,他望着自家的墙壁发呆,觉得应该做些什么。他家世受皇恩,大清还没被推翻,他不能做叛臣。他有必要把"辛亥鄂变"之事(即武昌起义)向朝廷说清楚。他要告诉朝廷,他是事变的亲身经历者,革命党人的威力不能轻视,但对革命党人也不能采取一棍子打死的措施,逼他们走上誓死对抗之路。和为贵,革命党人虽然起了事,但今后该怎么办,他们心里也没数,要不然,他们也不会从床底下把大清的官员黎元洪强拉出来做湖北督军。他还要告诉朝廷,革命的"叛匪"并不像以前的造反者那样凶神恶煞,他们只是想建立一个民主共和的政府,只要朝廷愿意与他们坐下来商议共和之事,还是有转圜余地的。

马吉樟想到这里,就准备提笔写"辛亥鄂变"的经过和自己的看法。但写给谁呢?他又犯了难。如果直接写给朝廷,朝廷万一降罪他弃城逃跑、暗通革命党人,那样一下子就把自己的路堵死了。瑞澂就因为逃跑已经被免去了总督职务,现在还在湖北戴罪立功呢。那自己怎么可能置身事外呢?

武昌起义爆发时,他是湖北按察使。他负责的区域出现了革命事件,自己跑回了安阳老家,这怎么说都是不光彩的事。尽管他马吉樟不是湖广总督和湖北巡抚,但他也是大清的二品大员啊,守土有责,怎么能跑呢?虽然马吉樟根本控制不了局势。但不管怎么说,如果朝廷追究起来,问他个弃城逃跑之罪,他肯定是难辞其咎的。马吉樟思前想后,"辛亥鄂变"之陈述不能直接交给朝廷。干脆先交给好朋友袁世凯吧,听听他的意见,看他有何建议。袁世凯手里有北洋军,朝廷早晚得重用他。如果袁世凯复出,就让他把自己的"辛亥鄂变"文稿转奏给朝廷。如果袁世凯不复出,自己就不露出这份文稿,反正自己目前也对仕途茫然了。

注意拿定以后,马吉樟龙飞凤舞地写起来。这就是后来的《辛亥鄂变大事记》(笔者按:为了使读者详细了解这段历史,笔者将马吉樟写给袁世凯的《辛亥鄂变大事记》附在下面,读者在阅读的时候,需注意文稿中公历与农历纪年日期的转换与对应,有些关键日期,笔者做了相应转换,其他没有注明的,请读者自行对照转换。)全文如下。

　　袁宫太保阁下:
　　敬禀者吉樟于八月十九日(笔者注:公历1911年10月10日,下同)晚八时,授江夏令李曾麟电话传称,武胜门外炮队兵变,焚营攻城,即奔赴督署(笔者注:总督公署)请求商办。行至兰陵街南头,叛兵攻击督署,不能前行,中途折回。电话奏商前督瑞宪(笔者注:即前湖广总督瑞澂,已被免职)设法抵御,电线已断,无可请示。吉樟职守所在,未敢擅离,计唯有捐躯报国,司署(笔者注:按察使府衙,下同)西北迫近黄鹤楼,枪子纷落,全城兵匪任意烧杀,不忍坐视,二十日(公历10月11日)下午闻交涉使施炳燮尚未出城,驰往会商。沿途弹尘开导,仍复回署。二十一日(公历10月12日)柯大臣片邀到武昌医馆,会议安保社事宜。二十三日(公历10月14日)柯大臣又函约到自治筹办处会商红十字会事宜。自十九日(公历10月11日)夕起,兵围借搜索满人为名,焚杀抢掠,无所不至。同城候补官萃集司署,饬其凡关于包围治安要件各抒己见,分条汇函送武昌商务会,转达咨议局克期办理。二十四日(公历10

月 15 日）以后，渐就安清。时城内外消息隔绝。二十六日（公历 10 月 16 日）闻前督瑞宪驻汉口租界，或言在兵舰。吉樟于是带印出城，渡汉奏商各节，遍访数日未得确处。旋闻宪台起节来鄂，亟思趋谒铃辕沥陈下情，吁恳俯赐察核，予以应得之咎，不胜惶恐待命之至。再携到湖北按察使印一颗，拟即呈缴，仗候批示祗遵。肃奏恭叩崇安，伏乞垂鉴。本司吉樟谨禀。

马吉樟写罢，仔细看了一遍。感觉还有一些细节没有交代清楚，接着又继续补充道：

再顷承传谕垂询司吏在武昌实在情形。前奏业经缮就兹更详述各节陈之：十九日（公历 10 月 10 日）夕七时，武胜门外炮队先变，中和门内工程营同时亦变，竟夜西北东南炮声不绝，工程营距督署近，燃炮遥击头二门，前督瑞宪自署后出。二十日（公历 10 月 11 日）早晨，长街叛兵即已密布，焚掠杀伤惨无人理，司吏（笔者注：马吉樟）不忍坐视，冒险出署弹尘，沿途变兵以枪相向，从容告以是马臬台，亦后举枪为礼，晓以勿乱烧杀，二十一、二、三等日（公历 10 月 12 日至 14 日），江夏令李曾麟，赵道从炳，庄守钟傅，暨候补官三十余员咸集司署（笔者注：马吉樟的按察使府衙），会议安保要件，如杀烧奸抢，格杀勿论，官银票据一律通行。妇女出城，勿得搜查拦阻，日进江水以资饮食。又见抢劫字考察口音，妄遭屠杀，应行严禁，即必欲杀之人，也应送咨议局暂行看管，不可遽害各款，皆函送商会，由该会转交咨议局间接交黎元洪克期照办，至二十四日（公历 10 月 15 日），城内即渐安静。二十五日（公历 10 月 16 日）忽有剪发收印，另给伪印之说。司吏（笔者注：马吉樟）宣言于众谓，倘如此，即衣冠坐大堂，枪可授，印不可得。二十六日（公历 10 月 17 日）午后一钟，有人来言，阮不肯相辅，应请出城。倘衣冠被害，殊损革命军名誉。答以出城必带印，死于城门，不如死于臬署（笔者注：按察使府衙）。来人坚言，当派兵保护，答以但不加害，不受保护。即日午后三钟出城。时唯武昌赵守在城。此十九日（公历 10 月 10 日）以后八日内情形，敬陈大概，伏乞宪鉴。恭请均安。

司吏马吉樟谨禀。（辛亥九月十八日——笔者注：公历 1911 年 11 月 8 日）①

马吉樟的判断是准确的。武昌起义爆发的第四天，公历 1911 年 10 月 14 日，清政府即任命袁世凯为湖广总督，督办武昌起义"剿抚事宜"。袁世凯以"足疾"未愈和感染风寒加重为由，复奏不能立即受命。

1911 年 10 月 27 日，清政府召回荫昌，任命袁世凯为钦差大臣。袁世凯答应即刻离开彰德，南下剿抚革命党。

1911 年 11 月 13 日，清政府任命袁世凯为内阁总理。袁世凯在安阳蛰居三年后，重新执掌大权。

马吉樟看到袁世凯大权在握，及时拿出了《辛亥鄂变大事记》。袁世凯上奏朝廷，为马吉樟辩解，提议将马吉樟"即行撤任，随营效力听候查明情节，汇案奏参"。最后马吉樟回到安阳老家赋闲，直到中华民国成立后，应袁世凯之邀，出任总统府秘书。

（四）马吉樟与开封辛亥起义

1911 年 12 月 5 日，张钟端接受黎元洪命令，回河南开封组织起义，策应湖北武昌辛亥革命。张钟端任河南辛亥革命起义总司令，马青霞捐银 3000 两作为经费。

起义前，张钟端和马青霞先找到马吉樟，说：近日他准备在省城开封组织革命党人起义，起义后推举马吉樟为河南督军。马吉樟认为，起义不可能成功，原因有三：一是河南是袁世凯的老家，袁世凯是不可能让后院起火的，防范必定很严；二是有袁世凯的北洋新军，一旦有人起义，北洋新军立刻就近镇压；三是安阳汤阴是岳飞故乡，老百姓对朝廷有愚忠思想。马吉樟劝张钟端三思而后行。

张钟端不听劝告，决心起义。后因内部泄密起义失败，张钟端和其他起义领导人被捕，马青霞、马吉樟设法营救。马吉樟找到他的老朋友，时任河

---

① 杨春富. 马丕瑶马吉樟文选［M］. 安阳：安阳县文化局马氏庄园管理处，2007：115–117.

南按察使的林正,请他帮忙营救张钟端等人。林正在审讯张钟端时,委婉地诱导张钟端,只要自己承认是被别人唆使误入歧途,就可以放他出去。但张钟端大义凛然,公然承认自己就是开封起义的总司令,起义的目的不是为了自己,而是要杀尽如林正那样的清廷走狗,驱逐鞑虏,恢复中华;并扬言,只要放他出去,他依然会继续造反,直到革命成功。林正表示很无奈,加上当时河南督抚严格执行朝廷旨令,要求从快、从重判决革命要犯,马吉樟、马青霞的营救计划失败。(关于营救情况,详见本书第四章"天下为公"马青霞之"为河南开封辛亥起义捐款"部分相关内容。)

1911 年 12 月 25 日,张钟端、王天杰、李乾公等 11 名同志分别在开封南关和西关英勇就义。

开封起义失败后,马青霞也因为窝赃革命要犯被人告发,被捕入狱。马吉樟马上又开始营救马青霞。马吉樟给河南总督、巡抚每人送了三万元银票,解释说妹妹与革命党人的交往只是限于生意上的往来,其他情况一概不知,妹妹根本不是革命党人。最后,马吉樟说,如果督、抚二位大人不相信,他可以让袁项城(即袁世凯)来作证。马青霞也一口咬定自己不是革命党人,绝无窝赃革命党要犯之事。总督、巡抚收了银票,知道马吉樟与袁世凯关系密切,二人一商量,就顺水推舟释放了马青霞。①

五、马吉樟与袁世凯

马吉樟与袁世凯的私人关系比较密切,二人之间的故事与多起中国近代历史事件相关联。他们的交往浸透着二十世纪初中国政坛风云变幻的色彩。袁世凯依靠马吉樟为其撰文明道,马吉樟依靠袁世凯保护家族平安。二人的关系在袁世凯称帝前甚是融洽,在袁称帝后则相对冷淡。在袁世凯称帝前,马吉樟对袁世凯的帮助较大,这种帮助多集中在袁世凯的事业方面;在袁称帝后,袁世凯对马吉樟帮助较大,这种帮助多集中在马氏家族事务方面。比较典型的事例是,马吉樟经常请袁世凯出面解救陷入困境中的妹妹马青霞。

---

① 邓叶君,李东泽.笔走龙蛇马吉樟[M].郑州:河南文艺出版社,2007:104-114.

（一）为袁世凯写练兵兵书

袁世凯在天津小站练兵时，想让朝廷知道他是个大军事家，便想出一本兵书，让世人知道他不光有高超的军事指挥才能，还有高深的军事理论知识。于是，他找到马吉樟和徐世昌等人，请这些人给他执笔，准备编写兵书。

马吉樟、徐世昌二人均为翰林出身，笔杆子功夫相当了得。尤其是徐世昌，当时就在天津小站帮袁世凯练兵，是袁世凯的重要幕僚。袁手下汇集了许多心腹能人，如王世珍、段祺瑞、冯国璋、曹锟、张勋等，这些人实战带兵经验比较丰富，但提笔成文的水平较弱。袁世凯把这些能文能武的部下召集到一起，说了自己的打算，并做了分工，王世珍、段祺瑞、冯国璋等人负责提供具体事例，马吉樟、徐世昌负责汇总撰写。

为了写好这本书，马吉樟和徐世昌收集了好多中外兵书理论，又让袁世凯讲了他带兵的做法，接着又让袁世凯把以往发现了解到的军人打胜仗的实例，包括袁本人在朝鲜驻军平息朝鲜政变的经过，详细述说，作为一手写作资料；同时融合了袁世凯几个心腹骨干的带兵体会，由马吉樟、徐世昌执笔，袁世凯署名的《新建陆军兵略录存》《训练操法详细图解》《治兵管见》等兵书问世。

袁世凯喜滋滋地把自己的著作分发给朝廷重臣，大家交口称赞，对袁世凯刮目相看！李鸿章也评价："这是部奇书，袁世凯是个奇才。"

（二）劝袁世凯蛰居安阳

1908年11月，光绪驾崩、慈禧薨逝。1909年，三岁的溥仪继位大统，是为宣统皇帝，其生父载沣为摄政王。载沣与袁世凯矛盾重重，双方关系甚至到了你死我活的程度。史家分析个中原因如下：一是载沣认为当初是袁世凯向荣禄告密，导致戊戌变法失败，光绪皇帝被囚禁，光绪毕竟是载沣的哥哥；二是光绪皇帝临终留有遗旨"杀袁世凯"。现在，载沣摄政监国，大权在握，他要完成哥哥光绪皇帝的"遗愿"，必杀袁而后快。

载沣刚启动杀袁程序，就遭到了以庆亲王奕劻为首的一帮亲袁大臣的强烈反对。他们担心，如果杀掉袁世凯，会激起北洋军的兵变。北洋军是袁世凯一手编练的，是大清最具战斗力的军队。北洋军除了袁世凯的命令，谁的命令也不听。载沣胳膊拧不过大腿，仰天长叹一声，"杀袁"计划只好作罢。袁世凯逃过一劫，但死罪逃过，活罪难免，载沣最后以"足疾"为由，罢免

了袁世凯。

　　1909年1月2日，袁世凯被开缺回籍。1月6日，他到彰德后，先到安阳县西蒋村马府拜见正在家省亲的马吉樟。袁世凯说他不准备回周口项城老家了。他决定在辉县或者安阳彰德居住。辉县山清水秀，又是他好友徐世昌的老家，徐世昌那里有好几处院子，热情邀请他去居住。安阳离北京近，是河南的北大门，交通便利，信息灵通，往来方便。具体在哪里住，他还没有确定。

　　马吉樟断定袁世凯是当今不可多得的人才，日后必定会东山再起，二人私交甚厚，如果袁世凯到安阳居住，这样对自己家族也有好处。马吉樟很清楚，马家家业庞大，做什么的都有，生逢乱世，如果没有更大的靠山，想保住家族的财产和安全，是很困难的。袁世凯开缺前手握政治大权和军权，大清国主要的军事力量——北洋新军都是袁世凯一手操练的，唯袁世凯的命令是从。清廷正是由于忌惮袁世凯的军事存在，才以"足疾"为名，罢免了袁世凯的一切官职，将其开缺回原籍。但马吉樟认为，以袁世凯的能力、人脉和影响，一旦条件成熟，东山再起是早晚的事。鉴于以上考虑，马吉樟极力劝说袁世凯定居安阳。

　　袁世凯很迷信风水，于是马吉樟就一本正经地对袁世凯说道："来彰德府的人都清楚这地方有四气。一是彰德府的王气，这里是殷商、曹魏、后赵、前燕、冉魏、东魏、北齐七朝古都。二是宝山灵泉寺的灵气，灵泉寺是河朔第一古刹，隋文帝杨坚为古寺题名，唐太宗李世民曾到此降过香，找高僧问国策，有求必应。灵泉寺的海印法师能断定人的前途吉凶，据说很灵验。三是赵家河的秀气。赵家河是洹河流经的第二个村庄，山青、水清、草茵、地肥，是不可多得的休养之地。四是俺家房子的大气。俺家的大院既有北京四合院宽敞明亮的特点，又有晋商大院砖雕、石雕、木雕的建筑艺术，还有中原地区五脊六兽挂走廊蓝砖灰瓦的建筑风格，亭台、楼阁、房屋三百零八间，客房很多，你就住此处吧。"

　　听完马吉樟一席话，袁世凯很动心，立即决定到灵泉寺海印法师指点迷津。其实，这是马吉樟事先与灵泉寺海印法师设好的"局"，目的是让袁世凯定居安阳彰德府。二人一起去找海印法师，海印法师提笔给袁世凯写了四句话："群龙无首西日垂，虫雨漫游等独钓。逐步慎行傍岸洹，鹿死谁手下为上。"并指出回去后让马吉樟解读。

二人回到马府,马吉樟在书房铺开宣纸,念了两遍,手指四句话说:"慰亭老弟(袁世凯字慰亭),你看这四句话的左边上下四个字?"

袁世凯念:"群虫逐鹿。"

马吉樟指了指四句话的右边又说:"你再看看这四个字?"

袁世凯又读出声:"垂钓洹上。"

马吉樟说:"群虫逐鹿,能逐到鹿吗?垂钓洹上,还是垂钓百泉?你定夺吧。"

其实,袁世凯在京城就考察过了,在彰德府落脚,具有地利优势,如果再假以天时,东山再起的希望极大。现在,更坚定了他定居彰德的决心。正好其亲家公、四子袁克端岳父、天津盐商何炳莹在彰德北"洹上村"有一座别墅,长时间无人居住。何炳莹听说袁世凯患足疾回彰德,愿意把别墅献上。袁世凯过意不去,出了点钱,算是购买了亲家的别墅。后来经过扩建,成了袁府。①

辛亥革命爆发后,焦头烂额的清政府为了扑灭革命烈火,被迫重新启用了袁世凯。袁世凯在安阳蛰居三年后,重新执掌大权,在中国政坛上纵横捭阖,开辟了近代史上北洋政府统治中国的历史,达到了人生的顶峰。回想起自己居住彰德的经历,袁世凯一直把安阳视为自己的福地和龙兴之地,对安阳情有独钟。所以,其死后,袁家后人遵照遗嘱,将其葬在了安阳袁公林。

这就是袁世凯蛰居安阳的经过。

(三)辛亥革命爆发后,马吉樟为袁世凯出谋划策

辛亥革命爆发以后,马吉樟回到安阳,把他在武昌的经历写成文章《辛亥鄂变大事记》,准备交给袁世凯,希望通过袁世凯转交清廷。

事情也凑巧,马吉樟刚回安阳,袁世凯和杨度(字皙子,湖南湘潭人,君主立宪制鼓吹者,后又力主袁世凯称帝,"筹安"六君子之一)来看望马吉樟。三人就目前局势交换了看法,杨度极力劝袁世凯出山,另立江山;马吉樟同意袁世凯的意见,主张静观局变,二人均断定清廷马上会请袁世凯出山。马

---

① 根据"邓叶君,李东泽.笔走龙蛇马吉樟[M].郑州:河南文艺出版社,2007:35-38"内容整理。

吉樟把《辛亥鄂变大事记》交给袁世凯,也是看中了袁世凯日后必定出山这一点。

当天中午,三人在马家用了中饭。午饭的地点便是当年慈禧和光绪用餐的地方,餐桌和座椅也是太后和皇帝坐过的。袁世凯坐在慈禧的位置上,把自己的拐杖放在当年光绪皇帝坐过的椅子上,大发感慨,埋怨太后当初不听他的十条建言(宪政十条)①,导致如今事变。

马吉樟和杨度深深被袁世凯的治国理政能力所折服,为袁世凯感到不平和惋惜。三人边吃边谈,最后,马吉樟提议,第二天去宝山灵泉寺找海印法师。反正大家闲着没事,去散散心,请海印法师指导迷津,也未尝不可。

第二天,一行三人来到灵泉寺,袁世凯虔诚地请教海印法师自己以后应该怎么办。海印法师又给袁世凯写了四句诗:

> 天朝难养有安阳,
>
> 仁者无敌坐中央。
>
> 世上多逼路自宽,
>
> 凯旋入宫定短长。

海印法师仍旧告诉袁世凯,回去请马吉樟破解此诗内容。马吉樟一看,这是一首藏头、藏中、藏尾诗:藏头,天仁世凯;藏中,养敌逼宫;藏尾,阳央宽长。这是让袁世凯先在安阳坐山观虎斗,然后利用革命党人逼迫朝廷,最终问鼎中原。这时候朝廷已经任命袁世凯为湖广总督,镇压武昌兵变。袁世凯要待价而沽,寻求更大的权力。②

马吉樟等人为袁世凯出主意,让他给朝廷提出六项条件:①明年开国会;②组织新内阁;③宽容武昌革命党人;④解除党禁;⑤给予指挥军队全权;⑥供给充足军费。

---

① 1.昭大信(请皇帝亲诣太庙,昭告大清国实行立宪改革);2.举人才;3.振国势;4.融满汉;5.行赏罚;6.明党派;7.建政府(采取内阁合议制度);8.设资政院(州县设议事会,省设咨议局);9.办地方自治;10.普及教育

② 根据邓叶君、李东泽的《笔走龙蛇马吉樟》,河南文艺出版社 2007 年版第 76-88 页的内容整理而得。

最后,朝廷答应了袁世凯条件,袁世凯如愿以偿,开赴湖北前线,开始了他纵横捭阖的辉煌生涯。

总之,在辛亥革命爆发后,袁世凯在安阳等待出山的这一段时期,马吉樟一直和袁世凯频繁接触,给袁世凯出谋划策,对中国政局的发展起了关键作用。

后来,袁世凯出任内阁总理,大权在握,准备南下镇压革命党人时,提出请马吉樟任他的助手,碍于情面,马不好拒绝,但提出了三个条件:不抛头,不管事,只做文。[①] 马吉樟向袁世凯说:目前大哥重病在身,家务事较多,需要照顾,等大哥病好后,再去找袁世凯。袁世凯答应了。

(四)出任袁世凯总统府秘书

1912年3月12日,马吉樟的大哥因积劳成疾去世。埋葬罢大哥之后,马吉樟动身到北京找袁世凯报到。此时袁世凯已经成为中华民国的临时大总统了,且已多次电报催促马吉樟入京。其实,马吉樟看到时局混乱,世道污浊,不想再踏入仕途。无奈袁世凯再三邀请,要他入京担任总统府秘书,马吉樟不愿把关系搞得太僵,得罪袁世凯,所以,大哥的"三七"祭日一过,便在袁世凯的催促声中来到北京。

1.起名新华门

马吉樟一到北京,就到总统府找袁世凯。原先袁世凯在外交部办公,为了安全和便利,袁世凯把办公地点移到中南海。袁世凯和张謇、徐世昌、马吉樟共同提出要给中南海的正门起个名字,要像紫禁城那样响亮且寓意深刻。

张謇说:"叫正和门。天下需要和气和正义。"

徐世昌说:"长安门。长治久安的门。"

杨度说:"凯旋门。现在袁大总统在各方面取得了胜利,叫凯旋门,以后永远会凯旋。"

马吉樟说:"我看叫新华门吧。要建立新的中华民国嘛。"

袁世凯抹了一下嘴说:"正和门,太俗;长安门,有地方用过,不新鲜;凯旋门,法兰西的门。就用吉樟的,新华门,合民意,顺民心,叫起来也响亮。"

---

① 邓叶君,李东泽.笔走龙蛇马吉樟[M].郑州:河南文艺出版社,2007:108.

"新华门"一名就此而来，一直到现在。

马吉樟到北京后，做了袁世凯的总统府秘书。袁世凯很关心马吉樟，给马吉樟在帽儿胡同安排了一个四合院，马吉樟大为感动①。就这样，马吉樟开始了与袁世凯的正式合作。

2. 为袁世凯草拟欢迎孙中山的致辞

马吉樟名义上是总统府秘书，工作却很悠闲。袁世凯有事叫他，才去上班；袁世凯不找他，就在家研究练习石鼓文书法。袁世凯如果没有急事，一般不找他。所以，马吉樟在总统府的日子过得潇洒自在，最多帮袁世凯拟写公文，当当参谋。

袁世凯就任大总统后，准备邀请孙文来北京共商国是。这些电文基本均由马吉樟来写。1912年8月24日，应袁世凯再三邀请，孙文一行来北京与袁相见。袁世凯很重视，毕竟这是中华民国两位临时大总统首次会面，共商建国大计。袁世凯请马吉樟给他草拟欢迎词和祝酒词。当天晚上，袁世凯专门在外务部设宴为孙文接风洗尘，并致马吉樟事先替他写的祝酒词：

> 我盼先生与克强（黄兴字号）久矣，今克强未与同行，未及共聆伟论，深以为憾。所幸先生慧然肯来，殊为欣慰。刻下时事已非，边警跌至，世凯识薄能鲜，深望先生能以教我，以固邦基。世凯忝负国民付托，谨代表四万万同胞求赐宏论以匡不逮。财政、外交甚为棘手，尤望先生不时匡助。

孙、袁二人相谈甚欢。马吉樟在另一张桌子上，静静看着。

第二天，袁世凯在居仁堂住地单独设宴招待孙文一行，请马吉樟过来作陪，孙、马二人正式相见。孙文还记得马丕瑶十几年前救他之事，但马吉樟不知道。

在这次宴会上，孙文对袁世凯说："我十年之内不参加总统竞选，由你来做民国大总统。你做十年大总统，我要修十年铁路。不修二十万里铁路，我

① 根据邓叶君，李东泽的《笔走龙蛇马吉樟》，河南文艺出版社2007年版第125—126页的内容整理而成。

誓不罢休。"

袁世凯很高兴，答应任命孙文为全国铁路总督办，任黄兴为铁路副督办，负责修铁路。袁世凯又把当年慈禧西狩回京时的大花车送给孙文使用，先拨款二百万元，让孙文放开手脚去干。其实，袁世凯对孙文十年修十万公里铁路的计划嗤之以鼻，私下对马吉樟和其他亲信说：孙文纯粹是在吹牛，十年修十万公里铁路是绝对不可能的事儿；想当年他负责修建中国第一条铁路——京张铁路，区区二百公里，就用了四年时间；孙中山现在竟然说十年修10万公里铁路，纯粹是在"放大炮"。从此，孙中山的绰号"孙大炮"在袁大总统的势力圈内迅速流传开来。①

看到中国两个具有极大影响力的人物欢聚北京，共商国是，中国有望实现富国强兵，马吉樟甚为欣慰，觉得自己能为促成孙、袁北京会晤做些工作，心里很高兴，尽管只是为袁世凯草拟了欢迎孙中山致辞，但自己有幸成为见证人，机会委实难得。

中华民国成立了，百废待兴，马吉樟和当时国人一样，希望国家能尽快安定和平，摆脱落后挨打的局面，实现国家富强，这是中国人多年的梦想！

二人会晤期间也有不和谐的场面发生。1912 年 8 月 27 日晚，袁世凯宴请孙中山，参加者有四五百人。入座后大家还很客气，刚吃过一个汤，第二个菜刚上来，便听到西南角有一个北洋军官在吵嚷，竟然出言不逊说："北洋是共和之功，同盟会是暴徒，只会乱国。"东南角的另一个北洋军官也遥相呼应，说："孙中山是孙大炮，是骗子，他一点力量也没有。""孙中山在美国一家饭馆洗盘子，回国时才带回十块钱。"同盟会的人员立即反驳，双方吵吵嚷嚷，乱作一团，气氛突变。双方僵持了好一会儿。袁世凯静静看着。

马吉樟的心提到了嗓子眼，他很担心局面失控，宴会崩盘。如果袁、孙这次会晤闹僵了，对中国来说，肯定不是一件好事。因为民国初定，最需要的就是团结稳定。马吉樟紧张焦急地看着孙文、黄兴。

孙文、黄兴二人很从容，没有一点愤怒之情。孙文说："你说的一点儿不差，我从国外没带多少钱，但我带着两个字'精神'。"

---

①　根据邓叶君，李东泽的《笔走龙蛇马吉樟》，河南文艺出版社 2007 年版第 130—136 页的内容整理而成。

袁世凯觉得给孙文、黄兴闹得太难看了，便站起来"砰"的一拳砸在桌面上。众人立刻寂静下来。他愤怒呵斥道："我们今天是欢迎孙先生、黄先生的。谁要再说些不敬的题外话，我就叫人拉出去，关他的禁闭。"然后又拱手向孙、黄二人赔不是，说："北洋军人都是行伍出身，没一点教养，都是我平时管教不严，请二位先生海涵。"

孙文依然面带笑容地说："我与黄兴相约，皆放弃正式总统的竞选，让项城（袁世凯字号）做总统十年，练兵百万。我与黄兴经营铁路设计，把铁路延长二十万里，民国即可富强。"黄兴附和道："我也是这样想的，也会这样做。"

袁世凯感动得热血冲上门，立即高呼："孙文先生万岁！"刚才闹事的北洋军官们回过神来，也一同高喊："孙文先生万岁！"孙文也被感动了，高呼："袁大总统万岁！"宴会的气氛又融洽了。①

马吉樟长长地缓了口气，尴尬和危机总算过去了。孙文和黄兴在关键时刻表现出的大度、智慧和从容令马吉樟钦佩不已。

不过，据当时在场的一位北洋官员张国淦在日记中记载：宴会上的一切闹剧"显然是事先安排好的"②。马吉樟认为，这是有可能的。因为他了解老朋友袁世凯那点小聪明。这一点，袁世凯确实不如孙中山。

3. 草拟八大政纲

孙文、黄兴来北京与袁世凯共商国是，总体来说，会晤很成功，双方会谈十分热烈和谐，孙、黄非常支持袁世凯建设统一国家。袁世凯感觉有必要发表一个文稿，给全国人民一个交代，让全国人民也感受一下会谈取得的巨大成功和累累硕果。袁世凯让马吉樟与总统府其他秘书一道草拟八条"内政大纲"，经孙文、黄兴首肯并电讯黎元洪同意，以总统府秘书厅的名义公布。

1912 年 9 月 25 日，八大政纲在北京各大报纸头条刊登，引起市民热烈反响。内容如下：③

一、立国取统一制度。

二、主持是非善恶之真公道，以正民俗。

---

① 邓叶君,李东泽.笔走龙蛇马吉樟[M].郑州:河南文艺出版社,2007:135-136.

② 陈锡祺.孙中山年谱长编(上册)[M].北京:中华书局,1991:720.

③ 陈锡祺.孙中山年谱长编(上册)[M].北京:中华书局,1991:732.

三、暂时收束武备,先储备海陆军人才。

四、开放门户,输入外资,兴办铁路、矿山、建置钢铁工厂,以厚民生。

五、提倡资助国民实业,先着手于农、林、工、商。

六、军事、外交、财政、司法、交通皆取中央极权主义,其余斟酌各省情形,兼采地方分权主义。

七、迅速整理财政。

八、竭力调和党见,维持秩序,为承认之根本。

袁、孙北京会谈,从外表上看,取得了很大成效,双方在许多问题上达成了一致,民国的建设和富强似乎指日可待。孙中山 1912 年 10 月 6 日在上海出席国民党欢迎会的演说中,对此次会晤深表满意:"余在北京与袁总统时相晤谈,讨论国家大政策,亦颇入于精微。故余信袁之为人,很有肩膀,其头脑亦甚清楚,见天下事均能明澈,而思想亦很新。"只不过,"做事手腕稍涉于旧,办事不能全采新法"①。从孙中山先生这些言论中,他对袁世凯本人和此次北京会晤是持肯定态度的。所以,孙中山先生最后号召全体国民党员全力赞助政府及袁世凯。

马吉樟为袁世凯拟写了许多文稿,比如:替袁世凯起草的邀请康有为、梁启超回国的电函,为袁赢得了不计前嫌有容人之量、爱惜人才的美名。袁世凯很满意,马吉樟也很高兴能够在总统府发挥自己的作用,为国效力。②

4. 请袁世凯营救马青霞

1912 年 8 月,孙中山、袁世凯会晤后不久,袁世凯委任孙中山为全国铁路总督办、黄兴为副督办,主管全国铁路修筑事宜,并拨经费 200 万元作为孙前期考察经费。孙中山信心百倍,四处巡游考察,开始了"十年修筑铁路十万公里"的宏伟计划。奈何民国初建,一下子拿不出那么多钱建设铁路。孙中山在考察的同时,想方设法四处筹款。

马青霞得知此事后,于 1912 年年底,在上海找到孙中山,要求把全部家

---

① 陈锡祺. 孙中山年谱长编(上册)[M]. 北京:中华书局,1991:735.

② 邓叶君、李东泽《笔走龙蛇马吉樟》[M]. 郑州:河南文艺出版社,2007:139.

产捐给孙中山修铁路。孙中山很高兴，让马青霞先列个财产清单，过罢年后再正式捐献。刚过完1913年农历春节，马青霞再次来到上海，与孙中山商谈捐献家产之事，孙中山没答应，要马青霞等一等，因为局势可能有变。但孙中山十分钦佩马青霞的爱国义举，提笔写下"天下为公"和"巾帼英雄"两幅字，赠给马青霞。这两幅字制成的匾额今天仍悬挂于马氏庄园马青霞故居"思无邪斋"。

孙中山为何说局势有变化呢？原来，进入1913年以来，孙中山敏锐地发现，国民党和袁世凯之间的关系在迅速恶化，他看出袁世凯与革命党人不一心，想搞专制统治。尤其是1913年2月国民党在国会选举中获胜之后，双方矛盾激化。因为按照《中华民国临时约法》规定，政府要实行内阁制，由在国会选举中获胜的国民党组成第一届责任内阁，管理国家事务。这无疑会大大限制袁世凯的总统权力。总统和内阁的权力之争是不可避免的。袁世凯擅权专权，内阁便成为他的眼中钉。重要的是，在袁世凯看来，自民国以来，国民党倡导的民主共和把国家搞得一团糟，什么事儿都要经过讨论，名曰民主共和，实则乱政误国！说到底，袁世凯很不习惯民主共和那一套。孙、袁的蜜月期一过，双方价值观、治国理念等方面的差异便显现出来，关系交恶是必然的。

果然，1913年3月20日，宋教仁在上海遇刺身亡。孙中山、黄兴认为袁世凯是幕后真凶，随即于1913年7月发起了"二次革命"，欲推翻袁世凯，袁、孙二人决裂。双方实力悬殊，"二月革命"仅坚持了两个月，9月便宣布失败。孙中山、黄兴成了通缉犯，逃亡日本。

这件事也波及了马青霞，给马青霞带来了牢狱之灾。由于马青霞与孙中山关系密切，曾经想把全部家产捐给孙中山修铁路，引起了婆家刘氏族人的强烈愤恨，于是刘家族人向官府告发，马青霞私通革命党，被河南督军张镇芳（袁世凯的表弟）投入监狱。

消息传到北京，马吉樟十分着急，请袁世凯帮忙，释放马青霞。

袁世凯问明情况后，哈哈一笑，让马吉樟替自己给张镇芳拟了一封信，签上自己的大名，命令张镇芳马上放人，否则就撤换他。

张镇芳接到袁世凯的电报，不敢怠慢，亲自到监狱把马青霞释放了。

5. 为袁世凯草拟"致大清皇帝书"和总统就职誓词

镇压了孙中山的二次革命,1913年10月6日,袁世凯强迫国会选举他成为中华民国正式总统。袁世凯为了确保自己成功竞选总统,指使手下人闹出了许多损招。秘书长梁士怡组织了场外"公民团"数百人在会场窗外呐喊:"不选出袁大总统,谁也别想吃饭,谁也别想睡觉。"

马吉樟对此十分反感,认为这样的民主就是一个笑话。但碍于他与袁世凯的关系,不便明说罢了。

袁世凯当上总统的第二天,让马吉樟替他给宣统皇帝写个报告,汇报一下他当选总统的过程。马吉樟不理解,袁世凯是中华民国的大总统,为什么还要给已经逊位的大清皇帝报告呢?但自己是总统府秘书,为总统拟写文稿是份内职责,再说袁世凯对自己确实不错,所以,他还是遵照袁世凯的授意认认真真写道:

> 中华民国大总统谨致书大清皇帝陛下:
> 前于宣统三年十二月二十五日奉大清裕隆皇太后懿旨,将统治权公诸全国,定为共和立宪国体,命袁世凯以全权组织临时共和政府。合满汉蒙回藏五族,完全领土为一大中华民国。旋经国民选举,为中华民国临时大总统。受任以来,两捻于慈,深虞险越,今幸内乱已评,大局安定,于中华民国二年十月六日经国民公举为正式大总统。国权实行统一,友邦皆以承认,于是年十月十日受任,凡我族人民皆有进于文明,跻于太平之望。此皆仰荷大清裕隆皇太后暨大清皇帝天下为公,唐虞揖让之盛轨,乃克臻此。我五族人民感戴慈德,如日月之照临,山河之涵育,久而弥昭,远而弥挚。维有董督国民,聿新治化,恪守优待条件,使民国巩固,五族协和,庶有以慰大清隆裕皇太后在天之灵。用特报告,并祝无疆。

令马吉樟迷惑不解的事情接二连三。按理说,袁世凯正式就任大总统的仪式应该在国会或居仁堂总统办公地点,而袁世凯偏偏选在紫禁城太和殿举行就职仪式。当天,袁世凯乘坐八人抬的彩轿到太和殿参加总统上任的典礼仪式。在就职典礼上,袁世凯宣读马吉樟为他起草总统宣誓词:

余誓以至诚,谨守宪法,执行中华民国大总统之职务,谨誓。

袁世凯宣誓时,"余"字声音很大,"誓以至诚,谨守宪法"声音很小,"执行中华民国大总统之职务"一句声若洪钟。

袁世凯就任中华民国大总统以后,就下令解散了国民党,撤销国会,设立政事堂,请前清遗臣好友徐世昌任国务卿。各省督军改称将军,民政长改为巡按使。把政府官员分为九等(上卿、中卿、少卿、上大夫、中大夫、少大夫、上士、中士、下士),秘书改为内史。

袁世凯还废除了孙中山制定的《中华民国约法》,另又制定了《中华民国约法》和《总统选举法》,大大提升了总统的权力:总统任期十年,可以无限期连任。总统可以推荐总统继承人,继承人的名字写在嘉和金简上,藏于金匮石室,选举总统时公示即可。

马吉樟有点明白了,袁世凯要复古和效法前朝,为当皇帝铺路了。①

6. 草拟《祭孔令》

马吉樟不是袁世凯称帝策划班子——筹安会成员。筹安会1915年8月20日成立。杨度为理事长,孙毓筠任副理事长,严复、刘师培、李燮和、吴瑛为理事(史称"筹安六君子"),所以袁世凯不会把真实想法告诉马吉樟。许多事情,马吉樟只能靠自己的观察去猜测。

1914年2月,春节来临之际,马吉樟想请假回家过春节,袁世凯不答应,让他拟《祭孔令》,说要恢复祭天、祀孔。马吉樟是中国旧知识分子,尊崇儒家文化,祭祀孔子,感觉很正常。于是,提笔一蹴而就:

中国数千年来立国之根本在于道德,凡国家、家庭、伦理、社会风俗无一非先圣学说发皇流衍,是以国治乱,运有隆替。惟此孔子之道亘古常新,与天无极是故,岁年祀红店里,顺理成章,不得有误。

---

① 根据邓叶君,李东泽的《笔走龙蛇马吉樟》,河南文艺出版社2007年版,第167—169页内容整理。

祭天、祀孔的礼仪,由总统主持,用古代冠服,行跪拜礼。祭孔马吉樟理解,但祭天他就有点不理解了,感觉是在搞复辟。

过了没多久,袁世凯又开始进行机构和官制改革,准备把各省督军改称将军,政府官员分为九等(上卿、中卿、下卿、上大夫、中大夫、少大夫、上士、中士、下士),连秘书都改为内史(此项改革1915年7月正式完成)。马吉樟联想到前不久袁世凯修改总统任期等一系列做法,到现在的尊孔复古、改革官制等,心里反复揣测:难道外边疯传的袁世凯要做皇帝是真的?

当他看到袁世凯祭孔时,头戴平天冠,身穿绣有四团花十二章大礼服时,马吉樟心里纳闷:袁世凯是中国民国大总统,有大总统的制服,为什么要穿上代表皇帝的大礼服呢? 看来,这真的是要当皇帝啊! 马吉樟深为袁大总统的倒行逆施感到不安,陷入深深的苦闷之中。[①]

7. 见证"二十一条"与质疑称帝

近代以来,日本一直对中国野心勃勃。1914年,第一次世界大战爆发。日本趁机对德国宣战,出兵中国山东,很快打败了德国,并于1914年11月10日正式接收青岛,攫取了德国在山东的权益。日本并不满足,以驱逐在日本的中国革命党为交换条件,向中国政府抛出了《对华交涉案》(即"二十一条"),企图吞并南满,进而灭亡中国。1915年1月18日,日本驻华公使日置益向袁世凯递交文件,要求中国政府"绝对保密,尽速答复"。

袁世凯认为"二十一条"严重侵犯了中国内政主权,此事非同寻常,于是立即召集国务卿徐世昌、陆军总长段祺瑞、外交总长孙宝琦(不久孙宝琦被免职,由陆征祥接任)、外交次长曹汝霖、税务督办梁士怡以及外交部参事顾维钧等到中南海开紧急会议。会议持续三个小时。在审议"二十一条"内容时,袁世凯逐条驳斥,朱笔亲批。特别是第五号内容,袁朱批:"各条内多有干涉内政,侵犯主权之处,实难开议。"就谈判策略,袁世凯提出"逐条商议"的原则,以拖延谈判时间、故意向英美法俄泄露条约内容、相机争取外国支持的办法,与日本周旋。[②]

中日会谈拖延了近3个月之久,虽然中间几经周折,但是,袁世凯认为,

---

① 根据邓叶君,李东泽的《笔走龙蛇马吉樟》,河南文艺出版社2007年版,第170-171页的内容整理。

② 徐忱.袁世凯全传[M].北京:中国文史出版社,2017:350-355.

目前中国"国力未充,目前尚难以兵戎相见……为权衡利害,而至不得已接受日本通牒之要求"。"经此大难以后,大家务必认为接受小日本要求为奇耻大辱,本卧薪尝胆之精神,做奋发有为之事业,举凡军事、政治、外交、财政力求刷新,预定计划,定年限,下决心,群策群力,期达目的","埋头十年与日本抬头相见","若时过境迁,因循忘耻,则不特今日之屈服奇耻无报复之时,恐十年以后,中国之危险更甚于今日,亡国之痛,即在目前,我负国民托付之重,决不为亡国之民。但国之兴,诸君有责;国之亡,诸君亦有责也"。①

马吉樟听罢此言,心情十分沉重。他想起当年甲午中日之战,中国战败,被迫割地赔款,父亲马丕瑶激愤异常,立即上疏朝廷,要求杀李鸿章以谢天下,"废约再战",最终抑郁成疾,卒于任上。父亲作为大清忠臣,一辈子为国事操劳,希望国家强大,不再受列强的欺侮。没想到时间过去了二十年,中日再次交恶,接受屈辱的仍然是中国。马吉樟的心在流血,父亲当年经历的国难,如今轮到了他头上。可他没有父亲那样的勇气。因为此时他在现场,面对的是自己的好朋友大总统袁世凯!他恨日本,如果当年日本不侵略中国,也许父亲还能多活几年;如果现在不是日本人的"二十一条",中国人哪会有如此煎熬?!他心里除了恨日本人,也埋怨自己的朋友袁世凯,因为一旦接受"二十一条",国家必将危矣!难道袁世凯就不怕成为国家罪人?

关于中日两国"二十一条"的谈判情况,马吉樟也有所耳闻。袁世凯不止一次告诉众人,他也想拒绝日本人,甚至不惜与日本开战。但鉴于甲午战争和八国联军入侵这两次战败后割地赔款的惨痛教训,袁世凯最终选择了对日本妥协。

马吉樟痛苦地闭着眼睛,思前想后,心里纷乱如麻,处于极度矛盾之中,不知道自己该怎么做。赞同袁世凯,违背内心的良知,父亲在天之灵也不会答应他这么做;反对袁世凯接受"二十一条",可能会导致中日再次爆发战争,真如袁世凯所说,国家和百姓遭受战乱不说,我们战败后可能会接受更大的耻辱。但贫弱的中国出路在哪里?

1915 年 5 月 25 日,中日双方在北京签订条约 2 件,换文 13 件,史称《中

---

① 沈玉龙.近代中国史料丛刊(第75辑)[M].台北:文海出版社,1972:256.

日民四条约》。①

《中日民四条约》签订以后,袁世凯称帝的传闻到处都是,而且大家都说,袁世凯接受《二十一条》和日本人支持袁世凯称帝存在着密切联系,是一笔交易。马吉樟心里很疑惑。他想知道,袁世凯接受《二十一条》的决定是否与他称帝有关?如果是,那袁世凯就太可耻了。他需要亲自问问袁世凯:真的要当皇帝吗?

马吉樟到怀仁堂去见袁世凯。袁世凯坚决否认,说:"我不会去干那傻事。冯国璋前几日找我也问过这个问题,我就明白告诉他,我现在的地位和皇帝有什么区别?所贵乎为皇帝者,无非是为子孙打算,我的大儿子袁克定身有残疾,是个瘸子。二儿子袁克文想做名士,爱风流。三儿子不达时务,流里流气,没正经。其余则年幼,岂能负天下之重?何况帝王家从无善果。我既为子孙计,亦不能贻害他们。况且,我家上几辈虽然出了四个进士,好几个二品以上的官员,但没有一个活过六十岁的人。我今年五十七岁了,即使真的叫我做皇帝,能有几年?积生啊,咱们是老乡,又是挚交,你可千万不要听信那无中生有的传言。"②

马吉樟见袁世凯信誓旦旦否认称帝,感到也没有必要再问称帝与《二十一条》之间是否存在交易了,便起身告辞。

这时,袁世凯突然提出,要安排马吉樟的大儿子马恒毅担任常德军需局长。

恒毅年仅二十三岁,当时在安阳老家广益纱厂跑业务,现在一下子要做政府官员,马吉樟很意外,但转念一想:家里有个人在外当官,对整个家族是有好处的。所以,就答应了。马吉樟曾经想过:是不是袁世凯有什么大事需要他帮忙?或者要拉拢他?但又想到自己和袁世凯的关系,觉得袁世凯照顾自己是人之常情,不应该多想。

---

① 《中日民四条约》与日本原先提出的"二十一条"原文相比有不少变化,最后签订的文本实际上只有"十二条":原文中第五号的七条没有签订,第四号全部删除,第三号中的两条删除一条,第一、二号中的十一条最后签订的条文不是"留待日后磋商",就是加进了限制条件。但它仍然极大地损害了中国主权,袁世凯也因此背上了卖国贼的罪名。不过,《中日民四条约》(即"二十一条")在历史上并未生效。也就是说,所谓的"二十一条"只有谈判的过程,并无实施,最终在1919年的五四运动中烟消云散。

② 邓叶君,李东泽.笔走龙蛇马吉樟[M].郑州:河南文艺出版社,2007:177-178.

8.拒绝加入筹安会

袁世凯要当皇帝的传言在民间越演越烈,但马吉樟得到过袁世凯的保证,不以为信。

1915年8月的一天,杨度突然找到马吉樟,说要准备成立一个"筹安会",想请马吉樟参加。杨度是袁世凯的心腹密友,三人曾在辛亥革命爆发后、袁世凯复出前在河南安阳马吉樟的老家见过面。杨度介绍说,"筹安会"是一个研究国体问题的学术团体,现在已经有六个人参加了:孙毓筠、李燮和、胡英、严复、刘师培和自己(这六个人史称"筹安六君子"),希望马吉樟也能参加。

马吉樟思忖,这六个人都是大名鼎鼎的才子,自己无法和他们相提并论,再说"筹安会"到底是干什么的,自己也不清楚,便婉拒了。

杨度接着解释说,现在的共和国体弊端很多,各省督军一言不合就闹独立,谁想干什么就干什么,中央毫无权威。还是君主立宪好,筹安会就是研究君主立宪的。说完掏出一份自己写的《君宪救国论》,请马吉樟提意见。杨度催促马吉樟,最好今天晚上就看完,明天还要送袁大总统审阅呢,袁大总统对此事很关注。

马吉樟愣住了。杨度走后,马吉樟连夜看了杨度的《君宪救国论》,书中洋洋万言,主要有两层意思:一是鼓吹帝制好,中国人素质太低,不适合共和制,唯有实行君主制,才可以结束目前混乱的局势;二是把当前中国所有的不良现象均归罪于实行共和。马吉樟此时看明白了,杨度的这篇文章和筹安会就是在为恢复帝制造舆论,目的是要把总统变为皇帝,让袁世凯成为皇帝。对此,他不敢苟同,但又无力阻止,只好选择沉默。

第二天,杨度来征求马吉樟意见的时候,马吉樟冷冷地说:"奇谈怪论,不敢苟同。"

马吉樟拒绝加入筹安会。杨度很惊诧,失望而气恼地走了。但他的《君宪救国论》得到了袁世凯的赞赏,成了袁的红人,袁世凯为他题写"旷代逸才",这一切,马吉樟看在眼里,心里在想:是旷代逸才还是害才,只要让历史检验吧,现在还为时过早。①

袁世凯做皇帝的野心彻底暴露了,谁也无法阻挡。作为袁世凯的朋友,马吉樟很无奈。既然袁世凯亲口对他说过,不会做皇帝,他姑且相信他吧。所以,对于袁世凯称帝,他睁一只眼,闭一只眼,不参与,不支持,让他人和后人去评价吧。从那以后,袁世凯再让他去内史厅写文章,他就称病谢绝,在家研究古文、练习书法。

马吉樟内心反对袁世凯称帝,这一点他问心无愧。

9.拒绝解读石碑谶语,消极应对称帝年号

马吉樟觉察到袁世凯要称帝后,便开始有意躲避袁,他不想沾染此事。但有一天早上,马吉樟正在家中晨练,袁世凯突然派人来请他到北海琼岛白塔一趟,他实在难以拒绝。

马吉樟到中南海,看到袁世凯、总统府内史监阮中枢、原总统府秘书长过梁士怡、袁世凯的长子袁克定和几个卫兵,正围着一个刚刚从地下挖出来的石碑,边看边讨论。

袁世凯向马吉樟招招手,说:"积生啊,我知道你对金石方面有研究,你看这古碑文字是什么内容。他们几个都不认识,你先断断句吧。"

马吉樟走上前弯腰细看,见此碑石正面斑驳陆离,像是唐代的石碑。阮中枢把石碑浮起来让马吉樟看后面的石刻。字是非篆非隶,但很清楚,共三十五个字:"龙战玄黄,坠统失纲。庶民不和,洪范宪章。天命悠归,安吉衣裳。新我华夏,山高水长。李淳风。"

马吉樟此时全明白了,这是袁世凯变着法儿为自己称帝找依据。这块小石碑意在说共和不好,导致庶民不和,天命要定新皇帝出现。明眼人一看就知石碑有假,碑正面老旧,背面的字迹却很新鲜。袁世凯想以此石碑告诉大家,我要做皇帝是天意安排,这在唐代就已经定下了。

马吉樟心想,李淳风是唐代有名术士,但他再神奇,也不可能看出一千多年以后的事情,这分明是袁世凯,也可能是劝他当皇帝的人摆弄的伎俩。袁世凯迷信不假,但他这事也许是最清楚不过的。

---

① 根据邓叶君,李东泽的《笔走龙蛇马吉樟》,河南文艺出版社2007年版,第180-183页的内容整理。

马吉樟想,不能从自己的嘴里透漏出半句鼓励袁世凯称帝的话。于是,马吉樟便站起来,摇摇头说:"我也不认识上面的字,字太深奥了。"

袁世凯听完马吉樟的话,又派袁克定去请刘师培。不一会儿,刘师培拄着文明棍来了。

马吉樟看出,这肯定是事先安排好的,石碑也是他们事先设计好埋在这个环境优雅的地方,然后找一大帮人来演戏。刘师培装模作样,猫腰低头作认真状看一看石碑,便摇头晃脑地诵读起来:"龙战玄黄,坠统失纲。庶民不和,洪范宪章。天命悠归,安吉衣裳。新我华夏,山高水长。李淳风。"

袁世凯顿时面露大喜之色,大惊道:"师培先生果真学识渊博,神人,一下子就把古碑上的石刻字全认出来了。"

刘师培一步三叹:"天意啊,天意。这是袁大总统穿龙袍做龙庭的吉兆谶语啊。此句中'吉''衣'二字,不就是袁大总统的姓吗?"

马吉樟从内心立刻产生了对刘师培的蔑视感。满腹经纶博学多识的人也卑躬屈膝,不讲真话。袁世凯真的没救了。

看完了挖石碑的闹剧,马吉樟苦笑着跟随袁世凯到了中南海居仁堂,二人落座,袁世凯说:"我让你单独来,想让你同我一块儿定定新的年号。'中华民国'改'中华帝国'了,得有一个寓意深刻叫起来上口的年号,你看叫啥合适?"

马吉樟沉默了一会儿,突然红着脸反问:"袁大总统,你不是说过不做皇帝吗?"

袁世凯没着急,指着茶几上一张总统推戴书让马吉樟看。马吉樟翻开推戴书,里面写着:"国民代表谨以国民公议恭戴今大总统袁世凯为中华帝国皇帝,承天建极,传之万世。"

马吉樟把推戴书放到茶几上,平静地说:"这样看来,天命不可违,民意也不可违了?!"

袁世凯又指着办公桌上一大堆推戴书说,各省各地各界人士,甚至连乞丐、妓女都组团请愿支持他当皇帝,日本人的《顺天时报》发表文章也赞同他当皇帝,美国的大教授古德诺也著文章宣传君主立宪的好处。国民如此期许,内外如此支持,如果自己不当皇帝,有负国民厚望和国际友人支持。再说了,自己当皇帝,实行君主立宪,可以立即结束目前的混乱局面。要不然,目前全国有几百个党派,讨论国事,你一言我一语,乱哄哄的,没完没了,等讨论完了,黄花菜早凉了。不如行一家之言,像以前一样,由皇帝说了算,那样全国上下就安定了。

袁世凯说的这些事,马吉樟心里清楚,这都是杨度他们在背后策划,但又无法给袁世凯解释清楚,因为他没有证据。况且,袁世凯未必不清楚事实的真相。

袁世凯见马吉樟半天不语,便开口说:"你说咱把国号改成'洪宪'二字行吗?"

马吉樟心想,刚才石碑上已经写明"洪范宪章",还问我干什么?!嘴上没好气地说:"好呀,洪,明朝开国皇帝朱洪武的洪,宪法的宪。君主立宪,皇帝立宪章,一个意思,既有现实意义,又叫得畅亮。"马吉樟心里又急又气,他采取正话反说的方式,与袁世凯赌气。

袁世凯好像没看出来似的,接着又说:新朝的颜色定为赤色,尚火德,所有宫殿屋顶一律改为红色瓦。他已把太和殿修整一番,改为承运殿,准备在这里登基。中和殿改名体元殿,保和殿改名为建极殿,新朝有新意。新朝任用五色旗,但旗上端要绘一轮红日,表示满、汉、蒙、回、藏五族共戴一君,中国只有一个太阳。另外,总统府改称新华宫,沿用马吉樟对"新华门"的命名。

马吉樟静静地听着,没有说话。他心里清楚,袁世凯要当皇帝,他这个手无寸铁的文弱书生是阻挡不住,束手无策了。此时,他除了选择沉默,不说鼓励袁世凯称帝的话,已经做不了什么了。

之后,马吉樟逃也似的离开了居仁堂,心里郁闷极了。他没直接回家,而是转身到了邻居冯国璋的家(时任江苏督军,替袁世凯坐镇东南),探听一下冯国璋对袁世凯称帝的看法。冯国璋也不同意袁称帝,气得连班也不上了,在家称病。

马吉樟又去找徐世昌,徐世昌回天津看病了。原来徐世昌对袁世凯称帝也不满意,但又没办法,只得走为上策。

没有见到徐世昌,马吉樟能从徐世昌躲避的行为中猜测到徐世昌对袁世凯称帝的态度。袁世凯对徐世昌有知遇之恩,徐世昌不会公开反对袁世凯称帝,他采取了"不阻止,不赞成"的模棱两可的态度,他拒不领衔劝进,也

不愿明确表态。"筹安会"出现后,徐世昌就辞去了国务卿。开始,袁世凯不准,徐世昌解释道:"举大事者不可不稍留回旋余地,若使亲贵悉入局中,万一事机不顺,无人以局外人资格发言为谋转圜。某当此时而求去,非为自身计也。"①袁世凯被说动了,徐世昌随即辞职。马吉樟从这件事看出,徐世昌对袁世凯称帝是不抱希望的,至少心里是不赞同的。

马吉樟又去找了副总统黎元洪,黎元洪一脸愠色地表示:他至死也不会与袁世凯同流合污的。

马吉樟还了解到,陆军总长段祺瑞也反对帝制,以养病为由,提出辞职(1915 年 8 月 29 日,袁世凯批准其辞呈,以王世珍继任)。

几番摸底,马吉樟奇怪了:当年反对袁世凯的老同盟会员现在都推戴他称帝,而当年与袁世凯一同共事的前清遗臣都反对他称帝。尤其是当年跟随袁世凯天津小站练兵时的心腹嫡系徐世昌、段祺瑞、冯国璋等。徐世昌与袁世凯有几十年的交情,二人私交甚厚;而王世珍、段祺瑞、冯国璋号称"北洋三杰——龙、虎、狗",绝对是袁世凯的心腹,是袁世凯一手提拔起来的。北洋之龙王世珍负责训练北洋工兵,北洋之虎段祺瑞负责炮兵,冯国璋负责训练北洋陆军。袁世凯仰仗这几个人牢牢掌控北洋军队,叱咤中国。但现在,袁昔日的四个铁杆粉丝中三个人表示反对其称帝,让马吉樟感到很意外的同时也印证了马吉樟的判断——袁世凯称帝不得人心。

试探清楚徐世昌、冯国璋、黎元洪、段祺瑞这些人也反对袁世凯称帝,马吉樟心里有谱了,看来袁世凯不是不知道周围的人反对他称帝,而他一意孤行,证明他是铁了心要当皇帝的,谁劝也不管用。想到此,马吉樟安慰自己:"路是人走出来的,谁想走啥路,就随他自己踩吧。"

10. 真实的《顺天时报》

石碑事件过后不久,马吉樟吃过早饭,闲来无事,到钟楼菜市场去买菜。路过书摊,顺手买了一张《顺天时报》。《顺天时报》是日本人办的报纸,报刊文章代表了日本人的观点。马吉樟一看,不禁大惊失色,《顺天时报》四个版面全是指责袁世凯倒行逆施称帝的文章。这与前几天在居仁堂袁世凯讲的完全不一样。马吉樟折身返回家中,他觉得必须把这件事告诉袁世凯,给袁

① 苏全有,贺科伟.袁世凯传[M].杭州:浙江大学出版社,2013:379.

世凯发热的脑子泼一盆冷水,打消他称帝的念头,告诉他那些劝他称帝的人可能别有用心。作为朋友,他想做最后的努力。

但怎样把这件事告诉袁世凯呢?马吉樟琢磨,自己如果直接去告诉袁世凯,可能效果不好,不如让袁世凯亲近的人做这件事。马吉樟知道,袁世凯平时最疼爱三女儿袁静雪,袁静雪什么事都敢给袁世凯讲,敢于直言。他决定让袁静雪告诉袁世凯这件事。

马吉樟拿着《顺天时报》找到袁静雪。事也凑巧,此时袁静雪手里也有一份与马吉樟一样的《顺天时报》,正在犯嘀咕呢。这份《顺天时报》与她前几天在袁府看到的内容完全不一样。

事实是,袁世凯平时在家里看到的支持他当皇帝的《顺天时报》是假的,是利令智昏的大儿子袁克定为使他下决心复辟伪造的,上面刊登的都是日本人拥护袁世凯称帝的文章,而真实的《顺天时报》完全是另外一种观点。袁克定为了能当上太子,想方设法把袁府与外界隔绝起来,伪造一份《顺天时报》糊弄袁世凯,促使袁世凯尽早称帝,这样他就可以顺理成章成为太子,继承大统。

假报纸事件使袁世凯对大儿子彻底失望。袁世凯把袁克定痛骂一顿。

袁静雪把事情的经过告诉了马吉樟。马吉樟心里豁亮了许多,不管袁世凯称帝不称帝,自己算尽到责任了。

事实证明,马吉樟的这次最后努力还是没能阻止袁世凯称帝。马吉樟心灰意冷,整天称病待在家里,连作文的事也懒得替袁世凯干了。

11. 劝袁世凯取消帝制的努力

袁世凯称帝引起了全国人民的公愤。1915 年 12 月 25 日,蔡锷、唐继尧、李烈钧在云南起义,通电全国,宣布云南独立,组成三路救国军,兴师讨袁。马吉樟得知此消息的第一感觉,袁世凯完了。但这并没有阻止袁世凯称帝。称帝准备了那么长时间,一切即将大功告成,怎么能因为几个人的反对而终止呢?

1916 年 1 月 1 日,袁世凯准备在中南海举行中华帝国皇帝登基大典。马吉樟想和家人回安阳老家,一走了之,眼不见为净。他正准备动身回老家,袁世凯派人送来了请柬,请马吉樟参加洪宪元年(1916 年 1 月 1 日)在中南海举行的中华帝国皇帝登基大典。

马吉樟没了退路。但究竟去还是不去,马吉樟还拿不定主意。当他看到冯国璋、段祺瑞这些袁世凯昔日的爱将,称病的称病,不理朝政的不理朝政,马吉樟心里有数了,他决定继续称病不去凑热闹。于是马吉樟咬了咬牙,袁世凯举行登基仪式那一天,他没有去逢场作戏,而是继续称病,独自在家里生气喝闷酒,用醉酒的方式消除自己对袁世凯称帝的不满。他担忧:袁世凯称帝后,中国将会是怎样一种局面?这种局面怎么收拾呀?

袁世凯一登基,立马陷入了众叛亲离的境地。首先是亲兄弟袁世昭公开登报与他脱离关系;其次,南方北方多省宣布独立,南方的护国军、孙文的革命党一齐讨伐袁世凯;接着,外国公使在报纸上宣称只承认袁世凯是中华民国大总统,拒绝承认袁世凯是中华帝国皇帝。袁世凯无可奈何,只得对外称总统,采用中华民国纪元;对内称皇帝,采用洪宪纪元。这是中国历史上非常奇特的一幕。

马吉樟坐不住了,跑到天津找到徐世昌,恳求徐世昌去说服袁世凯早日取消帝制。否则,全国会出现比武昌起义更大的动乱。徐世昌告诉马吉樟,他不赞成袁世凯称帝,但无可奈何,只得敬而远之,离开京城。

马吉樟流着泪说:为国人不再生灵涂炭,为社稷安定,请菊人兄出面吧。在天津小站练兵时,你是袁世凯的左膀右臂,他把你视作张子房。现在谁的话都听不进去,只有你的话他还能听进去。请你赶紧去劝劝他吧。

徐世昌被马吉樟的一番真诚打动,答应进京劝说袁世凯撤销帝制。

袁世凯尽管当了皇帝,但心情极为郁闷,众叛亲离不说,连昔日对他最为忠心的北洋三杰"龙虎狗"都指挥不动了,四面楚歌,袁世凯真的感到了孤家寡人的悲哀。看到好友徐世昌来劝说撤销帝制,尽管心里十分不情愿,但还是决定听朋友的劝诫。徐世昌告诉袁世凯,据可靠消息,如果不赶紧取消帝制,南方护国军就会推举岑春煊为大总统,那样局面将无法控制。袁世凯震动了,他趁坡下驴,安排人发布取消帝制的申令。

1916 年 3 月 22 日,京城各大报纸刊登了袁世凯取消帝制的申令:

民国肇建,变故纷呈,薄德如予躬膺艰巨。忧国之士,怵于祸之无日,多主回复帝制,以绝争端而策久安……嗣经代行立法院议定由国民代表大会解决国体,各省区国民代表一致赞成君主立宪,并合词拥戴……责备弥周,无可委避,始以筹备为词,借塞众望,并未实行。及滇黔变作,明令决计从缓……帝王子孙之祸,历历可征。予独何心,贪恋高位,乃国民代表既不凉其辞让之诚,而一部分人疑为权利思想,现将12月11题承认帝制之案,即行撤销,各省推戴书一律发还参政院转发销毁。所欲筹备事宜,立即停止。……主张帝制者,巩固国基,而爱国非其道,转足以害国。其反对帝制者,亦为发抒政见,然断不能矫枉过正,危及国家。新万方有罪,在予一人。今承认之案业已撤销,如有扰乱地方,自贻笑口实,则祸福皆由自召。本大总统本有统治全国之责,亦不能坐视沦胥而不顾也。[①]

仔细品味这则申令,可以看出,袁世凯对主张帝制的人是持宽恕态度的,但对反对帝制的人,尤其是蔡锷等人的护国军,口气则严厉了许多。这也为后来这些人逼袁辞去大总统之位埋下了伏笔。

袁世凯称帝只有短短的83天,自1916年1月1日至3月22日。这是袁世凯一生中最大的败笔,也是他厄运的开始。

12. 袁氏送命后为其撰写祭文

袁世凯被迫撤销了帝制,但他还想保留中华民国大总统的职位。

袁世凯这么想,真的低估了他称帝一事对周围人的影响,人们对他彻底绝望了,不相信他能真的给这个国家带来民主共和。就连马吉樟也感到疑惑,为袁世凯能否保留大总统职务感到担忧。

马吉樟的担忧很快变成了现实——在全国上下一片声讨中,袁世凯于1916年6月6日10时40分,急火攻心,尿毒症发作,死于中南海居仁堂,终年57岁。临死前,徐世昌、段祺瑞、张镇芳、马吉樟、袁克定在场。袁世凯闭着眼睛先说了两个字"约法"。顿了顿,睁了睁眼,又说:"是他害死了我。"

"约法"二字,大家理解,立即打开金匮石屋,取出嘉禾金简。袁世凯生前亲定的大总统候选人:黎元洪、段祺瑞、徐世昌。大家经过商议,推举副总统黎元洪继任总统,收拾残局。徐世昌自愿退出总统人选,意在封堵北洋军

---

① 邓叶君,李东泽.笔走龙蛇马吉樟[M].郑州:河南文艺出版社,2007:202-203.

人谋位之路,其实是在封堵段祺瑞做总统的念想。因为徐世昌知道,袁世凯活着的时候,北洋派内部各位兄弟慑于袁的威望,不敢造次,还能团结在袁的旗下。现在北洋的大哥死了,其他几位小兄弟实力相当,谁也不服谁,不论哪一个执政,其他人必定不服,极有可能导致中国政坛混乱无比。尤其是段祺瑞,刚愎自用,蛮横粗暴,权力欲极强。现在,段、徐均为总统候选人,分列二、三位,如果徐世昌不当总统,段祺瑞自然无法开口。再说,第一候选人黎元洪非北洋派,是个忠厚长者,又是辛亥革命的首义元勋,一直担任副总统,威望和口碑还是有的。所以,黎元洪继任总统,大家都没意见。令人感到诧异和欣慰的是,三个总统候选人中,并没有袁克定的名字。

后来有人说,袁世凯原先拟定继承人中有袁克定,只是后来把袁克定去掉了,换成了段祺瑞。但大家对袁世凯说的"他害死了我"中的他到底是谁,不知所云。是指袁克定?杨度?还是指冯国璋、陈宦、陈树藩、汤芗铭?这可能是袁世凯留给后人的一个谜吧。

过了一阵子,社会上流传出一句话,马吉樟觉得很有道理,说袁世凯"起病六君子,送命二陈汤"。"六君子"指筹安六君子——杨度、孙毓筠、李燮和、胡英、严复和刘师培;"二陈汤"指袁世凯的亲信陕西将军陈树藩①、四川

---

① 陈树藩(1885—1949),字柏森,陕西安康人。1914 年 6 月—1916 年 5 月初,在陕西督军陆建章(袁世凯的心腹)手下任旅长兼陕南镇守使。1916 年 5 月,陈树藩取代陆建章成为陕西都军,宣布陕西独立,公开反袁。1916 年 6 月 6 日,袁世凯在全国人民的唾骂声中死去。6 月 7 日,陈树藩即通电全国,取消陕西独立,吹捧袁世凯为"中华共戴之尊,民国不祧之祖",甚为肉麻。陈树藩的行为,随即遭到许多人的斥责和嘲笑,一时被传为笑柄。

将军陈宧①、湖南将军汤芗铭②。如果不是筹安六君子这些社会名流组织"筹安会",极力鼓吹袁世凯当皇帝的舆论,袁世凯还下不了称帝的决心;如果不是陈树藩、陈宧和汤芗铭这三个心腹,在袁世凯危难之际,公开与袁世凯决裂,袁世凯也不会死得那么快。尤其是"二陈汤"的背叛,彻底击垮了袁世凯,成为袁的最终"送命符"。

---

① 陈宧,字二庵,湖北安陆人,原为黎元洪的亲信,袁世凯窃取总统权位后,逐渐投靠袁世凯,得受重用,被任为参谋部次长,并与袁世凯的长子袁克定结拜为兄弟,在复辟帝制活动中十分积极活跃,多次恳请袁世凯早登帝位。袁世凯对他也非常信任,派他到最为关键的、人称"全国未乱蜀先乱,全国已治蜀未治"的四川督理军务,命其率冯玉祥、伍祥祯和李炳之三个混成旅入川,以控制云贵川西南半壁河山。陈宧临行前向袁世凯行"吻足礼"表忠心:不改帝制,不复入京!袁世凯称帝后,蔡锷率护国军由滇入川,陈宧也曾予以抵抗。然而,在举国一致反对袁世凯复辟称帝浪潮的席卷下,陈宧不愿再为袁世凯的倒行逆施推波助澜,终于与袁世凯不留后路地彻底决裂,发出通电,宣布四川独立。通电说:"项城(指袁世凯,袁世凯为河南项城人)先自绝于川,宧不能不代表川人与项城告绝,四川省与袁氏个人断绝关系!"陈宧的通电对袁世凯打击极大,看完后当场晕了过去,醒来后连说:"人心大变!人心大变!"

② 汤芗铭,字铸新,湖北蕲水人,汤化龙(曾任民国政府众议院议长、内务总长)之胞弟。1904年先后赴法国、英国习海军,1909年回国,任长江舰队镜清舰机长、南琛舰副舰长。1910年2月任海军统制萨镇冰的参谋。武昌起义爆发后,受命镇压起义的长江舰队士官决定起义,推举汤芗铭为临时海军司令,支持武昌起义的民军。民国政府成立后,任海军部次长兼海军北伐总司令,率舰队北上,助革命军光复登州(今山东烟台)。后被袁世凯授予海军中将,1913年7月率海军在江西镇压国民党"二次革命",被授为靖武将军、湖南军务督理兼巡按使。汤芗铭到任湖南后,残酷镇压独立活动,两年间杀人达两万以上,人称"汤屠夫"。1915年7月,袁世凯成立筹安鼓吹帝制,汤芗铭投其所好,先是创办《民国新报》,大力鼓吹帝制,继而在长沙成立筹安会湖南分会,授意湖南国民代表投票决定国体,一致赞成君主立宪,恭戴袁世凯为中华帝国皇帝,汤芗铭且带头劝进。袁世凯颇为得意,在中南海居仁堂"登基"称帝后诏封汤芗铭为"一等侯",袁世凯的嫡系曹锟也只是封为一等伯,东北王张作霖才封为二等子爵,足见袁世凯对汤芗铭之器重。时任教育总长的汤芗铭之兄汤化龙对袁世凯的倒行逆施极为愤慨,愤然辞职,南下上海组织讨袁,并力劝汤芗铭反戈。在全国反袁滚滚浪潮的推动和其兄汤化龙的一再劝诚下,汤芗铭于1916年5月28日宣布湖南独立。在此之前,冯国璋已预感到袁世凯大势已去,暗中联络江西将军李纯、浙江将军朱瑞、山东将军靳云鹏、湖南将军汤芗铭,联名密电各省将军,准备共同施加压力,逼迫袁世凯取消帝制,惩办"筹安会"等鼓动恢复帝制的祸首,这就是"五将军密电"。直隶将军朱家宝接到这一密电,遂向袁世凯告密。袁世凯大惊失色。之后,袁世凯又接到汤芗铭的反袁通电,面对众叛亲离、四面楚歌的局面,袁世凯急怒之下病情加重,卧床不起。1916年6月6日,袁世凯终于在响遍全国的唾骂和讨伐声中死去。

其实，纵观陈树藩、陈宧和汤芗铭这三个人，对袁世凯打击最大的，是原先被其视为心腹的陈宧和汤芗铭，陈树藩更多的是为了凑上"二陈汤"这付"汤药"。尤其是汤芗铭，有文章甚至称他的反袁通电是给袁世凯送上的一道"终命汤"。

但是，不管怎么说，这些人只是起辅助作用，是吹鼓手，真正的原因还在于袁世凯自己想当皇帝，其他人只不过投其所好，想从中谋取好处罢了。如果袁世凯自己没有称帝之心，任凭其他人再忽悠，后来的悲剧或闹剧也不会发生。中国官场的传统是"上有所好，下必投焉"。马吉樟如是想，深深为自己的朋友在关键时刻没有保持清醒头脑而铸下历史大错，感到十分惋惜。

袁世凯死后，马吉樟心情很不好，不由自主会想自己好友的一生，想起二人交往的历史。他始终认为，袁世凯如果不称帝，身后还可以博得一些好名声，后世之人提起他也会有褒扬之辞。革命党人黄兴不是也称赞袁世凯如果能迫使清帝逊位，就任民国大总统，堪称中国的华盛顿、法国的拿破仑吗？想想黄兴的话也有道理！不说别的，单就让清帝和平退位一事，就足以让历史铭记。想想历史上历次改朝换代，哪一个新朝代不是建立在无辜生灵的累累白骨之上，牺牲千万人的生命才换来的？而中华民国代替清朝，尽管也有斗争，也有流血，但代价小多了。说是"和平交接"，也不为过。这些都有袁世凯的功劳，他起了关键作用。再说了，袁世凯生前也做了许多利国利民的好事，如与张之洞等奏请废科举、办新学、筑铁路、开矿山、发展实业；编练新军、建立警察等，为国家的政治、经济、军事、外交等方面，做了不少事情，被誉为"清末新政第一人"。虽然他做这些事情的目的可能是为了自己，但这也实实在在让国家和老百姓得到好处了呀。但他还是太贪心了，非得过下皇帝瘾。这不，现在把命给赔进去了。

马吉樟退一步思考，想想也不难理解，好友袁世凯是前清遗臣，习惯了皇上高高在上、一言九鼎，臣子唯唯诺诺、不敢越雷池半步那种气氛，想必以前袁世凯在慈禧太后面前诚惶诚恐，仰视天后威仪的时候，心里一定很羡慕那种感觉，梦想自己有一天也能君临天下，威服四海！也有人说，袁世凯着急称帝，是为了要破除袁氏家族连续几代男人都活不过五十八岁的魔咒，他想用称帝的办法冲一下这个"坎"，图个吉利，这是一个江湖术士给他出的主意。但是，袁世凯还是死在了五十七岁上，没有活过五十八岁，还落下了破坏民主共和的恶名。看来,术士们的话是不可信的。

一想起袁世凯称帝,马吉樟不由地再次想起了另一件令他困惑的事:袁世凯签订"二十一条"(即后来的《民四条约》)与他称帝之间的关系。袁世凯为此还背上了卖国贼的骂名,尽管《民四条约》没有执行。袁世凯死后,人们在整理他的办公室发现了他生前写的一张纸条,上书一句话:为日本去一大敌,看中国再造共和。马吉樟认为,从袁世凯这一句话可以看出,至少在袁看来,他与日本是势不两立的。想想也是,二者的矛盾由来已久。想当初,袁世凯在甲午中日战争前代表中国督办朝鲜事务时,多次粉碎日本侵吞朝鲜的企图(那时朝鲜还是中国的附属国),日本人恨透了袁世凯。袁世凯也明白,日本人一直将其视为眼中钉、肉中刺,把他看作侵吞中国的绊脚石,必欲除之而后快。在朝鲜时就诬告、栽赃陷害袁世凯,欲通过清政府之手干掉袁世凯,所幸被李鸿章保了下来;在"二十一条"谈判期间,多次威胁袁世凯就范,被袁顶了回去。从历史上看,袁世凯和日本矛盾很深,勾结的可能性不大。如果袁世凯答应"二十一条",是为了获得日本人对其称帝的支持,袁就没必要去冒着那么大风险、大费周折与日本人进行旷日持久的谈判了。但外界确实有传闻说,日本人曾对袁世凯许诺:如果袁答应"二十一条",保证他会"再高升一步"。真实情况怎样,马吉樟不得而知,也许只有袁世凯才知道真相。马吉樟知道后来日本人确实反对袁世凯称帝。但愿袁世凯称帝与他答应"二十一条"没有必然联系吧。

想了很久,马吉樟心里比较乱。袁世凯称帝的原因也许很复杂,人们不能把称帝的责任归到他一个人的头上,但他无疑要承担主要责任。这是马吉樟对此事的基本看法。其实,袁世凯作为一代枭雄,精于权术,洞察秋毫的能力是常人无法比拟的。对于称帝一事,他是清楚失败的原因的。正如他取消帝制之后对幕僚所说,称帝主要责任在他自己,是自己一手导致了如此局面,并为此悔恨不已。尽管袁世凯有时会怨恨别人怂恿自己称帝,但他也没有完全把称帝之过诿罪于别人。更令马吉樟意外的是,袁世凯临死前有遗嘱:他死之后,葬礼不用国家安排,全部由袁家人自己料理!马吉樟不知道自己好友为什么会有如此遗言?是内疚?还是怕人非议?不管出于何种考虑,马吉樟认为,从这两件事来说,袁世凯还是个比较大度的明白人。马吉樟从心底为好友袁世凯感到惋惜,他让称帝坏了自己一世英名。

但不管怎么说，袁世凯是他的好友，生前为国家和黎民百姓也做了不少好事，所以，黎元洪当上大总统后，让马吉樟为袁世凯写祭文，马吉樟二话没说，一气呵成《祭袁前大总统文》其文如下。①

维中华民国五年六月二十三日，大总统黎元洪特遣翊威将军蒋作宾谨致祭前大总统袁公之灵，曰：日驭奔轮，公遗期民。倏越浃旬，蓝云暗色。慌转孔敷，奄归河北。巷聚衢讴，不获攀留。悲遍退陬，追念元首。患难左右，赤心相剖。林革初举，共和肇绪。前邪后许，公返神旆。我膺艰大，匡正看赖。公业重寄，统一乐利。乃完前志，在疼诸孤。亢宗怡愉，乃光宏谟。天步民岩，指视甚岩。感以至诚，公不我私。我报公知，一诚无欺。黄河高嵩，佳气郁葱。系响凌风，杳使驰往。昭奠灵奕，尚其来响。

袁世凯墓地官方名称为"袁公林"，亦称"袁林"②。

袁世凯生于河南周口项城，官场失意后在安阳蛰居三年，死后没回到项城老家，而是选择了安阳彰德这块福地。

关于袁林的命名。墓地建成之后，袁世凯的大儿子袁克定提出用"袁陵"命名墓地。但徐世昌不同意，谓之曰：过去皇帝的墓地称为"陵"，袁公称洪宪皇帝，世人不承认，且已经取消洪宪年号。如采用"袁陵"，实为不妥。

① 杨春富.马丕瑶马吉樟文选[M].安阳:安阳县文化局马氏庄园管理处，2007年，第122页。

② "袁林"自1916年6月袁去世时开始修建，直到1918年6月才竣工，占地138亩，耗资73万多元，其中民国政府拨款50万元，其他为其亲朋好友捐赠。袁林的设计者是德国的工程师，它的建筑"仿明陵而略小"。主体建筑自南而北依次为照壁、神道、石拱桥、牌门楼、碑亭、石像生、仪门、飨堂院、景仁堂、东西配殿、石供台、墓庐等。袁林建筑的总体设计，有其独特之处，在我国陵墓建筑史上有着特殊的地位。它的特点是"中西合璧"，反映了半殖民地半封建的时代特色。堂院以前的部分是中国明清陵寝的风格，后边大墓部分是西洋陵寝的建筑风格。袁林以神道为中轴，南门入口为一座巨大的绿琉璃瓦顶牌楼，前行左右为对称摆放的石像生。前有碑亭一座，内有龙头碑，上有徐世昌手书"大总统袁世凯之墓"。过碑亭后，进入飨堂院，正面是景仁堂。景仁堂后面有并排三座大铁门，门后有石供桌，石供桌后就是墓庐。墓冢则仿照美国总统格兰特墓庐形制建造。袁世凯就安葬在这座墓庐里，这就是他一生最后的归宿。

徐世昌经过斟酌,决定起名"袁林"。

马吉樟暗自称妙,林,许慎《说文解字》上注释:与陵意义相通。陵是墓地,给人以悲伤之感;林,树林,浓郁之地,给人以希望之感。另外,自古帝王之墓为陵,圣人之墓为林,袁世凯墓效仿"孔林"、"关林"而称"袁林",也算是对他的极大抬举了。徐世昌,真乃高人也!

关于袁林的保存。袁林能保存至今,完全缘于毛泽东主席的一句话。1952年11月1日那天,毛主席视察黄河沿岸。路经安阳时,河南地方官员安排毛主席先看殷墟,再看袁林。看过之后,地方官员赶紧说:袁林是要平掉的。不料,毛主席不以为然地说:"不要平嘛,还要保护好,留作反面教材。"据说,当年毛泽东参观完袁林返回时,曾经坐在景仁堂后面的第二个台阶上(袁世凯墓庐大铁门对面背阴处)休息了一会儿。所以,很多游客走到这里时,也都喜欢在上面坐一坐,感受一下伟人的气息。现在想想,多亏了毛主席一句话,使得安阳多了一个知名历史文化景点。今天的袁林能成为国家4A级景区,真得感谢毛主席他老人家。

袁世凯下葬之后,马吉樟没有回京,而是继续留在安阳帮助三弟、四弟料理家务。他预料,继任的黎元洪总统的政治魄力是无法与袁世凯相比的,自己在黎元洪手下做事,可能会更难! 再说,人家还愿意用你吗? 不如趁这个机会,在家料理家务吧。

六、马吉樟与徐世昌①

马吉樟与徐世昌相识,源于袁世凯。三人同在北京为官多年,相互之间相处融洽。1918年,徐世昌任中华民国总统,邀请马吉樟出任总统府秘书,马吉樟应邀前往,再度复出。

---

① 徐世昌(1855—1939),字卜五,号菊人,又号弢斋、东海、涛斋、晚号水竹村人、石门山人、东海居士,擅长书法、字画。徐世昌的祖籍在直隶(今河北)天津一带,其曾祖父、祖父在河南为官居。徐世昌出生于河南省卫辉府(今卫辉市)府城曹营街寓所。徐早年中举人,后中进士。自袁世凯小站练兵时就为袁世凯的谋士,并为盟友,互为同道;光绪三十一年(1905年)曾任军机大臣。徐世昌颇得袁世凯的器重,在袁世凯称帝时以沉默远离之。民国五年(1916年)三月袁世凯被迫取消帝制,起用他为国务卿。民国七年(1918年)十月,徐世昌被国会选为民国大总统。他下令对南方停战,次年召开议和会议。

(一)提出安邦定国十三条

袁世凯死后,黎元洪继任总统,冯国璋为副总统,段祺瑞任国务院总理。黎、段二人互不服气,闹起了"府院之争"。二人的矛盾终于在 1917 年因争论中国是否对德国宣战的问题而激化。段祺瑞坚决主张对德宣战,而黎元洪不同意;黎元洪就罢免段祺瑞。段祺瑞带兵离开了京城,宣布不承认黎元洪的总统地位。黎元洪请安徽督军张勋带辫子兵进京维持治安,谁知张勋却搞起了复辟的丑剧,把废帝溥仪拉出来企图重建清廷。段祺瑞带兵进京讨伐张勋,赶跑张勋后,复辟闹剧昙花一现。段祺瑞驱逐了张勋,把黎元洪从总统的位置上拉下马,赢得了再造共和的美誉。

黎元洪下台后,冯国璋成为代总统,段祺瑞复任国务院总理。冯国璋贪财自私,为弄钱不择手段,竟然把过去皇宫人员放生在中南海的金鱼,以八万元卖掉,让外人任意打捞,段对冯极为鄙视。加之冯、段二人均为有实力的军阀,在如何统一全国的问题上意见不一,段祺瑞主张武力统一,冯国璋主张和平统一,引发了新的"府院之争"。结果段祺瑞技高一筹,冯国璋的总统做了不到一年时间,就被迫辞职。

各种混乱与争执的结果是 1918 年徐世昌做了大总统,邀请马吉樟做总统府秘书,马吉樟是了解徐世昌的,所以愉快赴任。他清楚,袁、黎、冯三人都是武将出身的总统,徐世昌则是文人总统,有别于前三届总统,他乐意与文人打交道。

徐世昌一上任就主张"南北议和",给全国人民带来了新的希望,带来了和平曙光。马吉樟很兴奋,立即把自己近年来深思熟虑的"安邦定国"的政治见解总结成十三条建议,毫无保留地上疏给徐世昌大总统。《上徐大总统书》主要内容是:"慎简官吏,限制议员,破除党派,裁抑侈习,票利归民,东省屯田,改定服色,遣使巡行,自治警察,崇尚道德,规复礼教,敦充节义,保存国粹。"[①]

徐世昌采纳了马吉樟多半意见,运用中枢力量,纵横捭阖,以文制武,保持均势策略,立竿见影。尽管北洋军阀已呈皖、直、奉系三足鼎立之势,但徐

---

① 杨春富.马丕瑶马吉樟文选[M].安阳:安阳县文化局马氏庄园管理处,2007:125-134.

世昌是中华民国建立以来任总统之职最长的人,也是一个能长能短、能大能小、灵活的大总统,人称"文治总统",与民国那些军阀政府形成了鲜明的对比。

1922年6月,厌倦了北洋各派无休止的权力纷争,徐世昌通电辞职,隐居天津,以书画自娱。马吉樟也随即辞职。黎元洪再次继任民国总统。

(二)五四运动助学生

五四运动是1919年5月4日发生在北京的一场以青年学生为主,广大群众、市民、工商人士等中下阶层共同参与的,通过示威游行、请愿、罢工、暴力对抗政府等多种形式进行的爱国运动,是中国人民彻底的反对帝国主义、封建主义的爱国运动。五四运动直接影响了中国共产党的诞生和发展,是中国旧民主主义革命和新民主主义革命的分水岭。

陈独秀和大批学生被捕,马青霞心急如焚。她找到二哥马吉樟,向他汇报自己掌握的情况,请马吉樟帮助营救陈独秀和被捕学生。马吉樟知道这些学生都是爱国为民的,没有丝毫私利,便劝说总统徐世昌释放学生,以免事态扩大。而学生拒绝离开监狱,提出政府必须惩办卖国贼曹汝霖、陆宗舆和章宗祥才出狱。马吉樟又找到徐世昌说:"学生是国家未来,天下的希望。望大总统深明大义,尊重学生的意见。不然全国工人再响应学生罢工,国家就更乱了。"[1]

在强大的压力面前,徐世昌答应释放学生,撤销了三个卖国贼的职务。中国政府最终没有在巴黎和约上签字。五四运动取得了胜利。

当然,五四运动能够获得胜利,主要原因是全国人民,包括学生、工人、商人等各界人士不屈不挠的斗争,迫使政府最终答应学生的爱国要求,并非马吉樟对总统徐世昌的一句劝诫。但这至少说明了马吉樟能够从民族大义出发,支持学生的爱国行动。

(三)马吉樟与毛泽东

马吉樟与毛泽东的交集出现在1919年12月,湖南人民驱逐军阀张敬尧的斗争,史称"驱张运动"。

张敬尧是北洋军阀亲日派皖系段祺瑞的忠实走狗,他乘直系军阀吴佩

---

① 邓叶君,李东泽.笔走龙蛇马吉樟[M].郑州:河南文艺出版社,2007:218-219.

孚和接近直系的冯玉祥打败湘桂联军之际,率军进驻湖南,被段祺瑞任命为湖南督军兼省长。张敬尧伙同他的三个兄弟(张敬舜、张敬禹、张敬汤)在湖南恣意施行暴政,烧杀抢掠,奸淫妇女,搜刮民财,摧残教育,钳制舆论,为非作歹,无恶不作。湖南人民极为痛恨,时谚称:"堂堂呼张,尧舜禹汤,一二三四,虎豹豺狼,张毒不除,湖南无望。"

1919年5月4日,湖南的学生积极响应五四运动。受学生运动的影响,各界联合会等组织也相继成立,形成声势浩大的爱国运动。

湖南督军张敬尧恨得要死,怕得要命。始则力图严密控制局势,继则暴力镇压,悍然下令解散学生联合会,封闭了毛泽东主办的《湘江评论》。在这种情况下,毛泽东领导被解散而又重新组成的湖南学生联合会,借检查日货,以坚持反日爱国运动,与张敬尧对抗。1919年12月2日,学生们举行5000人以上的游行示威,开大会,准备将从几家洋行里起获的日货焚烧掉,会场上的学生和围观的群众在万人以上,正当学生代表在会上讲演焚烧日货的意义时,张敬汤率领军警千余人包围会场,强行驱散与会群众,辱骂殴打学生,当场殴伤数十人,逮捕五人。

毛泽东以新民学会会员为骨干,领导学生对倒行逆施,反动气焰十分嚣张的张敬尧进行了针锋相对的斗争。公开打出"驱张"的旗帜,联络社会各阶层,发动全省学生罢课、教师罢教、工人罢工、商人罢市,并决定派代表分赴北京、衡阳、常德、郴州、广州、上海等地,公开揭露张敬尧祸湘虐民的罪行,争取全国舆论对"驱张"的支持和同情,造成举国一致的浩大声势。毛泽东赴京代表团一行40人于12月18日到达北京。

在京期间,毛泽东和代表们冒着北方的严寒,不顾满街冰雪,每天各处奔走联络,向湖南在京学生、议员、名流、绅士宣传"驱张"意义,发动他们参加"驱张"的斗争。毛泽东主持"平民通讯社"专门报道"驱张"活动,每天把150余份揭露张敬尧罪行和"驱张"运动的消息,送登京、津、沪、汉各地的报纸。

经过毛泽东等人的"驱张"宣传发动,湖南发起了千余人请愿示威,京、津、沪、汉等地的舆论界,一致支持湖南人民反对张敬尧的斗争。全国各界联合会、全国学生总会、许多省市的学生联合会纷纷发出电函,声讨张敬尧,使"驱张运动"扩大为普遍的反对封建军阀的宣传。各派军阀如吴佩孚、冯玉祥、谭延闿与张敬尧的矛盾也更趋激烈,纷纷趁机反对张敬尧。

为了向北洋政府施加压力,表达"驱张"决心,青年毛泽东和他的同伴不顾寒冷,连续三天在中南海新华门前静坐,要求见大总统徐世昌,但遭到拒绝。

马吉樟当时担任总统府秘书,上下班从新华门路过,见一群人不顾寒冷静坐在总统府前,心生怜悯,上前问明情况。他见毛泽东前额宽阔,身材魁梧,气宇轩昂,一身正气,非等闲之辈,决心帮助毛泽东和他的同伴。马吉樟从心底里对青年们的朝气和进步思想是赞许的,这一点与他热衷于新式教育有关,也在1911年武昌辛亥革命中得到了证明。马吉樟向大总统徐世昌说明了情况。徐世昌问马吉樟如何处置。马吉樟回答说:"爱国青年没有罪,按毛泽东的意见办,把张敬尧驱逐出境。"

在强大的压力下,徐世昌接受马吉樟的意见,免去张敬尧的督军职务,命令湖南省长兼湘军总司令谭延闿把张敬尧赶出湖南。马吉樟随即转告毛泽东,让毛泽东回湖南等候好消息。毛泽东高兴地说:"我代表湖南民众和各界人士,感谢马先生伸张正义,主持公道。"①

最后,张敬尧被撤职查办,其弟弟张敬汤被处死。"驱张斗争"获得了胜利。

马吉樟在这场斗争中,是站在毛泽东一边的,支持和帮助"驱张"运动获得最终胜利。

(四)告老还乡

20世纪20年代,中国政坛纷乱异常。马吉樟看透了天下大势,武人张狂的时候,文人就难混了。徐世昌费尽了心机,一心想同各路势力和平相处,但还是被后来的直系军阀吴佩孚、曹锟以"祸国殃民,障碍统一,不忠共和,赎货营私"的罪名逼迫辞职,然后推出黎元洪做傀儡总统。

1922年6月2日下午,马吉樟到前门车站送徐世昌回天津静养时对他说:"你是中华民国最有建树的总统,你尽力了。武人猖狂,文人就很难施展自己的政治抱负,武人作怪的不正常现象终究会消失的。官不常在人常在,好好做咱的平民吧。"

---

① 邓叶君,李东泽. 笔走龙蛇马吉樟[M].郑州:河南文艺出版社,2007:219.

徐世昌笑着说:"你是书法家,我还是画家哩。就凭咱这一技之长也会生存下去的。"

马吉樟点头称是。

翌日上午,马吉樟向黎元洪正式递交辞职书,辞去了总统府秘书职务,告别官场,颐养天年。他闲暇之余,专攻草隶篆书法,钻研金石,潜心著述。著有《益坚壮斋手稿》六卷。

马吉樟与鲁迅、梁启超、王国维、蔡元培、章太炎、辜鸿铭、胡适、陈寅恪、梁漱溟等诸多文化名人、国学大师保持长期友好往来。

1925 年 3 月 12 日,孙中山在北京铁狮子胡同逝世,马吉樟前去吊唁。

1927 年,奉系军阀张作霖逮捕了共产党领袖之一李大钊。马吉樟面见张作霖,做出担保,要求释放李大钊。张作霖当面答应,事后又对李大钊下了毒手。

1929 年秋,杨度探访马吉樟,提出与他一块儿去投靠共产党。马吉樟因年事已高,身体不适,未能成行。杨度只身前往,后经周恩来介绍加入共产党。①

1931 年,马吉樟病故,归葬河南安阳彰德。

七、马吉樟印象

马吉樟生于 1859 年,卒于 1931 年。这段时间正是近代中国复杂多变的年代,中国近代许多重大历史事件均发生在这段时期。加上马吉樟特殊的官员身份,使他有幸见证了中国这数十年间发生的一切。如果我们理性地梳理一下,可以发现,在马吉樟的一生中,尽管国家和民族的命运是坎坷的,但马吉樟及其家族的命运从总体上看,是比较平缓的,虽历经凶险,却总能化险为夷。笔者认为,这与马吉樟本人的处事风格和行为准则有一定的关系。

(一)马吉樟是个忠臣孝子

深受儒家传统忠孝思想、其父马丕瑶及家庭教育的影响,马吉樟最初的理想是做一个大清的忠臣。所以,尽管晚清政府腐败无能,但想让马吉樟直

---

① 邓叶君,李东泽.笔走龙蛇马吉樟[M].郑州:河南文艺出版社,2007:222.

接投身于推翻清政府的斗争中,是不可能的。他能做的最大妥协,便是保持中立,或暗中支持革命党人。作为马家入朝为官之人,他也利用自己的官员身份,在不损害国家和他人正当利益的前提下,巧妙地维护家族的利益,承担起动乱年代力保家族延续兴旺的责任。

(二)马吉樟是忧国忧民的

在马吉樟的一生中,其爱国举动和忧国忧民思想十分突出。在许多重大事件面前,他都能从国家民族的整体利益出发,从维护黎民百姓的平安幸福出发,在自己可接受的限度内,理性地做出有利于国计民生的选择,而不是仅仅站在清王朝和民国军阀的立场上,顽固地维护其腐朽统治。马吉樟心中有国家,心中有百姓,所以他才能在国家政局动荡之时,徐世昌出任大总统后,再次出仕,担任总统府秘书,并提出治国安邦十三条。马吉樟身上具有中国知识分子典型的忧国忧民、心怀天下的特质。

(三)马吉樟是同情革命的

马吉樟所处的年代是大变革的时代,中国面临"千年未有之变局",这就决定了他的思想中既有封建保守的一面,也有同情和支持革命的一面。身为官员,马吉樟看到,内忧外患的清政府根本无法适应世界局势的激烈变革,依靠统治阶级内部的新政改良无法完成自身的救赎,必然会被历史淘汰。马吉樟具有很强的忧患意识。其小妹马青霞加入同盟会、支持革命的一系列举动,使他接触了许多具有革命思想的先进青年,使他看到了解决中国问题的另一种方法。这些青年身上散发出执着的爱国情感,与他原本就有的忧国忧民的思想产生了强烈共鸣。但他是大清的臣子,他不能做出悖逆之事。然而,在内心深处,他是认可同盟会的主张的,他非常钦佩同盟会会员舍生忘死的报国情怀。在两难之中,他选择了表面拥护大清,实则中立、暗中同情和支持革命党人的态度,多次利用自己的身份帮助妹妹马青霞及其他革命党人进行革命活动。马吉樟的这种态度也使他后来多次选择站在青年学生运动之列。

(四)马吉樟是开明的

马吉樟熟读史书,他了解世界发展的大趋势,并能顺应这种变化。他熟知封建社会做人做事的规则,但又有自己的原则,不会由于私情而破坏原则,也不会因为原则而使友情荡然无存。他最终能在私情和原则之间找到一个平衡点,并恪守原则。马吉樟的开明除了体现在他对妹妹马青霞和革命党人的态度上,还表现在他处理袁世凯的称帝一事上。他反对袁世凯称帝,但只能采取委婉的方式来表达自己的意见。不到万不得已,他不会与袁世凯撕破脸皮。而且,不管袁世凯如何诱导他,他从未说出支持袁称帝的话。然而,当得知袁世凯决心称帝后,他就直言相问,弄清黑白,以特有的方式表达自己的观点。这就是马吉樟的开明之处。

正是由于马吉樟具备上述性格特点,并恪守了自己的处事原则,才使得他能够成为各方都可以接受的人物,能够保证自己和整个家族平安地躲过乱世的纠纷。

第四章

"天下为公"马青霞

马青霞是中国近代史上极具传奇色彩的一位女性,也是一位被忽视的辛亥女杰。她出身名门,光绪皇帝封其为"一品诰命夫人",赞其"乐善好施";孙中山为其题字"天下为公""巾帼英雄";鲁迅称其"才貌双全"。她17岁嫁入豪门,24岁守寡,成为拥资千万的富孀。

鲁迅先生为马青霞题字"才貌双全"

孙中山先生为马青霞题字"天下为公"和"巾帼英雄"

1907年,马青霞游学日本,结识了孙中山、黄兴等革命党人,并加入同盟会。从此,她长期追随孙中山先生,成为一个坚定的革命者,倾其所有,广做慈善,热心公益,醉心教育,慨捐革命;她追求自由,崇尚民主,渴求平等,勇敢反抗封建专制政府和家庭压迫;她散尽家财,只为救国救民,普济天下苍生,践行"天下为公",是中国裸捐第一人。

马青霞,一个从马氏庄园走出的传奇女性,一个历经坎坷的革命女杰,其身上所独有的家国情怀,应被我们记忆和缅怀。

一、马青霞简介

天下为公——马青霞

马青霞与秋瑾齐名,"南秋瑾,北青霞"

马青霞(1877—1923),马丕瑶小女儿,中国著名资产阶级民主革命家、教育家、社会活动家、慈善家、辛亥革命女志士,与著名革命女志士秋瑾齐名,时人有"南秋瑾、北青霞"之谓。

马青霞历经晚清和民国两代,一生充满传奇色彩,名噪其时,流芳千古。她和新文化运动的代表人物、中国共产党的创始人李大钊也有过交集,曾资助过李大钊、陈独秀主编的新文化运动的先进刊物《每周评论》,为刊物捐款八千元。

马丕瑶共四个儿子三个女儿,尤以小女儿马青霞最出名。马青霞 17 岁时嫁给了中州首富、河南尉氏县大地主刘耀德,所以后人也称她为刘马青霞或刘青霞①。

马青霞嫁到刘家七年之后(1901年),丈夫因病去世,悲恸欲绝的马青霞度过了人生中最为凄凉的一段日子。为了获得刘氏族人的信任和理解,马青霞独自出银四万两,重建了刘家祠堂,一举奠定了她在刘家的地位。随后马青霞又捐地15顷,附设一所义学,规定凡是刘氏子弟均可免费来此上学,所有费用均由自己一力承担。

丈夫去世之后,马青霞深感一名寡妇的生活是多么艰辛。于是在尉氏县城内,她仿照娘家建筑宅院的模式修建了一所新宅,命名为"师古堂",专门收养刘氏家族里那些无依无靠的寡妇。而对老人,马青霞特意设立了义庄,划拨15顷良田,规定凡是家族内60岁以上的老人每月均可从义庄领取粮食,安享晚年。马青霞的义举赢得了一片喝彩,族中老幼莫不赞誉青霞,称其"大仁大孝"。

清光绪三十二年(1907年),马青霞冲破封建礼教的束缚,毅然追随兄长马吉樟东渡日本,求学考察,亲身感受资本主义发展历程。在日本期间,她受到了民主革命思想的影响,在友人的介绍下,加入了同盟会。当时正值同盟会河南分会要出版刊物《河南》,但受困于经费不足,迟迟无法印刷出版。闻知此事后,马青霞毅然捐资2万元资助创办革命刊物,一解困扰了同盟会会员的烦忧,《河南》终得以面世,并且在革命团体内成为一份颇具影响力的刊物。同时,她又与革命友人在日本东京创办了《中国新女界》月刊,积极宣

---

① 关于马青霞的称呼,史料中比较多,如:马青霞、刘青霞、刘马青霞等。为了方便读者阅读本书,笔者有必要在此对马青霞的称呼做些简单的介绍。

马青霞娘家姓马,这是其本来的姓名。

马青霞17岁时嫁给尉氏首富刘耀德,夫家姓刘。按照中国封建社会的传统,女子嫁人后要改称夫家的姓氏,或在自己的姓氏前加上夫家的姓。所以,马青霞又称刘马青霞、刘青霞。文字材料中一般称刘马氏、刘氏、刘夫人等。丈夫刘耀德去世后,马青霞接管经营庞大家业,需要与客户签订文书、字据,其印章上刻的是"刘马青霞",这是比较正规的称呼。

本书名为《马氏庄园的家国情怀》,主要介绍马氏家族成员故事,所以,笔者为了行文方便,凡涉及青霞称呼的,一律使用其本来姓名"马青霞"。但引文中仍保留原作者的称呼,以示对作者的尊重。尤其需要说明的是,在本书所引用的史料中,凡是出现"刘夫人""刘氏""刘马氏""刘青霞""刘马青霞"称呼的,均指马青霞。

传妇女解放，男女平等，要求赋予妇女一切权利。《中国新女界》也成为当时女权运动的一面旗帜，深受革命女同志的欢迎。

从日本回国之后，马青霞全身心地投入革命浪潮中，她捐巨资在开封创办"大河书社"，作为《河南》等革命出版物的创作基地，同时也成为革命志士的联络点。辛亥革命爆发后，马青霞看到了革命胜利的曙光，捐巨资助河南革命军。一系列的革命举动让马青霞在河南享有了很高的威望。1921年，她被河南各界人士公推为河南国民捐事务所总理。在此期间，她还积极参加京津地区妇女要求参政的活动，并被选举为北京女子参政同盟会会长。正当马青霞积极投身革命，开展各项民主活动之际，袁世凯巧取了革命果实，并且派其表弟张镇芳来到河南担任督军，掌握实际权力。张镇芳刚到河南，就部署军队大肆镇压革命党人，取缔革命刊物，停止一切民主活动，露出了其反革命的真实面目。目睹了张镇芳的所作所为后，马青霞大失所望，毅然辞去河南国民捐事务所总理一职，并且在报纸上郑重发表声明，宣布决不与张镇芳等同流合污，破坏革命事业。

带着心中的悲愤和困惑，马青霞回到尉氏县，那里有她自己的一片天地。早在她刚刚归国的时候，马青霞就在刘家花园内兴办了河南第一所私立女校——华英女校，招收了50名女学生。学生进校后第一件事就是放足，打破残害妇女身体等种种不合理的陋习。马青霞聘请各个专业的老师来此授课，讲授国文、算术、历史、道德等多项课程，同时还组织女生们参加劳动，种桑养蚕，刺绣编织，而学生们的食宿、笔墨等日常费用全部由她担负。在华英女校的基础上，马青霞又设置了师范学校，培养教育人才，此举大大推动了我国女子教育事业的发展，也为革命输送了一大批革命女志士。除了自己办学之外，马青霞还多次资助公办学堂，尉氏县高等小学堂、省城中州女学堂、中州公学，甚至远在北京的京师女子师范学校和北京女子法政学校也得到过马青霞的馈赠，每次多则数万两，少则三五千两。这些学校得到马青霞的援助后，用此资金建造校舍、补充教学用具、购买图书，扩大招生规模，改善学生的学习条件。

1913年，马青霞来到上海，拜见孙中山先生，两人畅谈革命理想，展望中华民族美好的未来。当时，孙中山刚刚出任全国铁路督办，正在积极筹划建设全国的铁路，可是因为连年战争，国库空虚，根本没有资金能用于建设铁路,孙中山先生为此一筹莫展。马青霞闻听此事后,马上表示愿将全部财产捐献国家,用以修筑铁路。孙中山先生大喜过望,更加赞叹这位辛亥革命女志士,亲自题写"天下为公"和"巾帼英雄"的匾文赠予马青霞。可惜捐款还没有来得及送到孙中山先生的手里,战事又起,军阀混战,国家南北分割,国民革命岌岌可危。

此时,刘氏家族中也流言四起,族人对马青霞捐款强烈不满,纷纷指责,并且控告她私通国民党,反对北洋政府,幸得马青霞的兄长马吉樟疏通关系,花费了一笔钱才使她免受牢狱之灾。

这件事一度让马青霞心灰意冷,特别是看到身边的朋友一个个离她而去,好长时间都无法振作精神。直到1922年,冯玉祥来到河南担任督军一职,河南的民主革命又开始了一次新的高潮,马青霞不仅重新有了发展的天地,而且心里有了新的革命热情。马青霞拜见了冯玉祥,提出捐献财产报效国家。数日之后,马青霞将她的全部财产交于政府,了却了自己的夙愿。冯玉祥按照她的意愿,在随后几年陆续把这些资产用于教育和慈善事业。

1922年年底,马青霞离开尉氏县,回到了阔别二十余年的娘家。看着家乡的一草一木,马青霞顿时泪流满面,回想自己二十多年的奔波,心中的酸楚又有谁能够理解呢?曾经的万贯家财已经化为轻烟,而留给世间的一段段佳话却永远长存。由于多年在外奔波,积劳成疾,回到蒋村老家不久,马青霞便一病不起。1923年农历二月初六,一代巾帼英雄与世长辞,年仅46岁。

如今,不仅在安阳县蒋村乡的马氏庄园内有马青霞的故居,在开封市、尉氏县也留有她的故居,完好保留着两处四合院,院中还有马青霞生前在此栽种的一棵蜡梅,挺立在寒风暴雪之中,宛如永不言退的革命女志士。

二、马青霞热心公益的慈善活动

开明通达、热心人事、扶危济困,这些马氏家风潜移默化地影响着马青霞后来的品质和性格。马青霞设刘氏义学、义庄,修建马营青石桥等行为也是受马氏家风的影响,按马氏家风行事是后来她从事慈善活动的前提条件。

在男权社会体系中,妇女的社会属性往往被湮没在家庭之中,社会活动很少且不独立。马青霞早年接受的教育也是儒家的伦理道德,因此孀居之前,受封建礼制约束,活动的范围基本不出马家大院。此时只是受马氏家风影响,出于仁爱的动机,出于对下人的关心、怜悯之情,"对庄园内一些穷苦的奴仆夫役施以恩惠,诸如赠银钱、赠衣食之类"。其真正的慈善活动是在孀居之后开始的,此时她必须出面经营刘家产业。

光绪二十七年(1901 年),其丈夫去世。马青霞由于没有子嗣,族人谋夺财产,遂争相过继。她称遗子在腹,去开封分娩,实则抱养刘耀德姐夫雷培株之子,起名鼎元,称作己生,半年后返回尉氏。族人不信是亲生,却也奈何不了她,为争夺财产常年争讼不休。"青霞上无伯叔,下鲜兄弟",又失去了相濡以沫的丈夫的支持,孤苦的境地反而使得柔弱的她走向坚强。马青霞为争取舆论,缓解矛盾,以宽阔的胸襟,在族内多行善事。直到游学日本归来后,其慈善目的才真正转变,由"家族主义,一变而为社会主义",从宗族慈善走向了社区慈善,其慈善活动也打破了宗族慈善的封闭性而走向主要面对世人的社会慈善。其慈善活动可以划分为三类:传统慈善、新学教育和慈善实业。①

(一)传统慈善

1. 刘氏义学

马青霞在青少年时代,最敬佩宋朝范仲淹。范仲淹是北宋杰出的思想家、政治家、文学家,他倡导的"先天下之忧而忧,后天下之乐而乐"思想和仁人志士节操,对后世影响深远。范仲淹青少年时代非常贫困,在应天书院读书,一盆冷粥分为三份,每日三餐,只吃一盆冷粥。其成名后,设义田、建义学,对族中子弟实行免费教育,激劝"读书之美",范氏义学在教化族众、安定社会、优化风尚上取得了巨大成功,开启了中国古代基础教育阶段免费教育的新风尚。

范仲淹办义学的故事深深影响了马青霞,加上父亲马丕瑶的教育和熏陶,马青霞自幼年时期就具有仁爱怜悯之心,她同情下层贫民,热衷教育,希望自己长大以后也能成为范仲淹那样"泛爱乐善""兼济天下"的人。

1901 年,丈夫刘耀德不幸病逝,撇下年迈的母亲和年轻的妻子,马青霞悲痛欲绝。为了继承庞大的家业,马青霞诈称有遗腹子,抱养了刘耀德胞姐

---

① 许小涛.马青霞慈善活动述略[J].开封大学学报,2015(1):18-24.

的儿子为养子,取名刘鼎元,与婆婆刘氏一起撑起了丈夫生前打下的基业。当时,对婆媳二人威胁最大的莫过于刘氏家族对刘耀德遗产的争夺。以后的事实证明,婆母刘氏去世以后,马青霞面临的最大威胁,就是来自刘氏家族侵吞刘耀德遗产的挑战,这令青霞头疼不已。婆媳二人曾商议,认为要想安抚刘氏宗族,过上太平日子,必须为刘家做一些好事。她们首先出银四万两,在刘氏家族的故居大桥乡重新修建了刘家祠堂,认为这样就可以对得起刘氏宗族的祖先,对得起死去的刘耀德,也能博得刘氏族人的拥戴和尊重。

修建刘氏祠堂使刘家的先祖有了庇护之所。那么如何安抚当世的刘家族人呢?马青霞认为,办义学对宗族来说是见效于当时、功在后代的大事。当时,刘氏宗族有1500余人。既有富甲一方的大户,如刘耀德等,也有中等之家,还有很多佃户、小贩、贫困农户,甚至乞讨挨饿之人,他们中很多人家没有能力供养自己的孩子读书。

1902年,马青霞在修建刘氏祠堂之后,又捐地15顷,在刘氏祠堂设立义学。义学就设在祠堂里,凡刘氏子弟均可免费入学,刘氏宗族许多贫困族人的子弟都能接受教育。义学的费用均来自义田。①

2. 刘氏义庄

北宋范仲淹除建立义学外,还开办范氏义庄,是中国义庄之起源。义庄是带有宗族性质的慈善机构,是民间慈善的重要组成部分。义庄的慈善活动是多方面的,但都围绕赈济同族贫困者这个中心来展开,具体言之,有赡贫、恤病、助婚丧、养老、劝学、救急、抚恤等项内容。

马丕瑶仿效范仲淹建范氏义庄的行为,在马氏庄园旁边开设马氏义庄,在饥荒年间接济穷人。马青霞受父亲影响,在建立义学的同时(大约1902年左右),又捐地5顷,设立刘氏义庄。"凡刘氏60岁以上老人每月可从义庄免费支领小麦三斗(约合现在的75市斤)。"寒冬腊月,是贫苦百姓最难熬的时候,百姓俗称腊月为"年关",马青霞与婆婆刘老夫人商议,在每年腊月对百姓赈济,贴出告示:"每年腊月初八,开仓放粮,以赈年荒。"

马青霞婆婆去世时,"恰逢尉氏大饥,为赈济灾民,青霞借婆母丧礼,施

---

① 李玉洁.辛亥女革命家刘马青霞评传[M].北京:科学出版社,2012:64.

舍饭一月,救活了不少灾民"。不久,光绪皇帝赐封她为"一品诰命夫人"。①

从现有的资料看,刘氏义庄和寡妇院的确发挥了养老、救急、抚恤等慈善功能,解决了许多刘氏宗族生存问题,稳定了刘氏宗族秩序。

3. 寡妇院

封建社会的已婚妇女主要依靠夫家,如果丈夫去世或被丈夫抛弃,妇女不能改嫁,没有生活来源,主要依靠儿女。对大多数封建女性来说,丈夫离去,往往伴随而来的就是孤苦。马青霞周围,就有许多贫穷的刘家寡妇,她们或者无儿无女,或被丈夫抛弃,或丈夫离世,无依无靠,很难生存。这些寡妇的命运深深牵动着青霞的心。1902 年,马青霞在其所建的尉氏县住宅——师古堂里,专门劈出一处小院,计有房屋三十余间,以收养刘氏无依无靠的寡妇,俗称寡妇院,为寡居的妇女提供一个遮风挡雨、衣食有着落的温暖场所。

马青霞建立寡妇院,显示出她慈悲为怀、同情弱者的胸怀,实为功德一件。

4. 孤贫院(养济院)

养济院,明清时基本由官方来办,属于官办慈善,主要收养本族或本籍的鳏寡孤独或残疾贫民,因此称孤贫院。养济院的经费与地方财力相关。养济院的举办同当时各级地方官吏对恤老养孤这项慈善事业的重视与支持也是有很大关系的。地方财力不济时,亦有私人举办类似慈善机构。

马青霞设孤贫院,"捐地一顷零三十亩"。据于忠华研究,这个孤贫院专门收养尉氏县无依无靠的盲残人,俗称瞎子院,旧址现已不存。而且,马青霞的孤贫院所收养的对象不仅仅是刘氏家族的孤残人,只要是社会上的鳏寡孤独盲残人,都可以进入孤贫院,求得温饱与栖身之所。② 这体现了马青霞兼济天下的宽广胸襟。

马青霞开办孤贫院的信息来源于她在 1917 年 11 月 17 日《自由报》上发表的《告四万万男女同胞书》(原题为《豫人刘马青霞披露》,简称《披露》)。其中有"北京豫学堂,捐银三万两;尉氏县高等学堂,捐银三千两;孤贫院,捐地一顷零三十亩;桥工捐银七千两",文中并没有给出确切时间。但从《披

---

① 于忠华. 刘青霞传[M]. 郑州:中州古籍出版社,2011:23–24.
② 于忠华. 刘青霞传[M]. 郑州:中州古籍出版社,2011:23–24.

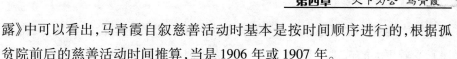

露》中可以看出,马青霞自叙慈善活动时基本是按时间顺序进行的,根据孤贫院前后的慈善活动时间推算,当是1906年或1907年。

5.修建歇马营青石桥

造桥与修路在宋朝已经是比较普遍的慈善活动了。尉氏县庄头乡歇马营村东原有一座土木桥,架在贾鲁河上,从尉氏到开封需要经过此桥。后该桥被洪水冲毁,道路受阻,群众过往不便。马青霞路过此处,便决定兴建一座青石桥,她在《披露》中讲"桥工捐银七千两",即指此事。需要说明的是,七千两只是计划投资数额,实际上最后耗银达一万一千两之多。

歇马营青石桥1904年开始筹建。修桥用的青石都是从襄县、郏县等地运来的,光备料就用了二年,动工修建二年,历时四年,于1908年建成。桥长十二丈,宽两丈五尺,一共五孔。据当地老人回忆,这座青石桥修得秀丽壮观,不仅雕刻精美,而且绘画别致。桥两边有石栏杆,镶有六个龙头。石桥两头还立有石碑,碑上写有"万善同归"和修桥用的一万一千四百八十串零八百一十七个小钱等碑文。[①]

歇马营青石桥在日军进犯尉氏时被炸毁两孔。1958年兴修水利,桥上青石被运往歇马营、小营和庄头等村水利工地,桥址亦淹没于贾鲁河中,后在原址上重新修建了一座钢筋混凝土桥。

马青霞修建的这座青石桥对当地的交通、生产和人民群众的生活带来了极大方便。因此后人把它编成民歌加以颂扬:青石桥啊青石桥,宏伟壮观双路道;刘家贤绩垂青史,万民同济乐逍遥。

马青霞建桥铺路的善举获得了尉氏县平民百姓的赞扬和感谢,但她却表现得很淡定。她在桥头亲书"无名氏修"碑文,表现出宽广磊落的胸怀和高尚无私、淡泊名利的思想境界。石桥的另一端刻有"万善同归"的刻文,也表现出马青霞对美好世界的追求。

6.捐助开封难民收容所

袁世凯称帝,引来全国讨伐,最终郁愤而死。黎元洪继任中华民国大总统。多灾多难的中国进入了军阀混战时期,中国人民在战争的深渊中痛苦挣扎。

---

① 李玉洁.辛亥女革命家刘马青霞评传[M].北京:科学出版社,2012:66.

河南地处中原腹地,是兵家必争之地。相对于其他省份的人民,河南人民承受着更大的苦难。是时,河南处在袁世凯亲信赵倜①的统治之下。

赵倜督豫八年,对地方无所建树,相反利用手中权势,纳贿受贿,巧取豪夺,无休止地向河南百姓摊派苛捐杂税,千方百计榨取人民的血汗。1922年,赵倜被抄家,仅他在开封地下室埋葬的鸦片、金条、银元宝等贵重物品就搬运了数日,汝南老家的私产用数十辆牛车向驻马店运了三天三夜才拉完。赵倜为了筹措庞大的军政费用和中饱私囊,不顾人民的死活,巧立名目,征收苛捐杂税,百姓民不聊生,怨声载道。河南省府开封大街上,难民成群结队,衣衫褴褛,沿街乞讨。数不清的人为债务和生活所迫,卖儿鬻女,甚至自杀。

马青霞目睹此景,心如刀绞,痛苦万分。她难以理解,民国已成立十年有余,国家为何还糜烂如此?但泛爱乐善、兼济天下的情怀和救国救民的使命,使她对这些孤苦无靠的妇孺幼儿充满了同情和关心。当她路过开封难民所,看到那些衣不遮体、食不果腹的妇女、老人和儿童时,她内心的善良再次被触动了,立即拿出两千大洋,托人购买了四十件儿童衣服,捐给开封难民所。外人很难知道,此时的青霞正遭受着来自刘氏族人争夺财产的巨大压力,面对刘氏族人的无端谩骂、侮辱、攻击和无休止的诉讼,她的心里承受着常人无法理解的痛苦。更为令人心酸的是,此时距离她的离世仅有半年时间。马青霞生命的最后岁月仍在关注和支持慈善事业。1922年7月9日的《新中州报》对马青霞捐助开封难民所做了报道:

> (开封难民所)所内留养妇孺五十余名,衣袴亦多破烂。除该所自行购各衫袴外,有桐茂典东刘青霞女士捐洋二千元,托赵惜时为所内小孩购备新制衣袴四十正件,分给服用(赵惜时,开封难民

---

① 赵倜(1871—1933),字周人,河南汝南人(今河南平舆),北洋时期军阀。毕业于北洋武备学堂,清末官至总兵。二次革命时期(1913年),奉袁世凯之命率部进入河南,后又追剿白朗起义军,因功授封河南护军使,1914年督理河南军务。1915年拥护袁世凯称帝。1916年袁死后,任河南督军兼省长,先依附段祺瑞,后与段产生矛盾。1920年直皖战争时期,拥直反皖。战后,被直系大将吴佩孚排挤,地位降低。1922年第一次直奉战争爆发,赵倜响应奉系在河南反吴,被直系冯玉祥击败,被免除河南督军。

所的所长)。

我们可以看出,捐助慈善已经成为马青霞的一个习惯,一种信仰。不管自己身处何境,她都心系贫苦大众。正如马青霞所说:"凡属公益善举,宁节己襄助,莫当作守财之奴,此又对于社会者如此。青霞一妇人耳,屈指平日碌碌无为,淡食粗衣,自奉甚微,而对于家族、对于社会自觉可以告无罪矣。"①青霞在其有生之年,心中无时不装着那些在饥寒之中衣不蔽体、孤弱无靠的妇孺幼儿,尽其所能,倾其所有地把温暖送给他们。

马青霞办义学,开义庄,建寡妇院和孤贫院,修建歇马营青石桥,捐助开封难民收容所,这些都属于传统慈善活动,带有明显的家族性质,大多发生在1907年以前,也就是马青霞游学日本之前。这时的马青霞是一个"家族主义者",她所有的慈善活动,或者公益活动,主要集中在家族范围内,间或也有家族之外的社会慈善,但她办慈善的目的是改善刘氏家族状况、赢得刘氏家族的拥戴和社会民众的尊重、保住丈夫刘耀德遗留下来的庞大家业。这种视野和目的是早期马青霞慈善活动的一个明显特点,也是其慈善活动的最大局限。马青霞自1907年在日本东京参加同盟会之后,把大笔金钱投入革命事业之中,对中国的资产阶级革命做出了巨大贡献。而此时的她已经不仅是为了实现一个封建社会知识分子兼济天下的理想,而是为了履行一个革命家的义务。

(二)新学教育

前文已述,马青霞早期的慈善活动主要集中在家族范围内,是一个"家族主义者",其目的是为了赢得刘氏族人的拥护,保住偌大的家产。然而,这一切在1907年马青霞游学日本之后,彻底改变了。当然,这种改变不是一下子就发生了,1905—1906年可以说是一个过渡时期。这个过渡时期,刘青霞受其二哥马吉樟影响,参与了北京豫学堂的捐建;又结识了尉氏留日学生刘恒泰(丈夫刘耀德的侄孙)、潘祖培、罗文华、张钟端等,这些事件使马青霞的视野迅速开阔,由传统慈善向近代思想观念转变,其思想由"家族主义"向"社会主义"转变,由普通封建女性转变为一个坚强的民主革命志士,并最终

①　马青霞.豫人刘马青霞披露[N].自由报,1917-11-17。

转变为一个资产阶级辛亥革命家、教育家、慈善家,成为孙中山眼中为数不多的"辛亥女杰"。

1. 北京豫学堂

1905 年,清政府废除科学,鼓励各地举办新式学堂,兴新教育之风。以袁世凯、马吉樟等为首的河南京官计划筹建"河南公立旅京豫学堂",又称"北京豫学堂"或"豫学堂",主要解决在京的河南籍官员子弟上学问题。学堂的经费来源主要靠募捐,募捐的主要对象是在京的河南籍官员、外官和富商。

豫学堂的地址设在北京宣武门外达智桥路北的嵩云草堂处。嵩云草堂是袁世凯的叔父袁保恒于同治元年(1862 年)创建的,是河南籍京官宴集之所;也是 1895 年资产阶级改良派康有为联合在京会试的 1300 多名举人,联名上书光绪皇帝,进行公车上书的地方。袁世凯为河南籍京官领袖,为筹办豫学堂,把自家在北京房产捐了出来,以实际行动支持清廷的新学改革。

马吉樟深受父亲马丕瑶的影响,热心办学,劝其妹妹马青霞捐出白银两万两作为筹办"河南公立旅京豫学堂"的启动经费。据曾在该学堂上过学和做过管理员的杜慕堂先生回忆:

> 尉氏县刘家是河南第一富户,这家主人刘耀德早年去世。他的孀妻马青霞女士是安阳马丕瑶中丞的女儿,翰林院马吉樟的妹妹。吉樟热心办学,劝他妹妹捐出两万两白银以为之倡。

马青霞爽快答应,二话不说,捐出白银三万两,是捐资者中最多的,令马吉樟、袁世凯大为感动。袁世凯为豫学堂名誉督办,马吉樟任监督(校长)。马吉樟在他的《益坚壮翁文稿》下册《京师河南中学校沿革记》中写道:"本校前称豫学堂,地址即嵩云草堂也。有清光绪三十一年己巳,吉樟承乏日讲起居注官、翰林院侍读。京师已立蜀、湘、赣学堂,次即豫学堂。吉樟劝募女弟尉氏县刘郎斋观察耀德之妻一品诰命夫人马青霞倡捐银三万两,同乡京外官共捐三万五千两。"

豫学堂最后募捐七万五千两白银。除了马青霞捐银三万两外,当时的直隶总督袁世凯捐一万两,马吉樟捐一万两,其他河南籍的京官、外官捐银二万五千两。这些银两作为创办豫学堂的筹办经费,除支出开办费,剩余的钱存入当铺,每年的运营费用从中支取。

马青霞捐巨资创办豫学堂,引起了巨大反响。当时日本留学生所办的《豫报》第一号发表笔名为"古中原裔"的作者撰写的文章,对河南温县原邦用捐一万两银子建蚕桑学校和马青霞捐三万两白银建豫学堂的事迹进行了报道:

> 河北蚕桑学校……那学堂成效大……都晓得是一个完全的学堂。内中长年经费,是就河内县设法开垦的荒田筹拔出来的。但是,款项寥寥,甚不敷用。后来有温县的富绅原君邦用,居然将他家中蓄资到蚕桑学堂正正一万两,那学堂就这立定脚跟,日见发达。这样义举是我们河南捐巨金兴学的第一人,实在叫人佩服。后来,北京创办豫学堂时,又有尉氏县刘宅孀妇马氏,把家中遗产正正三万两捐入豫学堂里,越发叫人佩服。
>
> ……
>
> 我们中国的富豪向来有一种陋习,或宴会佳客或崇媚鬼神,虽耗么盈千累万,不甚顾惜。若要叫他捐金助学,做这样义举的事,他却一文钱也不肯出。经官长再三劝谕,为畏祸媚官计,勉强捐助若干,还没有他一天浪费的多……尔没看二十世纪的世界列强,角智争能,士、农、工、商,皆成战局,那握制胜的左券,就在学校。因为教育在现今世界为先锋队。我们中国从这升入九天,灿灿烂烂,享世界文明的幸福;或从这陷入九渊,沉沉沦沦,受奴隶牛马的惨祸,全看能兴学及不能兴学为断。哎!近来中国虽说是风气初开的时代,可是办学的到处皆是,好似初唱黄鹂跃跃欲试的样子,所恐的样子,经济困离、有志莫遂的一道问题了。常见热诚志士想创办一学堂,因学费无出,终归不成,这事是有的。或罗雀投鼠,凑齐开办的微款,到后来经费接济不住,弄得半途中止,这事也是有的。或是将经费将将就就支持下来,要想扩张一扩张,就不能够。于是乎草草办理,敷衍下去,学科、仪器不完全的学校也有的。照这样看来,学堂万没发达的日子,我们中国不是终没有登大舞台扬一扬

国徽那一天了么？不但是这个，因为创办学堂，那些经费无从筹出，常有就本地筹办的，那些做八股的老学究，率领愚鲁的乡人就出来抵抗，酿成争端，株连大狱，这又更上一层楼了。倘或各处富豪肯捐些银钱补助学堂，像这样惨剧断断不会演出来的……当我们中国风气初开，正在办学幼稚时代，有钱的富家翁不肯慨然捐助，袖手旁观，我们中国教育怎能有发达那一天呢？哎！河南全省的地方，除河北蚕桑学堂外，几乎没有一个完全的学堂。学界像这样黑暗，时局像这样累卵，在这学战优胜劣汰的时候，真叫人可怕。全省富豪的家也不算少，且其中大半是席丰履厚，坐享先人遗业的，趁这时候不输捐助学，养成国民独立资格，恐怕这福不能享久罢。西哲有两句话："救将亡的国易，救已亡的国难。"这两句话真叫铁案难移了。尔不看已亡的印度、越南、波兰、朝鲜等国么。看起来，这原氏和马氏这等热心识时，慨捐以救祖国的人，在我们河南很为难得了。

在这篇文章里，作者"古中原裔"把办新学的意义说得很透彻，对温县原邦用捐助蚕桑学校和尉氏马青霞捐资豫学堂的事迹给予了高度评价，与那些为富不仁、挥霍浪费、只关心自家利益、无视民族危机的富豪相比，马青霞慨捐救国、投身于新学教育的品格和精神是何等的可贵！

在袁世凯、马吉樟、马青霞等人的热心资助下，北京豫学堂顺利开学。尽管豫学堂的教学内容还留有忠君尊孔的儒家痕迹，但更多的课程中包括了物理、化学、数学、博物等近代自然科学科目。豫学堂于光绪三十一年（1905年）八月举行招生考试，招生150名，中学生分为甲、乙班，每班50名，另设简易师范一班，人数也是50名。为保证生源，豫学堂在保证在京河南籍官员子弟入学外，还招收当地和其他省籍学生。原先的嵩云草堂旧有房舍无法满足教学要求，袁世凯、马吉樟等人又在附近购置空地增建校舍和配套设施，扩大规模。由于资金充足，师资雄厚，功课整齐，管理严格，豫学堂很快成为当时京城首屈一指的新式学校，如马吉樟所言："为京师各省私立学堂第一也。"豫学堂后又先后易名为北京市私立河南中学、北京市私立嵩云中学，马青霞对学校一直关注，多次捐资。新中国成立后，嵩云中学并入北京市立中学。

据时任嵩云中学校长李茂永的回忆:"她(马青霞)每次来北京都要来学校一趟,对教职员予以鼓励。还多次向学校捐款,解决实际困难。学校能维持50多年,与刘女士的热心赞助分开。"

在国家动乱不断、积贫积弱的时代,豫学堂主要靠私人捐赠,坚持开办50多年,实属不易,马青霞功不可没。豫学堂培养出了不少人才,如我国早期著名农学家王金吾、同盟会会员刘峰一、物理学家霍树楷、画家吴新吾、河南省原副省长贾心斋、考古学及历史学家徐旭生、数学家黄敦慈等,均毕业于豫学堂。豫学堂自创建以来,先后为我国培养出2 000多名学生,许多人成为我国新文化各个领域的先驱,为国家和民族的振兴做出了突出贡献。

因为马青霞热心公益、不惜巨款捐助新式教育,筹办新学,在社会上影响很大,震动了朝野上下,1906年,光绪皇帝封马青霞为"一品诰命夫人"。遗憾的是,这个文书诰命现在已经找不到了。清光绪三十二年(1906年)四月二十五日《河南官报》第一期记载:"一品诰命夫人刘马氏,系本籍绅士、翰林院侍读马太史吉樟之妹,而已故山西试用道刘观察德熙(作者注:指刘耀德)之妻也。"①根据这个记载,我们可以得知,在1906年四月之前,马青霞已经被光绪皇帝封为"一品诰命夫人"了。

2.尉氏县高等小学堂

尉氏县高等小学堂,是由原来的蓬池书院改建而来的。

蓬池书院是尉氏的一个名胜。道光三年(1823年),尉氏一个姓徐的县令主持修建蓬池书院;道光六年(1826年),又一个姓刘的县令在任时才修成。当年刘耀德(马青霞的丈夫)的伯父刘鸿恩曾在蓬池书院读书,于道光二十七年(1847年)考中进士。刘家作为尉氏县有名的富户,对蓬池书院捐赠颇多。光绪三十二年(1906年)《河南教育官报》登载了尉氏县知县上奏清廷的一个奏折,请求朝廷奖励捐赠创办新学者。奏折云:

窃(作者注:指尉氏县知县)据卑县职员同知衔候选县丞刘其
德(作者注:刘氏宗族成员)禀称,窃维尉氏县旧有蓬池书院,历经

---

① 李玉洁.辛亥女革命家刘马青霞评传[M].北京:科学出版社,2012:84.

职祖父捐助膏奖建筑文场各在案。今既遵旨改为高等小学堂,诚为培养人才之基础,改良校舍,添聘教员,恢宏堂宇之规模,推广学生乏名额,需款既巨而经费无多,必须常年经费。确有的款方能日期有功。兹特仰承先生愿将祖遗地四百亩零三分零六毫三丝,按时价值银七千二百零五两五钱一分三厘四毫,现银三千两内有堂侄刘鼎元捐助学堂经费。请旌建坊案内移拨余银二千两,共银一万零二百零五两五钱一分三厘四毫一并捐入学堂,作为常年经费。恳请转详立案,实为德便等情。

这篇奏折是尉氏知县根据刘其德的禀告向朝廷申请嘉奖本人的,允许其"免选本班,以知县遇缺先选用",即不要根据提升的次序,如有知县缺位,可以优先录用刘其德。嘉奖刘其德的原因是刘氏家族将"祖遗地四百亩零三分零六毫三丝"捐给了即将由蓬池书院扩建为规模比较大的尉氏县高等小学堂。

尉氏县蓬池书院改建为高等小学堂,这符合当时清政府鼓励各省大办新学的号召。以蓬池书院为基础,扩建为尉氏县高等小学,是不错的主意。但随着招收学员的增多,改良校舍,添聘教员,都需要大量的经费。所以,鼓励有钱的乡绅富户捐赠办学就成为必要措施。奏折中所云捐赠项目,有刘家祖上"遗地"四百余亩和现银三千两,捐赠人到底是谁?现银三千两的捐赠人是刘鼎元,这个比较明确,没有疑问。刘鼎元是马青霞的儿子,当时只有三岁,很明显,实际的捐赠人应是马青霞。还有一个问题:四百多亩地的捐赠人是谁呢?此地是整个刘氏家族的共有财产?还是属于刘其德一人?还是属于刘鼎元或马青霞?据李玉洁教授的分析,这四百多亩地的实际捐赠者是马青霞。刘氏祖先尽管也捐助过蓬池书院,但不是这四百亩地。也就是说,尉氏县高等小学堂(民国时期改为县立第一完全小学)完全是马青霞一个人捐建的。马青霞为此捐地 400 多亩,折银 7200 多两,加上现银 3000 两,共计 10 200 余两。[①] 今尉氏县第一中学即是在此校的基础上扩建而来。

---

① 李玉洁.辛亥女革命家刘马青霞评传[M].北京:科学出版社,2012:149–151.

3. 中州公学和中州女学

河南省地处中原,风气闭塞,新学教育,特别是女子教育,并不发达。马青霞从日本回国后,把大量的经历投入到中国早期的新学教育和女学教育中,是河南新学教育的先驱。

当时河南的省城开封是她创办新学的基地。

光绪三十二年(1906年),河南教育总会会长李时灿在原名道书院旧址(今开封南关)创办中州公学。中州公学先开法政速成一个班,学制两年(预科一学期,正科三学期)。预科课程学习本国律例、政治学、行政法各论、民法刑法各论、刑法总则、警察学、监狱学、东文东语等。招生资格"以身家清白,中文明通,肢体健全,素无嗜好,年龄在23岁至40岁者为合格"。学费每人每学期14银圆,膳费每人每月4银圆。学校还有校董四人、监督(校长)一人、教务长一人、监学两人、教习若干人,会计一人。

同盟会河南支部就设在这所中州公学校内。中州公学的监督(校长)杨源懋(1886—1912),字勉斋,偃师县官庄人,亦是同盟会员。杨勉斋所延聘的教习也有不少同盟会员。中州公学在教育学生学习新知识的同时,向学生宣传反帝反封建的思想,对学生进行反对清政府的教育,使中州公学的大多数学生参加了同盟会。中州公学的学生后来在河南辛亥革命的起义中做出了巨大贡献。1913年,中州公学的学生参加了孙中山先生反对袁世凯的"二次革命"而惨遭镇压。校长率师生撤走,北洋政府勒令解散,剩下的学生合并到省立二中(今开封市北道门开封市二中)。

由此可见,中州公学不仅是一个教授新学的学校,也是一个策划辛亥革命的秘密基地。著名的哲学家冯友兰,当时就是这所学校的学生。他在《冯友兰自述》中回忆:"中州公学的监督是杨源懋(杨勉斋),他的官衔是翰林院编修,在开封以绅士资格办中州公学。所请的教员都是有比较进步思想的人,据说有些人还是同盟会的人,当时我感觉,这个中州公学好像是同盟会在河南的一个机关,因此学生对他都很佩服。"著名的历史学家、原河南大学校长姚从吾也是中州公学的学生。

中州公学不仅培养出了大批的学者,而且为推翻清政府、为辛亥革命的发生和发展做出了巨大贡献。但作为一所私人发起创办的学堂,中州公学饱受办学经费拮据的困扰。马青霞一向热心教育,她多次捐款给中州公学。

清光绪三十三年(1907 年)十一月十五日汉口《公论新报》报道,尉氏县刘青霞女士,"以汴绅筹办中州公学、中州女学,经费竭蹶,特来函各捐一千两,以资应用";清宣统元年正月十八日(1909 年 2 月 8 日)《开封简报》又报道,"尉氏县一品诰命刘马氏,捐一千两充省垣中州公学经费"。这说明马青霞两次捐款给中州公学经费二千两。

马青霞捐助中州公学,既是发展新式教育,又是支持同盟会革命事业。在马青霞的心里,这是她义不容辞的责任。

马青霞除了捐资中州公学外,还捐资助建了中州女学堂。

中州女学堂是河南学务公所士绅张嘉(河南南阳人)和河南教育总会会长李时灿于 1908 年一起创办的,属公立师范性质。创办时条件很艰苦,租用了开封旗蠹街的几间民房做校舍,办学经费奇缺,几乎无法起建。马青霞得知情况后,立即拿出三千两银子,予以支援,从而促成了中州女学堂的创立。

中州女学堂于 1908 年 4 月 5 日开学。《试办简章》规定,师范部额定学生 60 名,小学部 40 名,学制均为四年。师范学科有师范、修身、教育、国文、历史、地理、算学、格致、国画、家事、裁缝、手艺、音乐、体操。小学部科目有修身、国文、算术、女红、体操、音乐、国画。这是当时河南培养女子教育师资的最高学府,对河南教育事业的发展影响很大。

1910 年,公立中州女学堂易名为官立女子师范学堂附属小学,经费由国库拨出,学生上学全部免费。1912 年,女师与附属小学一起迁往信陵书院旧址(今开封老师专),并改名为河南省立女师附属小学。1925 年又改名为省立第一女子师范附属小学,1927 年该校与省立一中附属小学合并。1929 年 8 月,第一女子师范附属小学从女师院中搬到对面的军械库,即今开封第二师范附小(今开封中山路北段路东),设校至今。

如前文所述,光绪三十三年(1907 年)十一月十五日汉口《公论新报》报道,尉氏县刘青霞女士,"以汴绅筹办中州公学、中州女学,经费竭蹶,特来函各捐一千两,以资应用"。青霞在《告四万万同胞书》中说:"省城女学堂,捐银三千两。"①据李玉洁教授分析,马青霞在这里所说的为女学堂"捐银三千

---

① 马青霞.豫人马青霞披露[N].自由报,1917–11–7.

两",应是多次所捐的总数,是真实可信的。①

4.河南第一所私立女校——华英女子学校

1907 年,马青霞携子刘鼎元赴日本考察女学教育和实业。从日本回国后,为推广女学,让女同胞都有自立的能力,马青霞在尉氏县西门外选定基址着手创办本县第一所女子初等小学堂——华英女校。华英女校也是当时河南第一所私立女校。1908 年 3 月 31 日的《江汉日报》对马青霞创办女学做了这样的报道:

> 尉氏刘青霞女史去冬曾议在县城创设女学,已志前报。旋以效仿无从着手,因亲赴北京并东洋调查一切章程,刻已于正月回尉。女学已定基址在西门外,即日修建堂舍,一俟竣工,即可开课。

华英女校筹建于 1908 年,于 1909 年 2 月开学,一切遵照清廷 1907 年颁定的女子小学章程规定办理,学制 4 年,额定生员 50 名,衣食住所需费用均由学校提供,加上其他费用,每年需银 3000 两,马青霞为华英女校投资约需支银一万余两。

根据朝廷对官绅办学有力者奖励的规定,宣统元年(1908 年)四月十四日,地方抚院代尉氏县知县马骏声向朝廷请旨,要求给予马青霞"乐善好施"的字样,于本籍自行建坊,获得允准。

这样,1908 年,马青霞再次获得清政府嘉奖,宣统皇帝褒奖其"乐善好施",允其制成匾额和修建牌坊,供后人瞻仰。

其实这个时期的马青霞已经是同盟会会员和一个坚定的反清志士了,这对清政府来说,无疑是一个巨大的讽刺。

华英女校虽然在尉氏,但其聘请的教师和招收入学的学生都没有局限在一个小县城,而是放眼全国,甚至到国外聘请优秀教师。

华英女校的名誉校长是马青霞的儿子刘鼎元,但刘鼎元当时才 6 岁,马青霞实际上自任校长,亲自管理学校所有事务。马青霞尽管曾经游学日本,具有比较先进的教育理念和思想,还是免不了在一定程度上恪守着中国妇

---

① 李玉洁.辛亥女革命家刘马青霞评传[M].北京:科学出版社,2012:162.

女的传统——让六岁的儿子做华英女校的校长；马青霞捐资建设的豫学堂、北京女子法政学堂的捐助人写的都是儿子刘鼎元的名字。中国传统社会"男主外、女主内"的封建思想在马青霞心里还是有一定地位的。

马青霞为华英女校聘请了四女一男共五位教师，还有一位管文书的先生。男教师是青霞婆家的侄孙、留日学生刘恒泰。四名女教师有青霞在日本考察时的挚友，也是留日学生朱珍吾（湖北人）以及日本女教师高山爱子；还有两位分别是来自无锡的于女士和苏州的华女士。马青霞每个月花50两银子的高薪聘请高山爱子，希望她将日本的先进文化传进中国。高山爱子是学校里最受欢迎的教师。

学校初开学时，招收学生50名，大多是河南各地开明士绅的女儿，还有许多同盟会成员都把自己或朋友的女儿、亲眷送到华英女校读书，支持华英女校。刘氏族人和一些当地村民，因思想保守，他们的女儿入学者甚少。

宣统二年（1910年），为了开拓风气，推动女子教育事业的发展，马青霞又开设一个师范班，招收40名学生。马青霞对华英女校庆倾注了极大的热情，寄予了很大希望，在学校建成开学时，作诗一首：

莫怜旧时花枝败，但求自由花常开。

愿君不辞辛劳手，育得群芳天下栽。

从这首诗中可以看出，马青霞当时的心情是多么愉快，她希望通过华英学校使更多的女同胞走向自立自强、平等自由的理想状态，希望通过教育来改变中国落后的状况，这是她长期以来追求男女平等、女权独立和教育救国思想的最好表达！华英女校寄托了马青霞太多的希望！

马青霞把自己的实践都投入学校的工作，她精心选取教材，制订课程，亲自抓学校的各项工作。为了办好这所学校，马青霞聘请了刘建章做学校的监督，增聘教员，每年支银3000余两。该校一共办学四年，马青霞在1917年11月17日《自由报》上撰文《豫人马青霞披露》写道：从日本"归国后，在尉氏自办女学堂四年，约费银一万数千两。"

马青霞要求：入校学生先放足，锻炼身体，增强体质。课程设有国文、算术、修身，均为女子专用本。学生免费入学，并供膳食。建有桑园，"购植湖桑万株,占地三十余亩",学生可以养蚕,进行实践。

华英女校兴办的四年中,共招收两届学生 90 名,为国家、社会培养了大批杰出的妇女人才,如开封省立第六小学校长王修常、开封省立女中校长高秀英,以及被周恩来称为"同志妈妈"的女革命家、延安保育院院长任锐等,为中国的妇女解放事业做出了重要贡献。

华英女校停办后,其旧址仍然是一个教育场所,当地政府将其改名为"南花园学校",就是现在尉氏县实验小学的前身。

5. 刘氏代用完全小学校

由于科举制的废除,义学不再契合时代,故马青霞于 1917 年在尉氏西南大桥庄刘家祠堂捐资兴办刘氏代用完全小学,替代义学,以适应民国新式教育。

该校被称为"刘氏代用完全小学",是因为这所学校是刘氏所办,而且为刘氏世代儿童读书所用;称为"完全代用小学",是说该校拥有初级小学和高级小学。民国二十二年(1933 年)《尉氏县志·教育》记载:

> (刘氏代用完全小学)设邑西八里桥寨东门内刘氏祠堂故址。民国六年创办初级小学两班,二十年九月扩增高级一班。教室十五间,职教员宿舍十一间,书报室三间,游艺室三间,学生寝室二十四间,勤务室三间,传达室两间,厨房四间,敞棚一十五间。校舍占地面积一千零二十方丈,操场占地面积四百五十八方丈。常年经费共洋一千四百一十元,除教育局每年津贴洋元外,余系刘氏义田划拨。

刘氏义学创立于光绪二十八年(1902 年),由马青霞所建。民国六年(1917 年)改为公立学校,习惯称呼为"刘氏代用完全小学校",每年需要经费 1 410 元。很显然,1917 年改为公立学校后,刘氏完全代用小学校的招生对象肯定不会再局限于刘氏子弟,应当是当地全体村民的子女,这才符合学校的性质和两个初级小学班的规模。关于该校的经费来源,1917 年以前的办学经费完全由马青霞负担,这是没有任何疑问的。那么,1917 年以后的办学经费来自哪里呢? 据李玉洁教授考证,该校虽然名义上是公立学校,其实为公办民助,经费完全由"刘氏义田划拨"。李玉洁教授的证据来源于《尉氏县志·教育》:"除教育局每年津贴元外,余系刘氏义田划拨",这句话中没有说明教育局每年拨给学校的津贴为多少元,而是以"□"代之,也就是说,教育局可能没有给该校津贴,完全由"刘氏义田划拨"。[①] 这种分析是有道理的,资料记载中没有写明具体津贴金额,至少说明了教育局对学校的津贴无据可考,或即使有,也可能是断断续续的,没有稳定的金额。那么,办学经费的负担人只能是马青霞了。

这所刘氏代用完全小学校现今已经不存在了。刘氏祠堂的旧址已经成为尉氏县大桥乡的乡政府所在地。

(三)慈善实业

民国时期提倡开办贫民工厂,贫民工厂的任务是将贫民组织起来,进行生产,这样不但可以实现其自养自立,而且可以减轻国家和社会的救助负担,增加贫民收入,是一种积极的救济方式。

马青霞在北京从事妇女参政风潮以后(详见后文),听从了孙中山先生的教导,回到家乡开发平民教育,从事民族工业的建设,希望以此振兴民族工业,自强于世界民族之林。马青霞是一个有魄力的企业家,有过人的经营能力和管理才能。她创办的平民工厂、工艺厂,都不是为了赚钱,而是为穷苦百姓创造一个自食其力的生活的出路和环境,具有公益的性质。

1. 开办尉氏女子平民工艺厂

在家乡河南开封尉氏县,马青霞专门建立了一所女子工厂,一般称"女子平民工厂",主要由一些女界人士或妇女团体发起,是为了让城市贫穷妇女自谋生计而开办的一种社会慈善实业。

1917 年 2 月 27 日《天中日报》以《刘青霞女士创办工艺厂》的题目报道:

> 尉氏刘青霞女士创办一女子工厂,名曰"平民工艺厂"。资本暂定三万元,厂设尉氏西门内。日前赴沪调查,经中华新布厂王文典、赵镜清二君引入该厂观览一切。刘女士极欲仿该厂办法,闻日内已运棉纱布机等物回尉,不日即行开办。

---

① 李玉洁.辛亥女革命家刘马青霞评传[M].北京:科学出版社,2012:153.

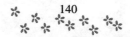

从文中信息来看,马青霞所办这一"女子工厂",性质应为纱厂,主要是组织妇女操作机器纺纱织布。为保证工厂顺利开工,马青霞事先到中华新布厂参观学习,做了充分准备。

2. 资助开办尉氏县贫民工厂

1917 年,马青霞捐款 5 万元,资助开办尉氏县贫民工厂。1917 年 4 月 24 日《大梁日报》报道《刘女士热心公益》为题的一则消息:

> 尉氏县刘青霞,家道素殷,乐善不倦,声名早达于乡间。日前,该县贫民工厂无款开办,该女士捐洋五万元作为该厂开办经费,如是者女界中罕见也。兹闻该县长备文呈报该女士教子有方,急公好义,捐资兴办工厂,实属贤德可嘉,义善勇为。当轴准此,核阅所呈,实与褒扬条例相符,当即咨部立案,从优褒协,以昭激劝云。

这则报道中的"贫民工厂"与上则报道中的"女子平民工艺厂"当属两个性质不同的工厂,"女子平民工艺厂"主要是招收女工纺面纱织棉布的,而贫民工厂的招工对象主要以家庭贫困的男子为主,从事的工作如何,现在没有材料可查。

民国初建,中国整体的民族工业是比较落后的,尤其是风气观念相对封闭的河南小县城,创办工厂的难度是很大的,马青霞以自己的亲身实践开创当地民族工业之先河,解决穷苦百姓的生计生活,希望实现她救国救民、兼济天下的理想。

马青霞主要慈善活动一览表①

序号	时间	捐助项目	捐助金额	说明
1	1902 年左右	设立义学	义学设在刘氏祠堂,捐地 15 顷	家族慈善
2	1902 年左右	设立义庄	捐地 5 顷	
3	1902 年左右	寡妇院(师古堂院内一处)	房屋 30 余间	
4	1905 年	河南公立旅京豫学堂	捐银 3 万两	社会慈善
5	1906 年	尉氏县高等小学堂	地 400 亩,捐银 3000 两②	
6	1906—1907 年	设立养济院(孤贫院)	捐地一顷零三十亩	
7	1904—1908 年	修建马营青石桥	捐银 7000 两	
8	1907 年	中州公学	捐银 1000 两	
9	1907 年	中州女学	捐银 3000 两	
10	1909—1912 年	创办尉氏华英女子学校	捐银 12000 两	
11	1910 年	创办乙种蚕桑学校	湖桑万株,地三十余亩	
12	1917 年	尉氏贫民工厂	捐洋 5 万元	
13	1917 年	兴办刘氏代用完全小学	小学设在刘家祠堂(由刘氏义学改建而成)	
14	1917 年	创建尉氏女子平民工厂	捐洋 3 万元	
15	1922 年	开封难民收容所	捐洋 2 000 元	

马青霞在慈善活动中,共计捐助:捐地 2560 亩(清制 1 顷 = 100 亩),捐银 5.3 万两,捐大洋 8.2 万元。(按 1905 年价格:每亩土地价格约银 18 两,每两白银折合大洋约 1.3 元)

①　许小涛.刘马青霞慈善活动述略[J].开封大学学报,2015(1):18-24.
②　李玉洁.辛亥女革命家刘马青霞评传[M].北京:科学出版社,2012:149-150.

三、马青霞慨捐救国的革命活动

1907 年年初,马青霞随同二哥马吉樟赴日本游学考察。在日本考察期间,马青霞结识了孙中山、黄兴、宋教仁、张钟端(同盟会河南支部的负责人)等革命党人,并加入了同盟会。期间还认识了鲁迅等先进青年。赴日考察是刘青霞一生的重要转折,不仅开阔了眼界,而且与留日学生界中活跃的资产阶级革命团体同盟会建立了联系,接受了资产阶级民主革命思想,思想达至新境界。从此她便与孙中山、黄兴等同盟会革命党人一起,积极融入匡救国家、拯救民族危亡的时代大潮之中。

(一)创办《河南》杂志

1.《河南》杂志的创办背景

马青霞 1907 年年初到达日本时,同盟会的革命活动正在受到限制。是时,应清政府的强烈要求,日本政府下令禁止留日学生和革命党人从事推翻清政府的一切活动。所以,同盟会的机关报《民报》被日本警署勒令停刊,紧接着各省的革命刊物也被勒令停刊,河南的一份杂志《豫报》已经被立宪派控制,沦为保皇立宪派的喉舌,推翻清政府、反对封建专制、创建民主共和的革命性质荡然无存。河南的辛亥革命党人纷纷退出《豫报》杂志社,于是组织新革命刊物便被提上议事日程。中国同盟会总部决定再办刊物,"设言论机关,以传革命种子"①。《河南》杂志应运而生。因此,《河南》杂志是根据中国同盟会总部的决议而创办的宣传民主革命的阵地。

同盟会河南分会决定创办《河南》杂志,但经费无着落。马青霞是同盟会的会员,捐助《河南》杂志也是她的职责。在一次会议上,张钟端代表河南全体留日学生向马青霞求款,希望能创办《河南》杂志,刘青霞慷慨解囊,答应捐助一万五千两银子(当时折合银圆两万),使《河南》杂志于 1907 年 12 月 19 日正式创刊。

---

① 邹鲁.河南举义[M]//中国史学会.中国近代史资料丛刊:辛亥革命(七).北京:人民出版社,1957:354.

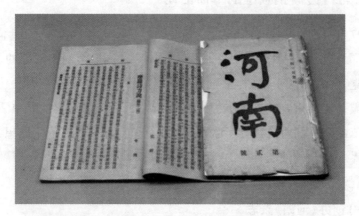

马青霞资助并任编辑的同盟会宣传革命思想刊物《河南》

关于马青霞向《河南》杂志捐款一事,清光绪三十四年(1908年)五月二十二日《沪报》报道:

> 《河南》杂志社原分三部:一总经理部,张钟端为长;二总编辑部,刘积学为长;三总翻译部,王传琳为长。其款乃河南孀妇刘青峰(霞)女士所出。去岁刘女士来游历,河南同乡开会欢迎。后张钟端等以河南全体名义向刘女士求款一万五千两办此杂志,刘女士以为彼等,果由河南全体选举,遂信任之。①

《沪报》的报道说明,马青霞信任张钟端及其同盟会河南支部,捐款一万五千两银子办《河南》杂志。《河南》杂志第一期《简章》第十三条也对马青霞捐款一事做了说明:

> 本社所有经费,均尉氏刘青霞女士所出,暂以二万元先行试办,俟成效卓著时再增巨资,以谋扩充。

---

① 邹鲁.河南举义[M]//中国史学会.中国近代史资料丛刊——辛亥革命(七).北京:人民出版社,1957:354.

《简章》所写的本刊十大特色之"特色三"云:

> 炊而无米,则巧妇束手。战而乏饷,则名将灰心。本报经刘女士出资巨万,既有实力以盾,其后庶几乎。改良进步,骎骎焉有一日千里之势。

2.《河南》杂志的历史使命

关于《河南》杂志名称的命名,杂志《简章》第一条做了说明:"本报为河南留东同人所组织,对于河南有密切之关系,故直名《河南》。"

《河南》杂志的宗旨为"开启民智,阐扬公理"。

《河南》杂志的内容共有十五个版块:图画及讽刺画,社说,政治,地理,历史,教育,军事,实业,时评,译丛,小说,文苑,新闻,来函,杂俎。

《河南》杂志计划每月出一册,"至少登足一百二十页,定于阳历每月朔日发行,决不延期"。《河南》杂志售价为每册两角,半年(六册)一元一角,全年(十二册)两元。

实际上,《河南》杂志共出版九期,原计划每月一期,但中间有间断情况,时间从 1907 年 12 月至 1908 年 12 月。

《河南》杂志以其强烈的爱国救亡图存意识和高昂的革命热情,反对帝国主义瓜分中国,反对清政府的专制统治,争取民主自由,建立民主共和国,受到了国内外的广泛关注,影响巨大,成为与同盟会机关报《民报》齐名的宣传革命的刊物,是同盟会新的宣传阵地和喉舌,肩负起"驱逐鞑虏,恢复中华,创立民国,平均地权"的崇高使命。

正如《〈河南〉杂志广告》所言:"登嵩峰而四顾……各国从旁垂涎而冀分杯羹者,复联袂而来……同人忧焉,为组斯报,月出一册,排脱依赖性,激发爱国天良,做酣梦之警钟,为文明之导线。"

在面对列强瓜分中国的民族存亡之际,《河南》杂志挺身而出,发出了"救亡"的呼声。《河南》创刊第一期发表朱宣的文章《发刊之旨趣》,文章写道:

> 今何时乎? 幢幢华裔,将即于奴;寂寂江山,日变其色。人亿

其身,身亿其手,惶惶焉奔走于拯民救国之途,犹恐不能返其魂而延其命;乃复蹲踞海外,歌哭无涯,掷有用之光阴,耗无限制心血,而从事于报章,得无欲以数纸文章,抵御列强耶?曰:否,不然。为全国计,数年来发行报章,无虑百种,都凡千余册。崇论宏议,为国民指示方针,殆已确定,则此报可以休刊。为河南计,则此报万万不可不出。当此危机一发之际,犹不可不速出,故吾于初脱版时为一言明白宣示:吾党之《河南》杂志为吾河南同胞确定进行自方针也。

……

各省志士茹心含苦,挽救残局,夜阑不能寐,日哺不能食。已誓以此大好头颅与美丽江山俱碎矣。其有效,中国之福也;其无效,宁战而死,誓不奴而生……此政府一日不倒,我国民之在中国无日不如螟蛇遍地伏焉,将被其毒蛰也……政府之建设,非由政府,实由国民。政府之不良,国民应有改造职责。明知其外不适于国,竞内不合于民,而乃坐视其亡,我中国不起而改弦更张之,是即我国民自亡之也。

《河南》杂志所刊登的这篇文章明确指出,该刊物是"为河南同胞确定进行之方针",宣传民主,号召国民推翻"不良之政府",并深为自己不能亲回祖国去斗争,只能"蹲踞海外,歌哭无涯",发行报刊。但作者认为,在国家民族危亡之际,创办《河南》杂志是必须的,"此报万万不可不出","犹不可不速出"。

《河南》杂志对当时清政府卖国、反人民的本质进行了揭露,表现出推翻清政府的决心。后来在河南辛亥起义担任总司令的张钟端曾用"鸿飞"的笔名在《河南》第四、第五期发表文章《对于要求开设国会者之感喟》。文章说:

呜呼!我同胞置身于今日之中国,岌岌乎殆哉!有不可终日之势矣,跼踏于异族钤制之下,圈圄于暴政梏桎之中,屈苦莫能言,惨状莫能绘,为奴、为隶、为马牛,听其俎脔刲割而无计无辞……故时至今日之政府,与平民既成绝对不相容之势。政府所据之利,即平民所蒙之损害;政府蒙被之损害,即平民所争之利益。故政府自为计以酷虐平民,为无上之长策。若平民自为计,又以脱离政府为最完之远谋盖其利益相反,得失相敌,而其不能调和;亦可断言,不待龟筮。由是言之,则我平民之在今日,既思所以自全,则当以绝对不能与此恶劣政府两立为第一要义。

张钟端在文章中指出,中国之所以"为奴、为隶、为马牛","屈苦莫能言,惨状莫能绘",根源在于清政府与民众"既成绝对不相容之势",二者的利益是根本对立和不可调和的,人民要维护自己的利益,必须以推翻恶劣的清政府为"第一要义"。

《河南》提倡革命,反对保皇派的君主立宪论,认为中国的国情不适合君主立宪制。近代民主革命家、同盟会会员沈竹白先生用笔名"不白"在《河南》第五期发表文章《警告同胞勿受要求立宪者之毒论》,对立宪派言论进行了犀利的反击和驳斥:

中国政府非同胞之政府,乃列强假设之政府也。如越南,法之总督;满洲,日之总裁。不过支那地大物博,非设一总机关不足以宰割行省,北京政府所由设也。中国政府夙以吾同胞制吾同胞,今列强犹以中国政府制吾同胞也。是有中国政府,吾同胞即无余命,矧犹有列强之总政府以盾其后也,欲不死焉可得哉?! 际是时也,必群策众力,推倒今日之政府,犹惧国运已亡,莫教丧乱于末路,使复觑觑伈伈,忍奴隶牛马之辱,不唯亡国灭种之祸莫挽,纵死于九京,何以见列祖列宗于地下。

沈竹白在文章中指出,清政府只不过是帝国主义列强的代理"总机关",只有推翻清政府,中国才不会亡国灭种。面对立宪派的叫嚣,《河南》第三期发表署名为"明民"的文章《预备立宪者之矛盾》,认为"立宪"是一种丧心病狂的举动,非但不能保护国民的自由和政治权利,反而会剥夺这些权利。作者愤怒地质问立宪派:

国民普通之自由,彼不能于立宪时代保护之,乃反于立宪时代剥夺之。国民政治之权利,彼不能于立宪时代促进之,乃反于立宪时代限制。非丧心病狂奚为?

为了向国内传输革命思想和联络同志,同盟会河南分会成员李锦公受总部委托,自愿回国承担此任,在开封成立大河书社。刘青霞毫不犹豫地出资襄助,购豪宅,捐巨款,筹办大河书社,推销革命刊物,联络革命活动。

从上述情况我们可以看出,自同盟会的报纸《民报》被查封后,《河南》杂志就成为同盟会的喉舌和舆论阵地,担负起了捍卫并宣传"驱逐鞑虏,恢复中华,创立民国,平均地权"的"三民主义"同盟会纲领的历史使命。《河南》杂志以其鲜明的革命性,对清政府的卖国反动本质进行了揭露,为辛亥革命的爆发和推翻清王朝以及千年帝制作了声势浩大的舆论准备。长期追随孙中山的同盟会元老冯自由先生曾高度评价《河南》杂志:"此报鼓吹民族民权二主义,鸿文伟论足与民报相伯仲。时湖北学生界、浙江潮、江苏、湖南游学译编等月刊停刊已久,留学界以自省名义发行杂志而大放异彩者,是报实为首屈一指。出版未久,即以风行海内外,每期销售数千份。"①

《河南》能够成功创办并成为与同盟会机关报《民报》齐名的革命刊物,刘青霞鼎力相助之功不能磨灭。

3.马青霞与鲁迅因《河南》杂志结缘

马青霞出资创办《河南》杂志时,鲁迅(即周树人)也正在日本东京留学。此时的鲁迅正处于苦闷无助之际。他原来在日本仙台乡间一个医学学校学习,本想走医学救国这条路,但有两件事促成他下决心弃医从文。第一件事是,他在日本仙台医专学医时,因只考了60分,刚及格,遭到骄傲的日本同学的讥笑,嘲笑他是弱国的低能儿,怎么会及格呢,极有可能是他与教授拉关系,才考试及格了。鲁迅愤而抗议,流言虽归消失,但这沉重的侮辱给他的刺激很大,使他饱受弱国弱民之耻。第二件事是,日本教授教解剖学期间,插入播放了一部时事电影片,反映的是1905年日俄战争期间有个中国人给俄国做侦探,被日本人绑着处斩,四周有一群中国人围着麻木地观赏,日本

---

①　冯自由.革命逸史:第三集[M].北京:中华书局,1981:272.

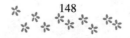

人更是鼓掌欢呼万岁。

这两件事使鲁迅认识到,中国落后的主要原因是同胞思想麻木,长期的封建专制统治使中国人产生了很强的奴性心理,对国家民族的衰败没有任何意识,同胞们都处于昏昏欲睡、麻木蒙昧的状态中。显然,医学只能治愈身体上的疾病,无法治愈思想上的疾病。鲁迅曾亲口对人说,中国人即使身体再强壮,但在同胞遇难时显出的麻木神情也让他心痛。所以,他决定弃医从文,要用文艺作品唤醒麻木的国人的灵魂。正如他在《呐喊》中所言:

> 医学并非一件紧要的事,凡是遇弱的国民,即使体格如何健全,如何茁壮,也只能做毫无意义的示众的材料和看客,病死多少是不必以为不幸的。所以我们的第一要著,是在改变他们的精神,而善于改变精神的是,我那时以为当然要推文艺,于是想提倡文艺运动了……第一步当然是出杂志,名目是取"新的生命"的意思,因为我们那时大抵带些复古的倾向,所以只谓之《新生》。《新生》的出版之期接近了,但最先就隐去了若干担当文字的人,接着又逃走了资本,结果只剩下不名一钱的三个人。创始时候既已背时,失败时候当然无可告语,而其后却连这三个人也都为各自的运命所驱策,不能在一处纵谈将来的好梦了,这就是我们的并未产生的《新生》的结局。

从这段文字中我们可以得知,那时的鲁迅正处于人生的低谷,苦闷至极,弃医从文,事业刚转型便遭到了挫折;欲办《新生》杂志,却因"资本逃走"而夭折,自己辛辛苦苦写的文章无处发表,鲁迅唤醒民众精神的理想面临着泡汤的危险。

正在这时,《河南》杂志横空出世。马青霞作为编辑,正在发愁缺乏优秀稿源的时候,一个河南老乡领来一个二十多岁、手捧一沓文稿的年轻人来见她,说是为《河南》杂志投稿。这个年青人叫周树人,笔名讯行、令飞。马青霞一眼就看出周树人是个具有新思想的人——他没有辫子,头发理得平平的,没有戴帽子,一身学生装。

周树人虽然第一次见马青霞,但他一下子就认出了她。别人很疑惑:

"你不亚于当年聪明绝顶的周郎啊,你如何知道她就是马青霞呢?"鲁迅说:"人们都传说青霞女士乃才貌双全的中国女杰,周某人早已如雷贯耳,早欲结识,今日一见,仅凭灵感,便断定是青霞女士也。"①这是双方的第一次正式见面。

鲁迅拿来早写好的四篇文章《人间之历史》《科学史教篇》《文化偏执论》和《摩罗诗力说》交给马青霞。《人间之历史》介绍了达尔文的生物进化论及其发展的历史;《科学史教篇》则论述了西方科学思潮的演变,指出科学发展和人类生产事业的关系,说明了科学在改造自然、推动社会进步和丰富人类生活等方面的作用;《文化偏至论》揭露了大清国洋务派的卑劣、维新派的妥协,指出中国学西方不应舍本求末,照搬西方的做法,而应该着重从解放个性、提高觉悟入手;《摩罗诗力说》介绍了英国的拜伦、雪莱,俄国的普希金、莱蒙托夫,波兰的密茨凯维支等具有反抗精神的诗人,号召人民群众要奋起、要接受新的思想。这四篇文章表达了鲁迅先生追求民主、进步的革命思想。

马青霞看过鲁迅的文章,感觉文章有个性、有新意,且观点鲜明,非常符合《河南》杂志的创办宗旨,便当场表态:文章很有深度和力度,可以在《河南》杂志分期刊登。就这样,鲁迅在《新生》杂志没有发表的文章,后来接连在《河南》上发表。鲁迅的文章观点犀利、思想性强,很受读者欢迎。《河南》杂志社经常向其约稿,鲁迅和马青霞因为《河南》杂志社结缘。马青霞非常喜欢鲁迅的文章,鲁迅对马青霞捐巨款创办《河南》杂志和其他公益事业的行为十分钦佩。所以说,马青霞是鲁迅作品的第一个"责任编辑",丝毫不为过。

这次见面,使鲁迅感到很兴奋,自己辛辛苦苦写的文章终于可以发表了,以前苦闷的心情一扫而光。在和马青霞告别的时候,鲁迅很高兴地说:"青霞女士,您更坚定了我弃医从文的决心。您与我的老乡秋瑾一样,将来会青史留名的。"鲁迅走后,河南老乡告诉了马青霞有关鲁迅弃医从文的往事,马青霞对鲁迅的远见卓识非常佩服。

1907年12月至1908年12月,鲁迅用"令飞""讯行"的笔名先后为《河

---

① 郑旺盛.豪门女杰刘青霞[M].郑州:河南文艺出版社,2004:185.

南》杂志撰写和翻译的稿子有如下七篇：

《人间之历史》　　　　令飞　1907 年第一期

《摩罗诗力说》　　　　令飞　1907 年第二、第三期

《科学史教篇》　　　　令飞　1907 年第五期

《文化偏至论》　　　　讯行　1907 年第七期

《裴彖飞诗论》　　　　令飞　1908 年第七期

《裴彖飞诗论前记》　　令飞　1908 年第七期

《破恶声论》　　　　　讯行　1908 年第八期(未载完)

　　除鲁迅外，与鲁迅一起筹办《新生》的许寿裳写有《兴国精神之史耀》(笔名旒其，载第四、第七期)，周作人(鲁迅之弟)写有《论文章之意义暨其使命及中国近来论文之失》(笔名独应，载第四、第五期)。

　　马青霞与鲁迅的结识，对鲁迅的影响是十分巨大的。彼时的鲁迅还是一个年轻人，初涉文坛，毫无名气，创业(创办《新生》)失败，这种遭遇对于一个远在异乡他国的青年人来说，打击是巨大的。幸运的是，他遇到了《河南》杂志，遇到了马青霞，马青霞慧眼发现了鲁迅，并在《河南》杂志上连续刊登其多篇文章，给处于苦闷迷茫中的鲁迅以极大的鼓励，坚定了鲁迅弃医从文的决心，最终成就了鲁迅的文豪之路。

　　马青霞和鲁迅因《河南》杂志而结缘。马青霞无疑是个优秀的期刊编辑，这和她卓越的认知能力、气质特点等编辑素质息息相关。首先，马青霞自幼饱读经书史册，精于词赋，能写会画，才情四溢，所以才能慧眼识好文。其次，她头脑始终存有家国危亡时刻民族文化救亡的意识。这种意识和认知能力能让她审时度势，深明大义，具有良好的文化判断力。毫无疑问，游学日本，加入同盟会，使马青霞的视野、胸怀达到了一个新的高度，这种经历使她能够从一个默默无闻的青年作者的作品中洞悉世界大势和中国问题的症结所在，从而做出正确选择。

　　马青霞到日本时，秋瑾已经回国，从事反清革命活动。尽管马青霞没有与秋瑾见过面，但对鉴湖女侠神交以往，十分钦佩秋瑾。遗憾的是，秋瑾在1907 年 7 月反清起义中遇难，马青霞闻听悲痛欲绝。后来，马青霞回国途

中,冒着被清廷抓捕的危险到秋瑾墓前祭奠这位辛亥女侠,并写下了壮怀激烈的悼词,表达了自己对女杰的哀思和敬佩之情:"本欲回国前去面晤,聆听高见,不料天不暇人,竟身遭不测,使余不得见而哀痛",女杰"为国而死,死得悲壮,死得其所",钦佩敬仰之情溢于言表。可以说,马青霞游学日本,其世界观、人生观和价值观都发生了巨大变化,她将更多的时间、精力和财力投向了孙中山领导的革命事业,投入到救国救民的大潮之中,这种思想境界和天下情怀是她在国内无法拥有的。

马青霞帮助了鲁迅走上文学救国之路,鲁迅也帮助马青霞继续探索新的世界。在新文化运动中,经过鲁迅的牵线搭桥,马青霞认识了《新青年》的主编陈独秀和北大教授、图书馆馆长李大钊,使她在第一时间接触到了五四时期的新文化、新思想,并积极投入这场运动。

1918年9月,鲁迅与李大钊在北京拜访马青霞,将自己为马青霞题写的"才貌双全"四字,赠予马青霞。当马青霞听说李大钊和陈独秀创办的进步刊物《每周评论》缺少经费时,立即捐款八千元。二人非常感激,热情邀请马青霞担任《每周评论》常务主编,被马青霞婉言谢绝了。后来,在五四运动中,马青霞与北京女子事务维持会的同事一起,组织北京女子师范学校、北京女子政法学校等校300多名学生参加爱国游行,以北京女界名义,呼吁释放陈独秀和所有爱国学生,并通过二哥马吉樟,积极营救陈独秀和被捕学生。[①] 马青霞的这些爱国行为,均与新文化运动的领袖李大钊和主将鲁迅的影响分不开。此乃后话,暂且不表。

马青霞热心捐助《河南》杂志的创刊,表现了她对清政府专制统治的不满,对资产阶级革命事业的热诚和对自由民主的追求,为中国早期资产阶级革命做出了巨大贡献。

4.《河南》杂志停刊原因

《河南》杂志表现出坚定的革命性和战斗性,篇篇文章像匕首一样直刺清政府的心脏,揭露清政府的专制统治和卖国行径,号召民众推翻清政府,引起了清政府的愤恨和不满。

《河南》杂志第九期发行后(1908年12月出刊),"驻日清公使以其言论

---

① 邓叶君,李东泽.笔走龙蛇马吉樟[M].郑州:河南文艺出版社,2007:223.

过分激烈,特请日政府代为禁止。日警厅遂禁止该杂志出版,并拘禁发行人张钟端,数日始释出,而张之留学官费学籍,即因此事被清使馆革除矣。"①

《河南》杂志发行至第九期,应清政府的要求,日本政府查封了《河南》杂志,领导人张钟端被逮捕并被取消了官费留学资格,《河南》杂志也因此被停刊。据李玉洁的研究,《豫报》的第五、第六号与《河南》的第一、第二、第三、第四期基本同时发行。当《豫报》停刊之后,《河南》又办了第五、第六、第七、第八、第九期,至1908年12月20日停刊。《河南》比《豫报》多办了半年多。②

尽管《河南》杂志仅出版了九期,存在了一年时间,但其坚定的革命性和爱国热情感染了国内外的华人民众和学子,产生了巨大的影响。

张钟端也因此被日本警方拘禁,清政府也取消了张钟端官费留学的资格。马青霞与留日的革命同志经过多方努力,才使张钟端得以释放。但张钟端已经不能再享受官费留学的待遇。在这种情况下,马青霞慷慨解囊,以巨资支持张钟端完成了学业。张钟端的儿子张梦梅和张兆梅说:

> 先父于1905年以公费留学日本东京中央大学,专攻法律,时即加入孙中山领导的同盟会,致力于革命活动。1907年与河南留日革命同志创办《河南》杂志任总经理,撰写文章宣传革命。……(《河南》杂志)出版至第十期,为清廷所忌,由清驻日公使蔡钧请求日本警署勒令停刊。先父因此事被拘留数天,并被停止官费,赖当时旅日之女革命志士刘青霞及豫籍留日同学多方资助,始完成学业。③

(二)资助《中国新女界》杂志继续刊行

《中国新女界》杂志几乎是与《河南》杂志一起创办的,二者创办的背景和原因一样。冯自由在《革命逸史》第三集《河南志士与革命活动》中写道:

---

① 冯自由. 革命逸史:第三集[M]. 北京:中华书局,1981:282.
② 李玉洁. 辛亥女革命家刘马青霞评传[M]. 北京:科学出版社,2012:132.
③ 张梦梅,张兆梅. 怀念双亲[M]//中国人民政治协商会议河南省委员会文史资料研究委员会. 河南文史资料:第六辑. 郑州:河南人民出版社,1981:101.

马青霞资助并任总发行的宣传女子解放思想的革命刊物《中国新女界杂志》

"与《河南》杂志先后出版者,尚有河南女同盟会员燕斌、刘青霞所创办女界杂志。"按照冯自由的回忆,刘青霞与燕斌应同为创刊人。但根据河南大学李玉洁教授考证,《中国新女界杂志》第一期的出版时间是1907年2月5日(阴历1906年十二月二十三日),马青霞是阴历1907年春节过后才到日本游学,所以她没有赶上《中国新女界杂志》酝酿和创办工作。马青霞是在《中国新女界杂志》创刊后的第四期,受中国同盟会的"议决"指令,"设言论机关,以传革命种子",才开始赞助支持《新国新女界杂志》的。①

《新国新女界杂志》第四期登载《本社特别广告》介绍:该杂志创办后颇受海内外学界欢迎,销售一度达五千余册。出版至第四期时,曾因经费问题未能如期出版,"兹得河南尉氏县刘女士之赞助,增助资本,以扩社务。现已增聘干事,一切大加改良。准于西历八九月内,定将五、六、七、八四期杂志相继发行,西历十月为始,以后每期按月出版,决不延误,以慰读者之望"。据马青霞自己在《告四万万男女同胞书》中披露,此次捐洋6600元。《中国新女界》杂志得到马青霞的资助后,朱奋吾任总经理,燕斌女士、马青霞等分任编辑发行等事,其内容发生了很大的变化,革命性大大加强,完全以战斗的姿态对腐朽的清政府发动猛烈的轰击。《中国新女界杂志》第三期登载的《本社征文广告》云:

> 本社创办杂志,原以为开通风气,提倡教育,为最要之主旨。第恐本社少数人之意见,或未能洞达机要,为是仰男女同胞,各抒伟论,投寄蔽社,必能择优代登,以示海内,想热心君子,必不坐视而缄默耳!

《中国新女界杂志》第四期登载的《本社特别广告》写道:

---

① 李玉洁.辛亥女革命家刘马青霞评传[M].北京:科学出版社,2012:133.

本杂志自发行以来,销路日广,并蒙海内外同胞交函赞许,惶恐莫名。现定于自第四期起,更求进步,特将体例大加改良,务期言论并重,以副众意,特此颁布。

从以上材料可以看出,自从马青霞按照同盟会的指令注资《河南新女界杂志》以后,该杂志将发生以下变化:一是经费有保障,能够"相继发行,按月出版,绝不延误";二是内容的变化,从原先的"开通风气,提倡教育"为主要宗旨,变为"更求进步,特将体例大加改良";三是风格的变化,变得更为激进,更具有革命性。也就是说,《中国新女界杂志》不仅要谈女性解放问题,而且要把妇女解放与反对清政府的斗争结合在一起。这些变化我们可以从《中国新女界杂志》出版的六期内容中感受到。

光绪三十二年十二月二十三日至光绪三十三年五月二十五日(1907年2月5日至1907年7月5日,)《中国新女界杂志》共发行六期,每期杂志以宣传妇女解放、男女平等为宗旨,在日本及国内女界中影响很大。但如果我们仔细研究,以第四期为转折点,也就是马青霞注资和参与杂志编辑以后,杂志的内容还是发生了较大的变化。

《中国新女界杂志》前三期的主旨主要是提倡中国女性学习西方妇女,主张男女平等,争取女权,多受教育,反对缠足等,态度比较温和,斗争性不强,没有揭露女性受压迫的本质,也没有把争取女权与反对清政府结合起来。以至于女革命家秋瑾愤怒批驳《中国新女界杂志》是"奴隶卑劣之报"。秋瑾之词虽过于偏激,但却从侧面说明了这份杂志在当时确实跟不上形势。

从《中国新女界杂志》第四期开始,马青霞接受同盟会的指令,向该杂志注入资金,《中国新女界杂志》承诺"更求进步,特将体例大加改良",向进步方向挺进。因此,《中国新女界杂志》后三期的主旨发生了明显的变化:革命性和进步性骤然增强,将反对社会对妇女的迫害、追求妇女解放、主张男女平等等问题上升到反帝、反封建的高度,矛头直指腐朽的清政府和外国列强的侵略,表现出对国家、对民族的忧患意识,"愿持十万横磨剑,誓扫妖雾净碧天",革命性和进步性十分明显。例如,《中国新女界杂志》第四期发表《劝女界节费购铁路股票小启》云:

今日何日乎？瓜分之议，腾于地球。亡国之忧，迫于眉睫。堂堂自命国民之男子咎无可辞，而我奄奄一息之女子亦负有二百兆分子之重大责任也。我国交通以还着着失败，铁路一端，流弊滋甚。非包工外人，即借款他国，以至我铁轨所及之区，即外人势力所至之地，我之铁路愈广，彼之权力愈张。假我国无处而非铁路，而至无处而非外人之势力范围矣。问我诸姑遂及伯婶，赌此浩劫，曷任伤心？若乃坐视沦亡，手不援溺，漠视他人，独不自为计乎？今日热心志士集资自办股票一出，响应日多。然我国女界素生活与钗环脂粉中，无独立思想，无权力思想，无政治思想，无国家思想，沉沉郁郁抑制于男权之下，潜焉不敢相较，自生育、修饰而外无所谓职任也。今也饱吸公理，皆知自存，好比好此权力，谁不如我。慧剑不才，用敢大声疾呼，以告于我最亲、最爱、最尊、最敬之女同胞，日节小费，购路股，补漏卮，弭外患，今日多一人之赞成，他日多一份之幸福。因果相续，瓜豆相环。吾国幸甚！吾同胞幸甚！吾女界幸甚！①

我们可以看出，该文把劝女界节省费用购买铁路股票上升到反帝、反封建的高度，使捐购铁路股票成为一个爱国行为，这与杂志创办者燕斌女士用"炼石"的笔名，在《中国新女界杂志》第一期发表的《发刊词》中强调"教育一女子，即国家真得一女国民"，以及第二期发表的《五大主义演说》中所云"本社最崇拜的就是'女子国民'这四个字"，"五大主义（即：发明关于女界最新学法；输入各国女界新文明；提倡道德，鼓吹教育；破旧沉迷，开新社会；结合感情，表彰幽遗——作者注）其实也是这四个字"。前后相比较，第四期《劝女界节费购铁路股票小启》文中所体现的格局显得更大，言辞更为激烈，矛头也更加清晰。第四期发表的文论《男女并尊论》则透漏出对国家、民族的忧患意识："国家之弱也，政治不良，军事不振，教育不兴，财政不理。夫不良不振，不兴不理，所得之果也。"

面对国家不兴、民族不振的衰败局面，笔名为"醉白词人"的作者在《中

---

① 李玉洁.辛亥女革命家马青霞评传[M].北京:科技出版社,2012:140.

国新女界杂志》第五期发表了《幽兰怨传奇》的文艺作品,文中说苏州一个名叫胡仿兰的女子因放足而被其公婆虐待至死。文章对此表现出极大的愤慨:

> 这些禽兽和那一班东西,活活地把"天赋人权"玩了。这一班老东西生生是众香国里的魔王,锦绣丛中的恶魔,昏天黑地,偏言人老见多,梦生醉死,哪管优胜劣败。但造成黑暗的原子,还有一班禽兽呢!……愿持十万横磨剑,誓扫妖雾净碧天,凉血物真堪贱!……怕只怕,美雨欧风如剪,到那时焚琴煮鹤,便为个才子红颜。冠裳相幻夜叉妍,河山春破泥犁变,枪林电闪,墨突无烟,刀光匹练,血海生莲,看劫尽灰残,方晓得亡灭由天演。①

《幽兰怨传奇》把那些逼迫妇女致死的人视为禽兽,他们玩弄"天赋人权",进一步指出"造成黑暗的原子,还有一班禽兽",这一班禽兽无疑就是指代表封建礼教压迫摧残妇女的清政府,作者"愿持十万横磨剑,誓扫妖雾净碧天",让那些禽兽"刀光匹练,血海生莲"。文中对于解放妇女的方式,已由原先的文化教育变为暴力革命。那么,前三期提倡的"女子国民"教育在后三期又发生了哪些变化呢?该刊第五期有笔名为"雌剑"写的一首诗《女国民》,其中一段写道:

> 潜潜潜,江表正气,终于三百年。天南地北靖烽烟,神州碎一拳。暮气弥大千,祖国前途担我肩。志吞海月,整理山河,只手势擎天。②

此诗表现出中国女性对祖国命运前途强烈的责任心,以及愿一拳把旧中国打碎,"天南地北靖烽烟"的豪情壮志,这种气魄是前三期文论中很难看到的。

---

① 李玉洁.辛亥女革命家马青霞评传[M].北京:科技出版社,2012:141.
② 李玉洁.辛亥女革命家马青霞评传[M].北京:科技出版社,2012:141.

从以上对比《中国新女界杂志》前三期、后三期思想风格的变化，可以看出青霞支持和参与的是后三期《中国新女界杂志》，也就是同盟会"议决"和"设言论机关，以传播革命种子"，而决定创办革命刊物《河南》与《中国新女界杂志》之后，才开始支持《中国新女界杂志》的。青霞捐资《中国新女界杂志》后，与燕斌等人分任编辑、发行事务，使杂志的风格变得更加犀利，内容变得更具有进步意义。

遗憾的是，《中国新女界杂志》仅仅发行了六期，于1907年7月被日本警方勒令停刊。停刊原因与《河南》杂志相同——触及了清政府的根本利益，清政府要求日本查封《中国新女界杂志》。关于日本警方查封《中国新女界杂志》的具体原因，邹鲁先生说："《女界杂志》因著述鼓吹妇女革命应以暗杀为手段，出版至第六期，亦被日警勒令停刊。"[①]据李玉洁教授考证，日本警方以"鼓吹暗杀"为由封杀《中国新女界杂志》，理由是很牵强的，因为《中国新女界杂志》六期刊文中，找不到一篇以"妇女实行革命应以暗杀为手段"为标题的文章，只是在第六期所刊载的小说《铁毒箱》中有类似的情节，而且这篇小说还没载完，杂志就被封杀了。[②] 因此，日本警方查禁《中国新女界杂志》，有点"欲加之罪，何患无辞"和莫须有的嫌疑。

尽管《中国新女界杂志》的生命力仅有半年，但由于马青霞的加入，《中国新女界杂志》真正成为传播革命种子的土壤和阵地，引起了清政府的恐慌，请求日本警属封禁了《河南》和《中国新女界杂志》。这也更加说明了《河南》和《中国新女界杂志》具有革命意义。

（三）开办"大河书社"

为了扩大《河南》杂志在国内的销售量，在国内宣传革命思想，组织革命活动，同盟会总部决定，在河南省城开封创办"大河书社"。河南同盟会分会派李铜斋、罗殿卿、刘醒吾等回国，在开封设立大河书社，李铜斋为大河书社总经理，刘醒吾、罗殿卿为副经理。

大河书社的宗旨是"同人慨我豫省教育之不兴，风气之固蔽，冀大输新

---

① 邹鲁.河南举义[M]//中国史学会.中国近代史资料丛刊：辛亥革命（七）.北京：人民出版社，1957：354.

② 李玉洁.辛亥女革命家马青霞评传[M].北京：科技出版社，2012：142.

智,溥晌同胞,爱投巨资,组成斯社。聘定教育名家,编辑东西要籍,其有海内已出名书,亦选厥精华,代为销售"①。

创办大河书社的许多具体工作落到了马青霞身上。马青霞从日本回到开封②的第一件事,就是筹银两万六千两,在省城开封置宅,开办"大河书社",用以推销革命书刊和同盟会河南支部联络机关。

大河书社是同盟会主持建立的销售革命书籍和革命刊物的机构。马青霞购置豪宅解决了大河书社的办公地点后,又出资数千元,作为启动经费,保证大河书社正式运营。大河书社专门销售《河南》《中国新女界杂志》等革命刊物,并在开封、许州、郑州、荥阳、巩县(今巩义市)、修武、尉氏、光州、信阳、彰德等地设立办事处,扩大销售量。据有关资料记载,当时河南省每期所销售的杂志至少数千份以上,甚至上万份,为河南开启民智、宣传革命起到了振聋发聩的作用,影响很大。

大河书社不仅是一个专售革命杂志的书局机关,还是一个联络革命的秘密机关。民国二十二年(1933年)《尉氏县志·人物三》记载:马青霞"出洋数千元,在开封设大河书社,为河南革命运动机关;辛亥起义、河南运动独立,以促革命成功,捐金万余等项,义动遐迩"。由此可见,开封大河书社也是一个革命联络机关,为辛亥革命做出了重要贡献。

大河书社的革命活动与清政府势不两立,不久就遭到了清政府的查封,马青霞也因此被捕入狱,幸亏其兄马吉樟和马吉森出手搭救,才获释出狱。

(四)为河南开封辛亥起义捐款

随着资产阶级民主革命力量的发展和国内形势的变化,资产阶级民主主义革命已由舆论宣传进入实践阶段,留日学生纷纷回国参加以推翻清王朝为目的的资产阶级民主主义革命,如秋瑾领导的浙江大通学堂起义、孙中

---

① 中国人民政治协商会议河南省委员会文史资料委员会. 河南文史资料(第6辑)[M].河南:河南人民出版社,1981:220.

② 注:关于马青霞游学日本回国时间,依据目前笔者所掌握的资料,没有明确记载,学界也无统一意见。只能大概推算出是在公历1907年后半年至1908年1月之间,不会晚于农历1908年春节。因为马青霞游学日本期间,还经营着庞大家业。按照中国惯例,每年农历春节来临之前,各实业管理者必须向东家(即实业所有者)汇报本实业的年度经营状况。公历1908年2月2日恰好是农历春节,故笔者认为,马青霞回国的最晚时间应为1908年1月。

山领导的黄花岗起义、张钟端领导的开封辛亥起义等。

谈及张钟端领导的开封辛亥起义，便绕不开马青霞。张钟端是同盟会河南支部负责人，也是马青霞加入同盟会、走向革命道路的主要领路人之一。

1908年，张钟端因创办《河南》杂志宣传革命、反对清政府被日本警方拘禁，被取消了官费留学资格，后来在同盟会和马青霞的资助下获救并完成学业。张钟端在日本留学期满之后，国内的革命起义正风起云涌。张钟端受同盟会总部的派遣，于1911年八九月时，回国参加辛亥起义。张钟端即将回国之时，其日本妻子千装伦子即将临产。张钟端仍毅然回国，走到革命起义的最前线。在1911年10月10日武昌起义的那一天，张钟端的妻子千装伦子在日本东京生下了一对双胞胎儿子。接到妻子的电报后，张钟端在回电中为儿子起名梦梅、兆梅。同年12月，张钟端领导的河南开封辛亥起义失败，且献出了年轻的生命，电报中为儿子起名字，就是张钟端与妻子和儿子梦梅、兆梅的永诀。

是时，中国革命思想在南方迅速传播，南方是革命党人活动的中心。黄兴等人皆在南京；以后孙中山就任临时大总统时也在南京。马青霞作为同盟会会员，为了更好地支持革命事业，在南京又买了一处房产。马青霞曾说："南京新置住宅一所，预备组织实业，移治家之精神，以经营之。"①此时马青霞以创办实业、经营治家为名，在南京居住，暗中帮助同盟会同志，从事革命活动。张钟端回国之后，由于他是清政府通缉追捕的对象，所以他首先到南京与马青霞秘密接头。此时马青霞的二哥马吉樟担任湖北按察使，居住在武昌。

张钟端由马青霞介绍，到武昌去找马吉樟。马吉樟在武昌为张钟端安排一幕僚之职，使张钟端往来于武汉、南京、上海之间，联络革命同志，传递革命消息，发动起义，从事起义组织工作。

1911年武昌起义爆发后，全国各地纷起响应。为保证起义成功，革命党人组成了湖北军政府，黎元洪被革命党人推举为都督。张钟端积极组织和参与武昌辛亥革命，并担任军政府要职，为辛亥革命的成功做出了重要

---

① 马青霞.豫人马青霞披露[M].自由报,1917–11–17.

贡献。

武昌辛亥革命爆发不久,为策应武昌起义,减轻清政府对革命军的威胁,湖北军政府决定派张钟端回河南省城开封组织起义,史称河南开封辛亥起义。

张钟端回到开封后,以中州公学(开封繁塔处)、优级师范(原开封医专,今河南大学医学院处)、法政学堂(开封市老博物馆内)、大河书社(开封西大街)为基地,联络会员,进行秘密活动,策划起义事项。革命党人公推张钟端为起义总司令,拟定起义方案,准备于 1911 年 12 月 21 日发动起义。起义前,张钟端动员说:"人心思汉,胡运将终……此间同志谋居省垣,共图大举。成则促鞑虏之命,败则为共和之魂!"①

起义革命党人发布《讨满清政府檄文》,历数清政府的残暴专制统治和割地赔款、丧权辱国的卖国行径,指出这种状况"已非一日,昏聩腐败,至于斯极","全国同胞,愤恨不已",号召民众"爰举义旗,打倒满清,推翻专制。在建立民国,欢乐无极。爰布斯檄,希众周知。其各奋起,莫再迟疑"。"讨满檄文"像匕首、标枪一样,直刺清王朝的心脏。

1932 年 12 月 21 日,《河南日报》上发表一篇名为《赤血、黑铁、炸弹》的文章,介绍了这次辛亥革命开封起义的方案:

一、杨源懋、杨铭西及刘雪亚,赴洛阳联合陆军及王天纵,憨玉琨等并联络陕西革命军张钫,拟出师潼关。

二、李心梅赴河北联络彭卫坏、简志壬、韩警亚等,拟断京汉铁路,阻止清军。

三、王从周、刘岁青赴豫东联络仁义会党,拟挡陇海路线。

四、孙振森、张四箴赴汝、宛等县秘密活动。

五、姚黄、郑砚农赴许、鄢等县秘密活动。

六、张钟端由日返汴,公推为首领,指挥一切。

七、周维屏、郑培之办理文书。

---

① 张济民.张钟端生平[M].//中国人民政治协商会议,河南省委员会文史资料研究委员会.河南省文史资料(第六辑).郑州:河南人民出版社,1981:98.

八、刘泗芳、李福遐联络巡警。

九、李乾公联络开封仁义会党。

十、张照发联络巡防士兵。

十一、吴古岳联络陆军小学学生。

十二、王庚先联络南关陆军。

十三、高书范、李锦公等赴湖北作革命军向导。

十四、何伯龙、黄复东报告军情。

十五、刘青霞女士捐银三千金,以助经费。

马青霞积极投身于这场革命洪流中。她一次捐银 3000 金作为起义经费,购买枪支弹药,并提出要参加起义,被张钟端以安全为由拒绝。其实,张钟端十分清楚,马青霞此时的作用是任何人都无法替代的:她负责筹措起义经费,掌握着起义的命脉;如果她有个三长两短,革命就会立即成为无源之水,无本之木,对现在和将来的革命事业是极其不利的。但是,马青霞作为一名同盟会会员和坚定的革命者,她无法置身于这场发生在自家门口的"夺转自由魂"的战斗之外。她巧妙利用自己的身份,为起义人员送情报,联络通信。

当时,河南巡抚是刚上任不久的齐耀琳。原巡抚宝棻被武昌辛亥革命吓破了胆,唯恐河南也发生武装革命,连累自己,丢掉身家性命,所以,在武昌起义爆发不久,就上奏清廷,以身体有病为由,辞职回了东北老家。齐耀琳就任河南巡抚后,加强戒备,利用巡防营统领柴德贵,派出奸细张光顺、江玉山混入革命队伍,骗取革命党人的信任。由于奸细张光顺、江玉山的告密,开封起义失败。1911 年 12 月 24 日,张钟端、王天杰、李乾公、张兆发、刘凤楼、张德成、崔德聚、李鸿绪、王梦兰、徐振泉、单鹏彦等 11 名同志分别在开封南关和西关英勇就义。

张钟端等十一位烈士被敌人暴尸城外,后由同盟会员沈竹白以慈善名义收敛尸骨,将张钟端烈士和其他十位烈士分两个墓穴,安葬于开封南关之地。

在张钟端等烈士牺牲的第二天,1911 年 12 月 25 日,孙中山先生从海外回国。1912 年 1 月 1 日,中华民国成立,孙中山就任临时大总统。民国政府拔出白银 3000 两,抚恤开封死难的十一位烈士的家属,并委派张钟端的弟弟张钟灵前往日本东京,把张钟端的夫人千装伦子及其两个儿子张梦梅、张兆梅接回中国。千装伦子难以承受失去丈夫的打击,精神几近失常。张钟灵经过慎重考虑,为了千装伦子的身体健康,便把她护送回日本。张钟灵把两个尚在褓褓中的儿子送到许昌,由张钟端烈士的家人抚养。

1922 年,冯玉祥主政河南时,建"辛亥革命河南十一烈士纪念塔"。1932年 5 月,国民党河南省府决定,拨款 10 万元迁移十一烈士墓,拨地 12 亩作为烈士墓址,迁葬工作由当初参加过开封辛亥起义的王庚先负责。国民党河南省府还决定每年的 12 月 22 日为河南辛亥革命纪念日。1933 年秋,国民党河南省府将十一烈士迁为一墓,墓地在纪念塔附近。

1981 年,开封市人民政府将 11 烈士墓又迁葬至今天的开封市禹王台公园内,供后人瞻仰。

辛亥开封起义失败了,齐耀琳立即开始搜捕漏网的革命党人。马青霞在想法营救张钟端等被捕革命党人的同时,马上派人把李锦公、刘醒吾、罗殿卿、刘积学等四名革命党人送往上海,脱离险境。马青霞刚把四人送走,便遭人举报,举报她也秘密参与了这次起义。马青霞被投入大牢。据邓叶君所著的《天下为公马青霞》分析,举报人是刘氏家族的人,因为想抢夺马青霞的家产而再次陷害打击她。后经其二哥马吉樟营救才得以释放。[①]

遗憾的是,马青霞请二哥马吉樟营救张钟端等革命党人的行动并没有成功。马吉樟通过袁世凯营救张钟端等人,但袁世凯回复马吉樟的信只有冷冷的十几个字:"处置匪首之事,朝廷已作批复,吾不敢轻易更改!"

当马青霞出狱后得知张钟端诸同志牺牲的消息后,痛不欲生,她彻底看清了袁世凯与自己决非同道中人,曾经的朋友现在成了杀害自己战友的敌人,这更坚定了她反清的决心。

(五)支持女子参政运动

1. 民国初年女子参政运动的起因

1911 年 10 月 10 日,武昌起义爆发,辛亥革命点燃了推翻清王朝的熊熊烈火,在不到两个月的时间里,全国 15 个省份相继宣布独立,脱离清政府的

---

① 邓叶君,李东泽.笔走龙蛇马吉樟[M].郑州:河南文艺出版社,2007:172.

统治。

1911年底，孙中山从海外回到上海。独立各省的代表在南京选举孙中山为临时大总统。

1912年1月1日，孙中山在南京宣誓就职，改国号为中华民国，定1912年为民国元年，并成立中华民国临时政府。南京临时政府是一个资产阶级共和国性质的革命政权。1912年3月，南京临时政府颁布了《中华民国临时约法》，这部法律是由同盟会宪政专家宋教仁根据同盟会政纲起草制定的具有"宪法"性质的根本大法，是中国历史上第一部资产阶级性质的法典，也是一部具有中国特色的资产阶级宪法。说它具有中国特色，就在于《临时约法》制定者为了赢得社会上保守势力的支持，把同盟会原来关于男女平等的条文去掉了。《临时约法》第二章《人民》第五条有"中华民国人民，无种族、阶级、宗教之区别，法律上均为平等"的条文，而唯独没有男女平等之条目，更无女子参政之条目。这引起了长期从事妇女解放事业工作的女界人士的不满，她们认为在民主共和的国度里，男女是平等的，女人和男人一样，理应获得参政之权利，并为争取"男女平等"和"男女平权"开始了抗争。

自同盟会在日本建立以后，一批革命女性为了祖国、为了民族、为了争取民主自由，抛头颅、洒热血，如秋瑾等人献出了自己宝贵的生命；然而在胜利之后，却把女同胞排除在外，这是极不恰当的。当时进步的女界领袖，如唐群英①、蔡惠、林宗素②等找到临时大总统孙中山以询问此事。孙中山表示："男女原应一例平等参政。"唐群英、林宗素等大受鼓舞，将孙中山的话公布于报纸，从而引起舆论大哗。同盟会元老章太炎就此写信质问孙中山，其大意是：女子参政问题，应由众人的讨论，大总统有什么资格随便答应让女子参政呢？孙中山只好说那只不过是"闲谈"时随便说的话。

林宗素马上在报纸上发表言论，痛斥章太炎反对女权的言论，并且声明

---

① 唐群英(1871—1937)，字希陶，湖南衡山人，是中华民国的缔造者之一，女权运动领袖、女权主义先驱、民主革命家、教育家、辛亥革命功臣、中国同盟会第一个女会员。唐群英是当之无愧的将门之女，她的父亲是湘军提督、振威将军唐星照。

② 林宗素(1877—1944)，福建闽侯人，两度游学日本，1905年12月加入同盟会。曾担任过《中国白话报》编辑主任，是当时上海滩著名的女记者和女编辑。辛亥革命后，一部分同盟会会员在上海组成"中国社会党"，林宗素成为该党主要成员。在社会党内成立"女子参政同志会"，并任会长，重视女权运动。

和孙大总统的谈话绝不是闲谈,而是就此问题专门访问大总统,是大总统就此问题所发表的专论。

女子参政的议题一时间在社会上议论纷纷,赞成者、反对者各持己见,几千年社会对女子的歧视和压迫,使中国社会不能接受女子走上政坛。

为了发挥女子团体的力量,争取女子参政权,1912 年 2 月,林宗素、唐群英等准备在上海组织"中华民国女子参政同盟会"。林、唐二人均为同盟会元老级人物,长期追随孙中山,为革命事业做了大量工作。唐群英 19 岁时嫁给晚清重臣曾国藩的堂弟曾传纲,辛亥女杰、鉴湖女侠秋瑾嫁给了曾国藩的表侄王廷钧。唐群英和秋瑾两家是邻居,唐群英和秋瑾因曾氏家族婚姻相识。1904 年,秋瑾冲破阻力,东渡日本,唐群英闻讯随之也到了日本。二人同时加入同盟会,并成为同盟会的女中豪杰。唐群英长马青霞六岁,二人因为创办《中国新女界杂志》交往甚密,互为仰慕,成为以后合作的基础。武昌起义后,唐群英回国报效革命事业,与湘籍女同盟会会员张汉英发起成立"女子后援会"、"女子北伐队",被推为队长,荣获总统府"二等嘉禾勋章",被孙中山誉为"巾帼英雄"。

有了林宗素、唐群英这些同盟会元老加入中国民国女子参政同盟会,力量不可谓不强大。以唐群英为首的女界人士集聚数十名代表,一连三日到南京临时参议院要求在《临时约法》中加上"男女平等"之条文,毫无结果,足见当时的中国女子参政之难,难于上青天。但同盟会的女杰们继续抗争,更多的人加入进来。

2."神州女子共和协济社"会长

1912 年 3 月初,唐群英、马青霞等人成立"神州女子共和协济社"。神州女子共和协济社要求女子参与政权,以养成共和国高尚女国民为宗旨,提倡创设女子法政学堂,普及教育,研究法政,兴办实业,为参政做准备。马青霞积极参与女子参政运动,与孙中山夫人等三人同被选为"神州女子共和协济社"的名誉会长,并出任北京女子参政同盟会会长。

神州女子共和协济社成立后,上书孙中山大总统,提出修改《中华民国临时约法》第二章第五条相关内容,赋予女子与男子一样,拥有参政权,以申女权。孙中山收到请愿书后,立即回复。《民立报》1912 年 3 月 11 日第 6 版《总统扶植女权》云:

神州女子共和协济社代表员张昭汉、陈鸿璧、唐群英、章颖四女士(按:四女士即女界协济会代表赴宁交捐款者)于十三日卓赴宁,翌晨,偕见孙总统,请愿女子将来政权,并商量协济会办法。孙公阅该会全体致书及章程,并闻四代表言论,极为嘉许;特由临时政府拨给五千元,如开办女子教育总会及扩充公益之用;可谓热心女学,善于培植国本矣。协济社诸君学识宏通,志行卓越,他日必于神州女界大放异彩!①

孙中山在回复中肯定了女士们争取"男女平权"的行动,并给予物质和精神上的支持。

3."北京女子参政同盟会"会长

(1)成立"中华民国女子参政同盟会"

1912年4月8日,各女子团体组织在南京召开"女子参政同盟会"正式成立大会,推举唐群英为会长。这是一个负责管理全国女子参政运动的领导机构,在此我们用"中华民国女子参政同盟会"(简称"女子参政同盟会")称呼这一组织,以区别于各地的"女子参政同盟会"分支机构。"女子参政同盟会"成立大会通过了11条政纲:实行男女权力平等;实行普及女子教育;改良家庭习惯;禁止买卖奴婢;实行一夫一妇制度;禁止无故离婚;提倡女子实业;实行慈善;实行强迫放脚;改良女子装饰;禁止强迫卖娼。②

大会选举张汉英、林复、唐群英、王昌国、沈佩贞、徐素贞、蔡惠、李芝分管总务、交际、政事、实业、教育、财政、审查、文事等八部事务。他们又派人到全国各地成立分会,准备把妇女参政运动推向全国。

"女子参政同盟会"成立之后,通电全国:

乃南京参议院派充之议员,规定《临时约法》,剥夺女权,群英等迭次上书要求改附条件,诸议员纯以专制手段欺我同胞,意欲将二万万之聪颖黄裔,永远沉沦于黑暗世界,忍心害理,一至于

---

① 李玉洁.辛亥女革命家马青霞评传[M].北京:科技出版社,2012:179.
② 女子参政同盟会纪事[N].神州日报,1912-4-11.

此！……所有南京参议院所布之《临时约法》，我女界绝不承认。①

4月10日发表《宣言书》宣布：

> 吾党今日冲决网罗，扫除障碍，其第一步之事业，即在争取公民之地位……当挟雷霆万钧之力以趋之，苟有障碍吾党之进行者，即吾党之公敌，吾党当共图之。

"南北和议"后，政权落入袁世凯之手。孙中山把大总统之位让于袁世凯，中华民国政府也从南京迁到北京。唐群英、王昌国等人不顾袁世凯的阻挠，带领众女子北上，积极联络北方女界，在北京继续向参政院抗议，要求女子参政权。

1912年7月，由宋教仁出面组织，同盟会联合统一共和党、工党、共进会、实进会等团体，准备在北京成立国民党。唐群英获悉，在新的国民党纲领中还是没有"男女平等"这一条。于是唐群英率领众女士冲进会场，质问主持改组事宜的宋教仁："何以擅将党纲中男女平权一条删除？"宋教仁面红耳赤，尴尬无词。

1912年8月25日，国民党召开成立大会。在成立大会上，孙中山被推选为理事长，宋教仁为代理理事长，主持国民党日常工作。党纲中仍未恢复"男女平权"条文。唐群英在众多女会员簇拥之下，走上主席台再次质问宋教仁，指出删除男女平权这一条"实为蔑视女界，亦即丧失同盟会旧有之精神，因而要求向女界道歉，并于党纲中加入男女平权内容"。宋教仁仍沉默不语，盛怒之下，唐群英打了宋教仁一记耳光。这就是后来闹得沸沸扬扬的"唐群英掌掴宋教仁事件"。国民党元老张继出来圆场，建议举手表决是否男女平权，男议员竟然无人举手。女会员们见状，一哄而上，把会场内外办公室的用品文具乱扔一地，然后愤然离场。需说明的是，马青霞并没参与殴打宋教仁的事件，毕竟她的家庭教育环境没有赋予她泼辣的性格。

此时孙中山也到北京，对诸位女士进行劝谏：

---

① 女子参政同盟会致各省都督等电[N].民声日报,1912-4-12.

党纲删去男女平权之条，乃多数男人之公意，非少数可能挽回。君等专一、二理事人为难，无益也。文之意，今日女界宜专由女子发起女子之团体，提倡教育，使女界知识普及，力量乃宏，然而始可与男子争权，则必能得胜也。未知诸君以为然否。①

孙中山说这是参议院的意见，不是个别人所能解决的，让女子们回去办学，提高思想，然后再与男子争权。唐群英回到家乡湖南，欲把湖南办成争取女权的基地，致力于兴办女学等事务。其他女子也各回家乡。马青霞也响应孙中山的号召，在河南老家兴办学校和实业。

(2)"北京女子参政同盟会"会长

按照"中华民国女子参政同盟会"的要求，各省同盟会纷纷建立相应的分支机构，推动本省"男女平权"和女子参政运动的发展。如"湖北女子参政同盟会""湖南女子参政同盟会""江苏女子参政同盟会"。湖南、江苏还建立了女子法政学堂，创办报纸，宣传妇女解放，提高思想水平，为将来参政做准备。这些省份的女子参政运动开展的比较好，走在了全国最前列。

1912年10月2日，北京成立"北京女子参政同盟会"，马青霞为会长。同年11月20日，《自由报》上刊登《刘女士关心桑梓》一文写道：

刘女士青霞，开封人，现充任北京女子法政学校校长、北京女子学务维持会会长、北京女子参政同盟会会长、北京女子《白话报》发起人。

从这段文字中可以看到，马青霞身兼数职，对女子参政运动是十分支持的，且投入了大量的时间、金钱和心血，获得了人们的尊重和认可。

马青霞和唐群英相识于日本东京游学之时，回国后依然保持密切联系，二人率领女界精英为实现男女平等、"男女平权"和妇女解放而共同奋斗。1912年9月，马青霞与唐群英一起，创办了《女子白话旬报》，后改名《女子白话报》。《女子白话报》的宗旨："本报专为普及女界知识起见，故以至浅之言,引申至真之理,务求达到男女平权的目的。"二人联合创办《女子白话句报》,也是听从了孙中山的劝说和指示,通过提倡女权、办女学杂志,普及和提高女界知识水平,为再争女权做准备。《女子白话报》为宣传女子参政、争取妇女解放做出了很大贡献。

（3）女子参政运动的意义及失败原因

中国进入近代以来,国家民族处于危亡之秋的关键时期,许多女子冲破家庭封锁和封建观念束缚,漂洋过海,到海外寻求救国之路,涌现了如秋瑾、唐群英、何香凝、马青霞等杰出的女性人物,她们或抛头颅、洒热血为革命捐躯,或散尽家财捐助革命,或舍生忘死从事革命,或大声疾呼争唤醒国民,这是中国历史上极为绚丽的一道风景,为中华民族的救亡图存和国家振兴增添了一抹悲壮色彩。女子们虽然在辛亥革命时期与男子共同奋斗,但在中国几千年的封建势力之下,连昔日曾经共同革命的同志、战友也不承认女子的参政权。这种情况,在今天看来,显得多么无情,多么令人不解,多么令人愤怒。

其实,女子参政运动绝不是某些人所理解的争权夺利,那些女权先驱们所争取的不过是男女平等的权力。中华民国的成立,也浸透着女性的鲜血和汗水。她们和男人一道,以各种方式参加起义,甚至冲破生理极限,积极参战上战场。例如,在武昌起义时,唐群英在湖南组织"女子北伐队",自任队长,率队配合江浙联军,参加攻打两江总督衙门的战斗。上海一日之内组织 25 个军团,其中有女子北伐光复军、女国民军、女子敢死队、女子军事团、女子尚武会、同盟女子经武练习会,这些女子们响应起义,支援南京的争夺战。在革命党人的每次战斗中都有女子的身影,她们以救国、救民为己任,面对凶恶的敌人,大义凛然,百折不回,视死如归,表现出中国女性特有的韧性和英雄气概,就连孙中山先生也由衷地感慨:"女界多才,其入同盟会奔走国事百折不回者,已与各省志士媲美。"①

男尊女卑是中国封建社会的毒瘤,它不断挤压着女性的生存空间和发展空间。在一个专制的社会里,民众的权利主要靠当权者的恩赐;而在民主的国度里,民众的权利要靠自己争取。但不管哪种情况,如果民众自己放弃

---

① 孙中山.孙中山全集(第二卷)[M].北京:中华书局,1983:52.

了权利,只能加剧当权者的贪婪,阻碍社会的进步,使自己的生存状况变得愈加恶劣。况且,历史已经进入了民主共和时代,尽管这个民主共和还显得有些稚嫩。所以,从某种意义上说,唐群英、马青霞们所发起的女子参政运动,其实也是一场女性为自身争取生存权的斗争。而它的目标,则是已为其他先进各国所证实的正确的历史走向。

遗憾的是,彼时的中国封建思想太过顽固,唐群英、马青霞们的抗争不为资产阶级同盟会所理解,她们的要求在强大的封建思想面前被严酷或者无声地驳回了,而这些驳回她们诉求的人,竟然还是昔日的革命战友,一起出生入死的革命兄弟!唐群英们明白了:穿着西装的人,可能依然是封建卫道士!昔日高喊革命的同志,仍然逃不脱封建思想的藩篱!他们当年的热情和热血都消失殆尽了吗?为什么如此迅速地就被封建老朽们同化了呢?

标榜民主的同盟会不理解,不支持唐群英、马青霞们的女子参政运动,出身封建家庭的袁世凯就更不理解和支持女子们的参政要求了。1913 年,袁世凯下令取消"女子参政同盟会"。女子参政运动失败。一些女子,如唐群英、马青霞等回到故乡创办学堂、报纸杂志等;有些成为官太太,遁入空门者有之,沦为娼妓者有之,自杀者有之……女权运动陷入低潮。也可以说,唐群英、马青霞们发起的中华民国的女权运动失败了。

女子参政运动和女权运动的失败有深层次的原因,主要有三方面:

一是思想根源,长期存在于人们头脑中的封建思想根深蒂固。男尊女卑、"男主外,女主内"、"女子无才便是德"等封建思想,在许多人(包括一些革命党人)的头脑中根深蒂固,所以面临女权运动,要么反对,要么沉默附和——封建卫道士们坚决反对,革命党人沉默附和。

二是客观原因,投机革命的封建军阀势力过于强大,以孙中山为首的资产阶级革命党实力太弱,无法与之对抗。在当时的中国,尽管皇帝被推翻了,但脱胎于清朝专制政府的封建势力还很强大,他们经常假借革命的名义、以拥护革命的面貌出现,但骨子里流淌的仍是封建血液。这种假革命者为数众多,他们身体是革命的,但脑袋却是封建的,其代表群体便是那些以袁世凯为首的前朝政府军政大员。在革命浪潮的裹挟下,这些把持地方财政、手握重兵、割据一方的封建军阀和官僚,摇身一变,咸与维新,扯下清廷的黄龙旗,挂上革命的旗帜,甚至掀翻巡抚总督衙门上的几片瓦,便成了革命的功臣,俨然以革命者自居,窃据了革命领导机构的高位。更可怕的是,这些投机革命者,掌握着大量的军队和财富,在关键时刻,特别是损害到自身利益的时候,会毫不犹豫地抵触和破坏革命。相反,以孙中山为首的资产阶级革命党空有满腔热血和远大理想,手中没有军队,没有掌握国家经济命脉,即使原先有少量的军队,在革命后期要么被消灭,要么被解散,要么被收买同化。革命党人缺乏经济基础的支撑,使孙中山举步维艰,被迫让位于袁世凯。由于自身力量弱小,使孙中山、宋教仁这样真正的革命精英,在面对允许女子参政这样现代西方民主的普通诉求时,只能无奈地以沉默接受之,不敢举起强硬的手给昔日同生共死的女性革命战友表达道义上的支持,哪怕只有一只手!尽管孙中山先生在更大程度上是肯定女性在社会建设和发展中的作用的,但他并没有用实际行动明确表态他同意女子参政。之后女子参政运动的发展情形也表明,孙中山先生在女子参政问题上的态度前后是有变化的,至少他在关键时刻没有明确具体地支持女子参政,或者他没有发挥同盟会总理和国民党理事长的作用,在国民党党纲中鲜明体现男女平等这一点。也许孙中山先生有自己的苦衷,也许孙先生觉得以他一己之力无法抗拒周围一众人等的顽固思想。但不管怎么说,自信来源于实力,国民党最终没有在党纲中加入男女平等条款,而是删除了同盟会纲领中关于此条的规定,不支持女子参政,这种做法不是进步,而是倒退,是令人遗憾的。孙中山和他的革命党之所以这样做,主要原因在于实力不足、自身软弱。这种软弱也表现在女子参政者身上,她们后来的分化也体现了这一点,不敢公开与封建势力决裂,被迫妥协。尽管我们如此评论唐群英们显得有些不近人情,甚至有些残酷,因为作为女性,她们已经付出了很多,却得到了一个悲剧式的结果。但她们许多人选择了屈服,却是客观事实。

三是主观原因,以孙中山为首的资产阶级革命派的局限性,本身存在许多弱点和错误:

(1)反封建不彻底。他们只强调反满、反清,并没有意识到必须反对整个封建统治阶级,革除封建思想观念,致使一些汉族旧官僚、旧军官也混入革命阵营。受当时政治局势和妥协退让思想的支配,革命党人最后甚至把政权拱手让给了袁世凯。许多旧官僚、旧军官窃取了革命高位,他们用传统的封建思想反对女子参政,意志不坚定的革命党人为了自己的利益,便举手投降了。

（2）不能充分发动和依靠群众。由于中国民族资产阶级同封建势力有千丝万缕的联系，因而不敢依靠反封建的主力军——农民群众，这使他们的力量显得很单薄。当唐群英们的女子参政建议遭到否决而陷入低潮的时候，孙中山给出的办法是，劝谏女士们不要再争了，各自回本省办教育，普及知识，扩大力量，再与男人争权；而没有想到去组织发动社会底层广大受苦受难、被封建社会欺凌压迫的妇女一同加入反对封建专制、争取自身解放的斗争中。当然，通过教育唤醒妇女，扩大女权，也不失为一种办法。问题是，在男权当道的社会里，在强大封建思想普遍存在的制度下，政府不可能、也拿不出更多的经费投资女子教育，女子教育何时能取得效果，能取得多大的效果，未可知。男女不平等的根本原因在于封建思想把持的不合理社会制度，不推翻这种制度，男女平等、男女平权就是一句空话。所以，要想办法发动广大的人民群众，包括男人和女人，以阶级为群体，为了维护广大人民群众的利益，向不合理的社会制度宣战，并推翻封建军阀控制的独裁政府，争取男女平等，实现男女平权。

（3）同盟会和资产阶级革命派内部的不团结。同盟会内部的组织比较分散，派系纷杂，缺乏一个统一稳定的领导核心，每到关键时候，就各自为政，互相攻讦，最终被对手分化瓦解，逐个歼灭。建立中华民国以后，许多同盟会会员，纷纷退出和放弃革命，经营自己的利益，或被袁世凯收买当了大官，或经商，或归隐山林，就连孙中山也向袁世凯保证：十年之内不参政，专心修铁路。对于女子参政，革命党人谁也不愿意、也不敢与那些实力派的封建官僚们去作对。再说，少一个竞争对手，对自己没什么坏处嘛！孙中山曾经说过：辛亥革命之所以失败，"非袁氏兵力之强，实同党人心之涣散"。其实这不仅是同盟会的毛病，也是国民党的毛病，一直到蒋介石败退台湾，国民党都没能解决这个问题。正是这种涣散分裂、各自为政的恶劣传统，使同盟会无法成为一个坚强的革命政党，团结一切革命力量，完成革命任务，反而最终断送了革命成果。

女子参政运动虽然失败了，但这在中国历史上有其重要意义。女子参政同盟会是中国历史上第一个女子团体，中国女性为争取女子的权利、争取男女平等，尽到了自己最大努力，标志着女性的觉醒和强烈要求解放自己的愿望,表现出了中国女性的觉悟和信念。

马青霞勇敢地投入这场女子参政运动,表现出她对争取妇女解放的热诚,对自由的渴望。马青霞彻底背叛了自己的阶级,从光绪皇帝册封的"一品诰命夫人"到封建社会的"逆子贰臣",再到坚强的资产阶级民主革命战士,她一步步走来,体现了中国女性的革命坚定性,在民主初现的黎明时分,曾经发出耀眼的光芒,照亮了未来真正的男女平等之路。这在当时的中国是一种启蒙式的教育和勇敢的尝试,尽管她失败了,但并不能说唐群英、马青霞们的付出毫无意义。至少它使后来者明白,实现男女平等、男女平权在中国是多么艰难;使今天的人们明白,这种现在看来极为平常的男女平等和平权是多么宝贵!今天,当我们在回顾这段历史的时候,在享受男女平等权利的时候,应该感谢唐群英、马青霞们,是她们的抗争促成了今天的自由、文明和进步,她们用失败为我们提供了成功的经验!

(六)捐资创办《自由报》

1912年6月30日,河南同盟会成员曾昭文、刘基炎等在开封创办《自由报》,其宗旨是"监督政治之改良,增进国民之知识,发挥自由之真髓"[①]。在《自由报》创办时,马青霞捐洋2 000元,并仿照《江南好》填写了祝词以表达自己的喜悦心情:

> 自由好,中夏少萌芽。岳色河声飞笔疾,洛阳纸贵泄春华,开遍自由花。
> 自由好,妖雾惨夷门。手拔摩天旗影荡,腰悬横河(应为"磨")剑光腾,夺转自由魂。
> 自由好,过渡帐迷津。揭破九幽超变相,罗胆万佛见天真,崇拜自由神。
> 自由好,五岳独称嵩。燕赵健儿身手锐,犬羊部落羽毛空,撞破自由钟。

这首词表明了马青霞很高的文化素养和才能,也表现了她正直的品格

---

① 方汉奇.中国新闻事业编年史(上)[M].福州:福建人民出版社,2000:643.

和追求自由的思想。马青霞曾说："悲夫！悲夫！不自由，毋宁死！"①

正是由于马青霞对自由的渴望，对改进国家政治的关心，对提高国民素质的关注，她才能以极大的热情投入这场弘扬自由的运动中！她讴歌自由，认为只要华夏"遍开自由花"，就可以推翻封建专制，扫清妖雾，"夺转自由魂"；就可以破除封建迷信见天真，"崇拜自由神"；就可以推翻清王朝和民族压迫，"撞破自由钟"。马青霞不仅是这样说的，也是这样做的。当得知办报经费短缺时，她毫不犹豫，慷慨捐出 2 000 元，用实际行动证明自己对自由的热爱，对国家和民族的挚诚！

(七)河南"国民捐总理"

民国初建，革命党人与袁世凯合作尚好，孙中山和袁世凯也过了一段"蜜月时期"。在那段时期里(1912 年 1 月至 1913 年 3 月宋教仁被刺杀以前)，至少从表面上看，民国是和谐的，是有希望的。孙中山拥护袁世凯做中华民国大总统，承诺自己十年不参加总统竞选，专注国家铁路建设；袁世凯委任孙中山为全国铁路总督办。二人约定，十年内，袁世凯练强兵百万，孙中山筑铁路十万公里，中华民国看似蓬蓬勃勃，振兴有望，全国上下都决心为共同建设一个强大的国家为奋斗。革命党人怀着美好的理想，热情地投入建设新的民主共和国。但国家百废待兴，财政吃紧，于是民国政府号召广大国民捐资国家，以渡难关。民国元年(1912 年)七月六日《自由报》云："政府借用外债，损失国权，黄留守(即黄兴)有国民捐之倡议，吾豫爱国志士群起响应，组织国民捐事务所。"

马青霞一生以急公好义、兼济天下为宗旨。她在辛亥革命中掩护革命同志，为革命奔走四方；积极参与妇女参政运动。马青霞是久经考验的辛亥革命志士。民国以后，更激发了她报效国家的热情和决心。为了实现救国救民的理想，她兴新学、推广女学、办工厂、办难民所，竭尽全力地工作。马青霞为国为民的热诚感动了河南各界人士。民国元年，马青霞被河南各大团体推举为"国民捐总理"。青霞被推为国民捐总理，慨然以为己任，愿意为人民做出更大的贡献。

民国元年六月五日《民约报》以《女志士真爱国》的题目报道：

---

① 刘马青霞.豫人刘马青霞披露[N].自由报,1917-11-17.

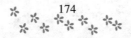

豫省国民捐，本各大团体所发起，开会数次，已志前报。日前又闻，选举大会已由各大团体公举定总理刘女士青霞（尉氏县人，资产颇丰）。女士久有新学之思想，当前清时代曾留学日本某学校毕业及归国屡次提倡新学种种，难以枚举。而在本县倡办女子学校，其内容规约严肃，学科认真；其目的在为我豫省开通风气，推广女学，使我女同胞各有自立之能力，久为豫省人民所钦仰。今以众人公举为国民捐总理，惟现未在汴，当有热心女士品（吕）伴竹（女工厂监督），竟不辞劳苦亲至尉邑往迓。适值刘女士因他事已赴彰郡（即安阳），而吕女士仍然奔走，赶赴彰德相晤，道及被举一切。而刘女士竟慨然以为己任云。昨日（十三号）得彰德来电云：国民捐总理刘女士于本日乘汽车莅汴。各大团体接电后，均至车站欢迎（计有三十余团）。是时，汽笛鸣鸣，刘女士至矣。遂皆肃然脱帽致礼，刘女士亦依次答还，颇极一时之盛。闻刻已任事，女士之热心，若此良可敬也。

以上报道是说马青霞在河南的重大影响。吕伴竹女士不辞劳苦亲至尉邑、彰德迎接青霞。当马青霞乘汽车到达开封之时，"各大团体接电后，均至车站欢迎（计有三十余团）。是时，汽笛鸣鸣，刘女士至矣。遂皆肃然脱帽致礼，马青霞亦依次答还，颇极一时之盛"，这则报道透露出开封市各界欢迎马青霞女士的盛况，也表现出开封市民对马青霞所做公益事业的敬仰和感激。马青霞被推为"河南国民捐总理"，实为众望所归。

（八）中国裸捐第一人

民国成立以后，马青霞以为托革命先烈之福，从此可以过上自由平等的美好生活，然而这种愿望很快便因时局的恶化而烟消云散。马青霞出任河南国民捐总理半月后，便上呈辞职书。她说，最初勉强就职，诚以此为救亡急务。现在一切就绪了，鄙人自问，一无学识之妇人焉能负此巨任？尽管辞职书写得委婉含蓄，但我们还是能从当时情势中找到与上任时"慨然为己任"截然不同态度背后的真实原因。

民国成立以后，袁世凯委派自己的表弟张镇芳为河南督军兼民政长。

张镇芳(河南项城人)秉承袁氏意旨,在河南全面恢复封建旧秩序,取缔革命的国民党。宋教仁被刺杀后,河南革命党人召开宋教仁追悼会,革命党报纸《民立报》编辑写了副挽联称:"目中竟无拿破仑,宜公先死;地下若逢张振武,说我即来。"竟被张镇芳捕杀。同时,为镇压二次革命,他建立"军警联合会"。派兵包围《民立报》社,捕杀编辑部主任罗瑞青等四人。一时省城开封白色恐怖笼罩,无辜市民亦遭殃。中国近代民主革命家、老同盟会会员任芝铭有诗凭吊:"帝乡人命贱如麻,冤血三年浸碧沙。我欲招魂魂不至,腥风吹赤半天霞。"项城人最愤恨、最不能原谅张镇芳的是他杀害了同乡、老同盟会员、省议员朱丹陛。朱丹陛曾在豫东南组织淮上军同清军作战,在推翻帝制保卫共和的斗争中,是有功之人。在张镇芳制造的白色恐怖下,朱丹陛策划炸毁开封火药库后潜回项城,不料行踪暴露,张镇芳令军警联合会派20余骑兵追捕,1913年农历八月二十一日,朱丹陛在老项城西关校场就义,后被冯玉祥(豫督)追认为二次革命烈士。当然,张镇芳这些作为都是后来发生的事儿,这些事证明张镇芳是一个痛恨革命、屠杀革命党人的刽子手。

马青霞非常反感张镇芳。张镇芳这个人贪财,人尽皆知。在马青霞被推举为河南国民捐总理后,张镇芳几次找到马青霞,以帮助国家建设的名义让马青霞捐出巨款,但又不说明捐款具体用途。马青霞看穿了张镇芳想把捐款据为己有的用心,拒绝捐款。张镇芳因此怀恨在心。另外,马青霞被推为河南国民捐总理,也招来了刘氏家族的强烈反对。刘氏族人认为,马青霞出任河南国民捐总理后,必然会把巨额的家产捐出去,这就打破了他们想侵吞马青霞家产的美梦。因此,刘氏家族群起反对。鉴于上述两个原因,马青霞认为,在张镇芳当道的河南,国民捐事务所不能发挥其建设民国的作用,因此刘青霞毅然提出辞职请求,这应是她辞职的真实原因。刘青霞资助创刊的同盟会系统的报纸《自由报》的命运,也从侧面反映了河南当时的这种形势。

1912年9月1日,同盟会河南支部改组为国民党河南支部,《自由报》转为国民党河南支部机关报,然而出版仅半年,即被河南督军张镇芳封禁。此时马青霞空有一腔热血,难酬报国之志。

1913年初,马青霞带着地契文书来到上海,拜见孙中山先生,愿意把家中所有财产交给国家,献给国民政府。当时,孙中山已把大总统的位置让给了袁世凯,担任全国铁路督办,正在积极筹划建设全国的铁路,可是因为连年的战争,国库基本空虚,根本没有资金建设铁路,孙中山先生为此一筹莫展。马青霞闻听此事后,马上表示愿将全部财产捐献国家,用以修筑铁路。看到困扰了自己很长时间的问题终于得到解决,孙中山先生大喜过望,更加赞叹这位辛亥革命女志士,亲自题写了"天下为公"和"巾帼英雄"两幅字赠予马青霞。

孙中山对马青霞是十分熟悉和非常钦佩的,二人相识于1907年马青霞游学日本东京时。马青霞慷慨捐助《河南》杂志和《中国新女界杂志》给中山先生留下极深的印象。那时,孙中山先生还是清政府的"通缉犯",同盟会刚刚成立,立志"驱逐鞑虏,恢复中华,创立民国,平均地权",推翻清政府,建立民主共和新国家,这是一个充满危险的活动,如果被清廷发现,那是要灭族的大罪啊!但马青霞依然决定加入同盟会,并捐巨资办革命杂志,宣传革命。对于创建不久的同盟会,对于经费奇缺的革命活动,对于刚刚起步的革命事业,马青霞的无私无畏的捐助犹如雪中送炭!回国后,马青霞坚持办女学,继续资助革命,利用自己的特殊身份多次掩护和救助革命同志,完全置自己的安危于不顾!所有这一切,对于一个出生于封建家庭的女性,对于一个被封建皇帝封为"一品诰命"的女性,显得多么可贵啊!"巾帼英雄"的称号一点也不为过!现在,这位革命女志士又要为国家建设捐出全部家产,这不是"天下为公"的最好诠释吗?孙中山先生想起马青霞为革命做的贡献,禁不住热泪盈眶。

关于马青霞准备把全部家产捐给国家和孙中山先生为其题字的事情,马青霞的孙女刘菊英(即马青霞义子刘鼎元的女儿)在《我的祖母刘青霞》一文中这样说:

在上海,祖母为了将自家的全部财产捐献给革命事业,曾找孙中山,多次到其住宅。当时孙中山和宋庆龄尚未结婚,宋庆龄那时是孙先生的秘书。祖母交过房、地、财产清单,是孙中山亲自收下的,当时宋庆龄女士在场。每次去见孙中山,祖母都是带着父亲去的。宋庆龄女士还问过父亲:"会唱什么歌?"父亲提起此事,还说孙中山和宋庆龄人都很好,很稳重又和蔼可亲。那时孙中山往河

南来过公文,因事变和家族的反对而未能实现。直到现在,我们全家还为此事感到非常遗憾……孙中山曾赠给祖母一幅横匾,题词"巾帼英雄"。

为了保证捐赠顺利,孙中山先生又以铁路督署的名义行文转知尉氏县,拟查清财产办理手续。但由于1913年3月宋教仁被刺杀,国内政局突变,袁世凯和国民党彻底决裂,孙中山发起二次革命,国家再次陷入南北分裂和军事混战之中,革命岌岌可危。这样马青霞欲将全部家产捐献给国家修铁路的愿望未能实现,空留遗憾。此时,刘氏家族中也流言四起,族人对马青霞捐款强烈不满,纷纷指责,并且控告她私通国民党,反对北洋政府。幸亏马青霞的二兄长马吉樟在袁世凯的北洋政府担任秘书,经马吉樟多方周旋,才使她免受牢狱之灾。刘鼎元、贺升平在《辛亥革命时期的刘青霞》一文中曾这样描述青霞因捐赠家产被刘氏族人控告入狱一事:

> 1913年,到上海求见孙中山先生。当时孙任全国铁路督办,青霞晋见两次,愿将其家产捐献国家,作建设铁路之用。孙嘉纳其意见,即出铁路督署行文到汴转尉氏,查明财产情况,办理捐献手续。行文辗转费时,在此期间,适逢南北分裂。刘姓族人闻此消息,又控告青霞为私通国民党,反对北方政府,由争产诉讼,加政治问题,情势颇为严重,幸得其兄马吉樟(当时任北京总统府秘书)力为庇护,未受牵连。

时局的变化太快。孙中山先生发起的二次革命,不久即遭失败,孙中山、黄兴等人遭到通缉,被迫流亡海外,革命进入了低潮。1913年,袁世凯在强迫国会选举他为正式大总统后,接着就解散了国会,解散国民党,废除临时约法,并修改《总统选举法》,在专制的道路上越走越远,民主共和的萌芽刚刚露头,就遭到无情的践踏。国家危难如此,一直力主民主、平等和自由的孙中山等革命党人亡命天涯,而披着共和外衣的封建军阀袁世凯却端坐在总统宝座上向专制迈进,自由、平等、博爱路在何方?马青霞陷入了极度迷茫之中。但她兴国图强的初衷没有变。既然国事不顺,她就把注意力投身于慈善和教育事业。此后一段时间,她把更多的精力用在兴办学校、开办工厂和慈善事业上。直到去世前,她对社会公益事业的关注从未间断:1917年,于刘氏祠堂内兴办了刘氏代用完全小学校;1918年,出资5万元开办了"贫民工厂";1922年,为开封难民收容所捐款3 000元。马青霞一个人无力改变目前国家的混乱政局,面对乱世,她唯一能做的是:尽自己最大的力量,办工厂,办教育,救助贫苦人,为国家崛起积蓄力量。

1922年5月,冯玉祥任河南督军。冯玉祥上任的第一件事,就是没收原河南督军赵倜搜刮的财产。赵倜在开封城十几处豪宅被拍卖,老家汝阳上千顷土地被没收。第二件事,实行村村办学校。冯玉祥下令,所有河南境内的庙宇一律把神像清除,庙宇内摆上书桌,作为校舍。第三件事,让百姓检举贪官污吏的劣迹。上任一个月,冯玉祥下令罢免了有腐败行为的二十三个知事。第四件事,拜访马青霞。

冯玉祥拜访马青霞有两个原因:一是冯玉祥对马青霞无私奉献的精神、天下为公的行为早有耳闻,极为赞赏;二是刘氏族人到督军府状告马青霞,说马青霞将巨额财产捐给革命,她与孙中山革命党有密切关系。

其实,刘氏族人不知道,冯玉祥是个一身正气、秉性耿直、疾恶如仇的人,他内心对孙中山很敬佩,非常赞同孙中山的"三民主义"和革命主张。刘氏族人状告马青霞支持孙中山革命党,使他对马青霞更加敬仰。

马青霞也听说过冯玉祥将军的一些往事,尤其是看到冯玉祥来河南后所做的事情,感觉他与别的军阀不一样,爱民如子,军纪严明。现在,突然看到身着平民装束的冯玉祥将军亲自登门拜访,马青霞很是感动。将军彬彬有礼,平易近人,一点也没有官架子,在当时凭枪杆子说话的中国,实属难见。二人相谈,很是投机。冯玉祥将军告诉青霞:他本人对孙中山先生也很敬佩,非常赞同孙先生的三民主义和建国施政纲领;如果他能控制国家局面,一定会请孙中山先生来实现他的建国方略。冯玉祥将军还对马青霞无私捐助革命的义举大加赞赏。二人谈到最后,冯玉祥就青霞和刘氏族人的财产诉讼一事,非常礼貌和谨慎地征求马青霞的意见,劝说道:刘氏族人乃贪得无厌之辈!为了争夺你的财产,无所不用其极,尽管你一再忍让,做到了仁至义尽,但刘氏族人不得到财产是决不罢休的。冯将军建议马青霞:"与其与族人争讼,不如收归公有,用于教育和实业,永绝刘氏族人夺产之恶念。"他再三保证，将这批财产用来发展河南的教育事业，并请马青霞担任河南教育厅厅长。不过，这是他的个人建议，具体还要看马青霞的意愿。

在冯玉祥说话的过程中，马青霞心中已经有了谱，把自家巨额财产捐给国家，一直是她多年的夙愿，只不过她一直没有找到合适的机会。她一生追求的目标就是"天下为公"，孙中山先生给她的题词也是"天下为公"。她的这个夙愿一直没有动摇过。于是，她爽快答应愿意将全部财产捐给国家，对冯玉祥将军说："吾乃一残病之躯，将军所言，正合我意。将钱用于有用之事业，正是我一生的追求，将军的信誉人品，我十分信任，我愿捐出全部家产而无怨无悔。至于教育厅长一职，我何德何能，实无力承担。"这次谈话不久，马青霞信守诺言，将家中价值三百万元的财产清单和现洋一百二十万票据亲手交给了冯玉祥将军，但婉拒了河南省教育厅厅长一职，实现了她多年的愿望。①

冯玉祥将军也兑现了自己的诺言，用青霞捐献的财产投资公益事业、教育事业以及改进开封市政建设。

马青霞接受冯玉祥将军"与其与族人争讼，不如交与国家"的建议，将家产悉数捐给国家，这是一个时代的壮举，马青霞是近代中国裸捐第一人。捐献财产之后，马青霞孑然一身回到安阳老家，1923 年病逝于安阳。

四、马青霞热心公益慨捐救国的原因分析②

（一）所受文化教育和马氏家风的影响

马青霞生在封建官宦家庭，接受的是正统的封建教育。马丕瑶非常重视对子女的教育。在安阳马氏庄园内有专门为子女建的读书楼，名曰"耕读楼"。中国传统慈善思想自然会渗透其中，儒家的仁爱思想、民本思想、大同思想等都会在家庭教育及私塾教育中得到传播。"老吾老以及人之老，幼吾幼以及人之幼"的价值观、"乐善好施"的道德要求，在马青霞以后的慈善事业中都得到了淋漓尽致的体现。

---

① 邓叶君.天下为公马青霞[M].郑州：河南文艺出版社，2010：205-206.

② 汪维真.刘青霞慨捐救国事实及原因分析[J].河南大学学报（社会科学版），2003（1）：19-25.

马青霞走向慈善活动还源于扶危济困、开明通达的马氏家风的影响。马青霞后来的活动就与此有密切关系。其父马丕瑶为官一生,尽职尽责,大哥马吉森热心公益和实业,二哥马吉樟热心教育、乐善好施,这样的家风无疑对马青霞良好品质的形成起了重要的促进作用。

在马青霞出嫁之前,基本长在深闺中,接触的也就是马家的人,故其性格受家庭影响较大,她后期设立义庄和义学应是受其父影响。同治十年(1871年),马丕瑶因守父丧在老家赋闲,修建家庙,并在旁边设立私塾,教诲族人子弟;又建立马氏义庄,以赡其穷。光绪十八年(1892年)正月,马丕瑶继母杨氏病卒,其回家乡安阳服丧,服丧期间在家乡曾开办义学,《续安阳县志》卷八载:蒋村中丞马丕瑶在本村开办马氏义学两所,所定规则甚详,一切薪费给予取于马氏义庄岁入,越30载,成效甚著。①

马吉森、马吉樟是马青霞的两位兄长,对马青霞后来热心社会公益事业的影响也是非常大的。

马青霞的大哥马吉森,明敏通书史,虽为显族,但对人和蔼,对地方上的公益事业倡导最力,《续安阳县志》卷十六载其"设车马局以轻徭役、创酉山书院以培士子"。他认为只有振兴实业才能救亡,集资设广益纱厂,又聘技师开六合沟烟煤矿,成为当地创办近代实业的开拓者。时人对其贡献评价甚高,《续安阳县志》卷十六载:安阳今日工商业,稍见扩展,吉森实创其端。②马青霞除了慈善捐助活动外,也办了多家慈善工厂,与大哥马吉森的影响是分不开的。

马青霞的二哥马吉樟,光绪九年(1883年)癸未科进士。后任翰林院编修、湖北按察使、袁世凯总统府内史等职。光绪二十五年(1899年),豫北地区发生大旱。豫籍京官郑思贺、马吉樟等八人凑银万两回乡放赈。参与放赈的王锡彤记道"盖京官积生主办"③。马吉樟还热心教育,曾参与河南旅京豫学堂的筹建和管理。1910年担任湖北提法史时,曾署理过一段提学史。当时清政府选送留学生,分给各省名额,湖北为八名,马吉樟为多培养一些人才,节省其他不必要开支,筹资28万两银子,选送40名学子赴美留学,颇

---

① 王幼桥.续安阳县志[Z].北京:文岚簃古宋印书局,1933:178.
② 王幼桥.续安阳县志[Z].北京:文岚簃古宋印书局,1933:203.
③ 王锡彤.抑斋自述[M].开封:河南大学出版社,2001:74.

得人心。马青霞 1905 年捐助豫学堂也是在其二哥马吉樟的影响下进行的。

开明通达、热心人事、扶危济困,这些马氏家风潜移默化地影响着马青霞的品质和性格。马青霞办义学、义庄,修建歇马营青石桥等行为也是受马氏家风的影响,按马氏家风行事是后来她从事慈善活动的前提条件。

(二)受教育和实业救国的时代精神的感召

19 世纪 40 年代,西方列强用洋枪洋炮打开了古老中国的大门,在惨痛的教训面前,清廷内部以奕䜣、曾国藩、左宗棠、李鸿章为首的经世派,以师夷论、自强论、工商立国论为基础,自 19 世纪 60 年代起,掀起了学习西方、谋求富国强兵的洋务运动。这场运动以"自强""求富"为目的,得到了朝野开明人士的呼应,除洋务派官僚外,部分知识分子、科学家、企业家也参加了这场运动。长达 30 多年的洋务运动使学习西方、谋求富国强兵成为当时一种普遍性的社会思潮。光绪二十四年(1898 年)的戊戌变法,进一步以奖励农工商业的发展、创办新式学堂等号召,强化了社会各界对振兴教育和实业与救国图强关系的认识。政府的三令五申、开明人士的率先倡导、舆论界的鼓吹宣传,在 19 世纪末 20 世纪初形成了以教育和实业救国的浓郁的时代氛围。

马青霞的两位兄长就是这一思想的践行者。马吉森认为,在清末海禁大开、列强以经济势力入侵我国之时,非振兴实业不足以救亡,所以他率先在安阳集资创建广益纱厂,又开办六河沟煤矿,开启当地兴办实业风气之先。马吉樟也赞同兴办实业,如在广益纱厂集资时,他就筹款数十万。但马吉樟系进士出身,又长期在翰林院任职,出于个人的兴趣和经历,对振兴教育更为热心。光绪三十一年(1905 年)科举制罢废后,河南京官捐款在京师成立豫学堂。豫学堂,是为了解决在京的河南官员子弟读书的。马吉樟参与了豫学堂的筹建,并动员孀居豪富的妹妹参与捐资。

马青霞毫不犹豫捐款三万两,居捐款者之首,得到时人的高度赞扬。古中原裔撰写《捐巨资兴学之可嘉》高度褒扬了当时为河南教育捐献巨资的二位开明人士,一位是为河北蚕桑学堂捐资一万两的温县人原邦用,另一位便是马青霞。他说,捐资助学在泰西各国司空见惯,捐额有达千数百万者,可在中国却极罕见。他批评说,中国的富家向来有一种痼习,宴会宾客、崇媚鬼神,耗资盈千累万毫不在乎,但如果让他捐资助学便百般不肯;有的因畏祸媚官,虽勉强捐助一点,但所捐金额还不及他一天浪费的多,这种不为国家着想和承担一点责任的富人,如同冷血动物一般。所以他最后说,在有着这种痼习的中国,又处在办学风气初开的幼稚时代,像原君、马女士这等富而不为守财奴、热心时务、慨捐救国的人,就显得特别难得和令人敬佩。该文发表在河南留日学生于日本东京创办的刊物《豫报》第一号上,随着《豫报》的发行,马青霞捐资兴学之事也在日本留学界传播开来。

捐助豫学堂是马青霞在哥哥的动员下首次参与的兴学活动,但却成为她融入时代的开端。从此,尉氏县刘家巨大的家产也按着主人的意志投向了与国运民生相关的近代教育和实业。

(三)游学日本,接受资产阶级新思想

在游学日本之前,马青霞还是顺从封建社会体制的,比如给其养子刘鼎元捐了官,很多捐资(比如对豫学堂、尉氏高等小学堂、华英女校的捐资)都用的是刘鼎元的名义。1907年初,马青霞随其兄长马吉樟到日本考察学务和实业。在日本,马青霞结识了孙中山、黄兴、宋教仁、张钟端等辛亥革命志士,接触到朱珍吾、唐群英、燕斌等主张女权的新女性。留日学生对清政府的憎恨和无限的家仇国恨,所具有的那种追求民主、崇尚自由的热情,点燃了马青霞那炙热的忧国忧民的心;反对清王朝专制制度的革命浪潮,像太平洋的海浪一样冲击着她的灵魂。身处于这样全新的环境中,想想自己在国内的遭遇,想想刘氏族人为了争夺霸占自己的财产而无所不用其极的丑恶嘴脸,马青霞突然醒悟了:刘氏家族的丑恶与社会的丑恶是连在一起的,刘氏家族就是封建族权制度的缩影,不推翻腐朽的清政府,自己家庭的安宁就永远不能实现!不是吗?每次刘氏族人无理取闹地欺负她,官府除了推诿,就是包庇。

国外见闻和国内现实形成了强烈的反差,马青霞思想逐渐发生了变化,接受了"天赋人权,自由平等"等西方思想,其慈善思想也由"家族主义一变而为社会主义"[①]。随后在日本加入了同盟会,与清政府决裂。回国后按照同盟会的指令,捐巨款、办杂志、办书社、办新式学堂、办慈善工厂、掩护革命同志、辛亥革命起义,把全部家产捐给国家,走上了一条新的慈善救国之路。

---

① 刘马青霞.豫人刘马青霞披露[N].自由报,1912-11-19(1).

(四)社会现实的需要

社会现实是慈善的动力。清末民初,社会动荡,战争、天灾不断,政府财力捉襟见肘,社会迫切需要民间慈善。欧风美雨的冲击,也使得中国传统慈善开始向近代慈善转变。与此同时,女性意识也逐渐觉醒,发展女子教育成为可能。

马青霞从一位封建家族的千金小姐成长为一名资产阶级民主主义志士,其间尽管历尽坎坷,但矢志不移,与匡救国难、开启民智的事业结下了终生不解的情缘。民国时期著名的报刊收藏家、新中国成立后任河南省文史委员会成员的冯雄(字翰飞)先生曾这样写道:"清末尉氏县富户刘青霞女士,留学东洋,接济孙、黄革命,经费不下巨万;留学界印《河南》杂志及《豫报》,经费年数千金,刘氏完全负责。"虽然冯氏这一段文字中的某些事实有需要考证之处,但它却真切地反映出人们对马青霞的一种普遍认识,即已把她与孙中山、黄兴等资产阶级革命志士联系在一起,把她视作自觉融入20世纪启蒙大潮并做出了无愧于那个时代的杰出贡献的人物之一。

五、马青霞热心公益慨捐救国的特征

马青霞热心社会公益慈善活动,慨捐救国的行为并非心血来潮的即兴之举,而是坚持不懈的长期活动。考察她的这些公益捐助行为,我们会发现有如下特征:

(一)中西结合的慈善理念

作为清末民初河南地区有名的慈善家,马青霞有一套比较完整的慈善理念,如以实业为基、养教并重等。

马青霞投身慈善事业并能持之以恒,是受一种慈善理念的支配。这种慈善理念是一种救世观念,即以"恩被于物""慈爱于人""老其老,慈其幼,长其孤"为主要内容的拯救世道人心的观念。这些观念主要体现在她的传统慈善中:设立寡妇院、养济院,捐助开封难民收容所等善举均体现了她对弱势人群的关注,体现了"恩被于物""慈爱于人"的救世观念;养老是义庄的一个功能,这体现了"老其老";义学则体现了"慈其幼"。

马青霞的慈善理念还受到了西方思想观念的影响,比如"自由平等,天赋人权"等就融入了她的慈善理念之中,使之注重对女性的人道主义关怀。

《披露》中说："青霞自游学以来,当与学界接洽,其有出类拔萃之士,甚至引为同志,欢若平生。"①其社会思想中,传统的男女性别界限已被摒除,她认为社会角色中的男女应当平等,如果不这样,只能"坐养两万万死人,社会活动无望也"。马青霞为此做出的努力之一就是使女性取得平等受教育权,具体到慈善活动上,就是创办和资助女子学校,如华英女校和中州女学等。女子教育以及后来创办的贫民工厂和女子工厂其实体现的就是慈善理念的转变,即由传统慈善的重养轻教向近代慈善的养教并重转变。实业是支撑女子教育等很多慈善活动的物质基础,有了实业的支撑,慈善活动才能持续,所以马青霞认为慈善义举要以实业为基。基于这种理念,马青霞在捐资慈善事业的同时,也努力经营自己的店铺,创办了多家实业工厂。

(二)坚强的理想信念支撑

马青霞以孀居女性的身份公开参与当时比较前卫的兴学办厂活动,为当时保守势力所不容。加之刘氏家族中原本就有一些人对刘青霞继承的巨额财产心生嫉妒,企图诈取,常借此滋事,制造谣言对其进行谩骂和诋毁。这类诽谤和攻击从她参与公益活动的起始就存在,但这始终未能削减马青霞的热情。

现存马青霞的文字材料很少,笔者见到的只有她为《自由报》所写祝词和《豫人刘马青霞披露》(以下简称《披露》)。《披露》是刘青霞针对族人的流言和攻击所做的辩驳,发表在民国元年(1912年)11月17日《自由报》上,其中追忆了她几十年间为族人和社会所做的善举,揭露了来自族内保守势力的欺诈和诋毁,道出了自己的愤懑和不平,同时也阐述了她的一些思想认识。这些思想认识是她投身于社会公益事业的精神支撑,可概括为三个方面。

1. 自由平等乃天赋人权,人人皆可享有

马青霞认为,新建民国应与西方各国一样,是个法治社会,人人皆受法律保护与制约,贵为总统者不能违法欺人,微贱如匹夫者也受法律保护。财产、营业、居住诸权皆为天赋人权,人人皆得享有。这些表述是对近代西方资产阶级启蒙时代人权、自由、平等思想的直接借鉴。由此可见,作为一名知识女性,马青霞的思想认识已达到了很高境界。

---

① 刘马青霞.豫人刘马青霞披露[N].自由报,1912-11-19(1).

2. 社会角色中的男女平等意识

《披露》中说:"青霞自游学以来,当与学界接洽,其有出类拔萃之士,甚至引为同志,欢若平生。"这表明在马青霞的思想意识中,传统的男女性别界限和定位已被摒除。当她在南京新置住宅,准备依靠那些热心任事、志同道合的同志组织、经营实业时,族内保守势力非常不满,蜚语频兴。对此青霞感到不解:男女共同办事,犯现行法律第几条?紧接着她愤慨道:"诚以男女之界限不除,坐养二万万死人,社会之活动无望也。"这实际上是在呼唤破除传统社会对女性社会角色的限定、给予女性参与社会活动的权利,拥有和男性同样的社会活动空间。

3. 投身社会公益事业是每个国民的天职

马青霞虽拥有巨额财产,却"淡衣粗食,自奉甚微"。凡遇公益之事,她却有求必应。对族中那些拥钱自奉还企图攫取他人财产的贪婪之徒非常鄙视,她说:"刘姓号称素封,驷马高车,声威赫濯,胡不能容一孀妇公益事业。一女子尚知稍尽义务,彼辈挥金如土,仅知膏粱文绣,何不肯于社会公益上捐出一文之钱?"面对族人不间断的财产纠缠和争讼,青霞"甚觉短气灰心",但"对于社会事业尚不忍放弃天职","宁节己襄助,未当做守财之奴"。

从上可以看出,马青霞在与保守落后势力抗争的过程中,始终没有动摇、退却,除了志同道合者对她的鼓励与支持外,更重要的是深藏于她心底的坚定而高尚的信念的支撑。

(三)丰富有效的运转机制

任何慈善活动都离不开充裕的资金。通过《披露》可知,马青霞可以支配的产业主要包括桐茂典、三四处小铺、50顷土地、贫民工厂和女子工艺厂,1912年前还有公茂典的分红以及南京的一些实业。马青霞"有盈无绌"的管理能力是慈善资金来源的保证。① 这些保证了她的慈善活动能够有效运转。

马青霞慈善活动机制有两个特征:

1. 内容形式多样化

马青霞的慈善活动既有传统慈善中的养老、赈灾、助学(义学、刘氏代用完全小学等),又有近代慈善范畴内的慈善教育、慈善实业。

---

① 刘马青霞.豫人刘马青霞披露[N].自由报,1912−11−19(1).

2. 运作机制长效化

传统慈善中的义庄、义学有土地收入做支撑,运作机制较为成熟。开办学校、资助教育和建立贫民工厂等养教并重的措施,使得慈善活动本身的运作机制长效化。

(四)马青霞慈善活动的进步与不足

鸦片战争后,中国逐步进入近代社会,中国的慈善事业亦开始由传统走向近代化。马青霞慈善活动的进步之处在于其顺应时代潮流,自觉地将自身所进行的传统慈善转向近代慈善,以此推动社会进步。近代慈善的一个突出特征是教养并重,这与中国传统慈善多是满足人一时之需,"授人以鱼"而不是"授人以渔"二者有很大区别。马青霞创立贫民工厂和女子工厂无疑是"授人以渔",建立贫民工厂和女子工厂相比赈灾来说,是一种更为积极的救济方式,可以从根本上解决贫民的贫穷问题。马青霞对慈善教育尤其是女子教育十分关注。传统慈善在教育方面主要是资助本族学生且限于男性,具有封闭性和不平等性;而近代慈善在教育方面则是走向了社区,不再区分熟人与陌生人,对女性亦开始关注,更具开放性、包容性和平等性。马青霞早期是设立义学,这属于传统慈善,后开展慈善教育,资助河南公立旅京豫学堂、中州公学,而且在使慈善教育跨出性别不平等方面可谓不遗余力,倾注了大量心血。在女子教育方面,马青霞认识很深刻,她在《披露》中认为"诚以男女之界限不除,做养两万万死人",因此其从日本归国后即筹备创建尉氏华英女校,还为中州女学捐款,担任北京女子法政学校校长,从河南到北京,不停地在努力。

马青霞的慈善活动在一定程度上推动了当地社会的进步和发展,但同时亦存在一些不足之处。首先,其慈善救助活动具有一定的地域局限性。从马青霞主要慈善活动一览表(见前文)中可以看出,其15项慈善活动中有14项在河南,河南公立旅京豫学堂虽在北京,但它属于河南学校的一部分,主要为河南人服务。这说明,其慈善活动有地缘色彩。从目前所掌握的资料看,除了给北京豫学堂、北京女子法政学校一些资助外,她的慈善捐助活动没有跳出河南。其次,资金筹集手段单一。马青霞的慈善活动主要是自己一个人来进行,她没有和其他大的慈善机构合作,资金来源也是仅仅依靠自己的产业。个人财力毕竟有限,且易造成地缘性慈善。

马青霞由一个生于长于封建官宦之家，后孀居且为一县之富首的封建女性，先而被动后而主动地转变为一个支持革命、关注教育尤其是女子教育、投身实业的颇具影响力的新时代女性。她一生致力于慈善活动，并且自觉顺应时代变化，由传统慈善转向近代慈善，进而关注天下苍生，追随孙中山救国救民。她的捐款救国行为不断受到刘氏家族干扰，可谓道路坎坷，但她始终信念坚定、矢志不移。她曾说："对于家族甚觉短气灰心，而对于社会事业尚不忍放弃天职。"马青霞的慨捐救国活动为其一生增添了光辉。

六、马青霞与刘氏家族的恩怨

马青霞的一生是辉煌的。她为革命、为民族做出了重要的贡献，实现了兼济天下的理想。但这些成就都是在不断地与刘氏族人的斗争中实现的，为此马青霞承担了太多的苦难，蒙受了许多冤屈，甚至她的儿子也无法理解她的作为和理想，最后与她脱离母子关系，离她而去。所以，马青霞的家庭是不幸的。

（一）双方产生矛盾的原因

光绪二十年（1894 年），17 岁（虚岁 18）的马青霞嫁给河南尉氏县豪门中州首富刘耀德。二人婚后生活幸福，马青霞深得丈夫刘耀德和婆母杨氏的喜爱。马青霞婚后没有生育，她的丈夫却没有纳妾，足见马青霞在这个家庭中的地位是很高的。不幸的是，马青霞婚后的第七个年头，丈夫刘耀德背上生了一个大大的恶疮，经多方医治无效，光绪二十七年（1901 年），刘耀德病逝，年仅 26 岁。马青霞 24 岁，青年寡居，成为遗孀。青霞陷入了极为痛苦的境地。

刘耀德在世时，他的家庭与其他刘氏家族的关系尚好，各自经营自己的生意，各自过各自的日子，没什么矛盾。因为有丈夫出面，那时的青霞不参与家族事务，故与刘氏家族谈不上有什么矛盾，日子过得平静而幸福。但这种平静的日子在刘耀德死后，就被打破了。马青霞与刘氏家族围绕刘耀德身后留下的巨额家产开始了无休无止的争讼，双方的矛盾日积月累，无法调和。河南大学教授李玉洁认为，刘氏族人对刘耀德遗产的觊觎垂涎是双方矛盾的根源。

马青霞的丈夫刘耀德，是刘家第十二代。刘家在尉氏人称"刘半县"，富比王侯,是河南首富。刘家共分五门,刘耀德一门数代单传,因此他一人就占了刘氏家族五分之一的财产。由于刘耀德经营有方,其开设的店铺遍布全国各地,行业涉及钱庄、当铺、米行、布行等,开封、北京、南京等地尤为集中,刘家人号称:南京到北京,不住别家店,不饮别家水。可见其产业是十分庞大的。刘耀德去世后,这笔庞大的家产由谁来继承,成了一个很令人头疼的问题。按照当地传统,刘耀德死后,家产应有其儿子继承。但刘耀德没有儿子,应当从其同辈族人中过继一个男孩,继承家产。与刘耀德同辈的本家族兄弟有四个,这四家争着要把自己的儿子过继给刘耀德,继承其财产。但马青霞和婆婆不想使自家辛辛苦苦挣下的产业落入他人之手,因为马青霞和婆婆很看不惯这四家平日里为富不仁、挥霍浪费、吸食鸦片的恶习,家产落入他们手里,恐怕要不了多长时间就会被败光。婆媳二人经过商量,决定抱养一个男孩,将来继承家产。事情也凑巧,恰巧这时刘耀德的同胞姐姐已怀孕七个多月。婆媳二人决定利用这个机会,作一篇大文章。主意打定之后,马青霞对外诈称有遗子在腹,去开封分娩,在开封住了半年时间,抱养刘耀德姐夫雷培珠之子,起名鼎元,称作己生,返回尉氏。其实,事情比原先预想的还顺利,刘耀德的姐姐在两个月后产下一对双胞胎男孩,这样刘家和雷家各一个,马青霞抱走了一个,对外称是自己亲生儿子。但刘氏族人却不信,议论纷纷,扬言刘鼎元非刘耀德亲生,无权继承刘家财产,并攻击青霞"不守妇道",将其视为仇人,对青霞恨之入骨,常年争讼不休。双方因此结怨。

后来,马青霞出于泛爱乐善、兼济天下和救国救民的胸怀,捐出大量金钱办慈善事业,兴办女学和新式教育,捐助革命和国家建设,都使得狭隘的贪图刘耀德遗产的刘氏宗族难以理解而又十分愤慨,他们认为:刘耀德遗产就是整个刘氏家族的财产,马青霞此举是在败光刘氏祖产,与其捐给外人,还不如给他们挥霍掉。马青霞每捐一次款,刘氏族人的心都滴血一次,他们对马青霞进行了恶毒的攻击。

面对刘氏族人的无理取闹,马青霞起初以忍为上,不愿与族人计较,希望通过适当的让步,甚至吃点亏,来息事宁人,这与她幼时的家庭熏陶和开阔的胸怀有关。但在刘氏宗族之中,有许多人怀着侵吞马青霞财产的目的。马青霞抱养了丈夫刘耀德胞姐的儿子为己子,使刘氏族人绝了吞并耀德财产之望,但他们又不甘心,苦于抓不到证据,只能将愤怒压在心里,伺机反攻。马青霞为了改善与刘氏族人的关系,争取社会舆论的同情和支持,就用自己的钱财在故里大桥乡修建刘氏祠堂,办义学,建寡妇院,赈济灾荒等,把财产投向了家族和社会的慈善事业。青霞此举博得了社会公众的广泛赞誉,但始终未能得到刘氏族人的理解。通常的情况是,当青霞为刘氏族人办了一件好事,使刘氏族人从中获得益处的时候,刘氏族人对青霞的欺负就稍微减弱一点;过一段时间,刘氏族人的贪心再起,就会再对青霞发难。因为刘氏族人的最终目标是要侵吞霸占青霞的全部家产。

所以,刘氏族人与马青霞的不满主要是因财产而起,双方多次对簿公堂,成为当地官府一件令人头疼的官司。双方的纠纷在清政府覆亡之后,变得愈加激烈。刘氏族人原来多是纨绔子弟,赚钱无术,挥霍有方,一直非常眼红刘耀德的庞大财产。清朝灭亡后,那些在外当官的刘氏族人被逐回家乡,一下子成了无官无权的人,收入锐减,他们的心里是极其郁闷的,对新成立的民国十分怨恨,时常怀念清朝给他们的好处。当马青霞把大批财产捐给革命和慈善事业时,这些人的新仇旧恨、家仇国怨就一下子爆发了,他们和其他在家务农的刘家族人联合在一起,看到青霞孤儿寡母,为了霸占刘耀德的遗产,无所不用其极,采用各种卑鄙手段,劈头盖脸地向青霞砸来。

(二)刘氏族人对马青霞的攻击①

1.叫嚣谩骂、无理取闹

刘氏族人对马青霞恨之入骨,他们觊觎她手中掌握的财产。于是,他们"今日诈讹,明日狡赖"。"见青霞上有一息之微,必欲置之死地而后已。豺狼无厌,握爪张拳,在家则令彼家泼妇喧嚷叫嚣,无理取闹;在外则造谣生谤,甚至串通商会,妄图取销成案。"②

刘氏族人为了财产甚至欲置马青霞于死地。

2.造谣生谤

中国对女子的攻击和诽谤,最有效的撒手锏就是攻击这个女人不守妇道,刘氏族人就以此对马青霞进行了攻击。马青霞在她经营的商业活动、从

---

① 李玉洁.辛亥女革命家刘马青霞评传[M].北京:科学出版社,2012:199-200.
② 刘马青霞.豫人刘马青霞披露[N].自由报,1917-11-17.

事的慈善公益事业和革命活动中,都不可避免地需要与男子打交道,于是刘氏族人趁机造谣生谤,编排马青霞的风流韵事和桃色绯闻,以此来败坏其声誉。如马青霞所云:"青霞处兹悲境,对于家族甚觉短气灰心,而对于社会事业尚不忍放弃天职。南京新置住宅一所,预备组织实业,移治家之精神,以经营之。然兹事体大,又不得不求社会上热心任事志同道合之人,而蜚语频兴。"①当然这种攻击也是最恶劣的手段。

3. 强占财产

在中国农村,由于封建社会的长期统治,根本无法律可言,强者凌弱,特别是欺侮孤儿寡母或者无儿无女的老人是司空见惯之事。自从丈夫刘耀德死后,刘氏宗族一方面觊觎青霞财产,另一方面更欺侮马青霞母弱子幼,对刘耀德的财产进行霸占。刘耀德在尉氏的土地,被族人霸种。马青霞"应分地二百顷,俱被族人霸种久假不归",青霞不得已又置 50 顷地,以为必须之用,如办学堂、办实业、办贫民工厂等项活动。随着时间的流逝,青霞不仅勤俭持家、勤奋努力,而且她的经营才能日益凸显,所经营的产业井然有序、"有盈无绌",而其刘氏族人却富家习气甚深,骄奢淫逸成性,不务正业,以致到了年年亏损、无法经营的地步。他们时刻不忘侵夺马青霞的财产。尽管马青霞屡屡退让,但他们却步步紧逼,"今日诈讹,明日狡赖",更使马青霞恼怒的是需将原可以投入社会各项事业的有用之金钱,而去满足刘氏族人的骄奢淫逸之欲望。

在刘氏族人的侮辱、谩骂和霸权面前,马青霞一开始采取忍让策略,但刘氏族人并未因此而怜悯她,反而变本加厉,这激起了青霞的强烈不满。尤其是马青霞 1907 年游学日本,加入同盟会,接触西方民主共和思想,使她的思维、视野和胸襟发生了很大的变化,看问题的角度更加开阔,立意更加高远。她认识到,自己在刘氏家族中受到的不公与整个封建专制密切相关,自己与刘氏家族之争就是与封建制度抗争,要想赢得胜利,就必须改变策略,"退让主义,一变而为竞争主义;家族主义,一变而为社会主义"。当然,青霞在此所说的"社会主义"并不是我们今天所理解的社会主义,而是要跳出封建家庭的藩篱,积极投身于社会公益事业,为国家、民族多做有益之事,实现

---

① 刘马青霞.豫人刘马青霞披露[N].自由报,1917-11-17.

救国救民、兼济天下的理想。从那以后，马青霞在继续捐资社会慈善、办新式教育和资助革命的同时，勇敢地与刘氏族人展开了维护自己合法权益的斗争。

（三）双方诉讼

马青霞对刘氏族人的无理取闹一般是采取忍让的态度，如在刘耀德去世之初，马青霞与婆婆一起用四万两银子修建了刘氏祠堂、刘氏义学，后来又办了刘氏义庄，以此报答族人。

但刘氏族人并不满足，原属刘氏宗族的钱庄——公茂典，有马青霞的股份。刘耀德死后，公茂典被刘氏族人控制，其经营活动几乎不与青霞商议。刘氏族人大多过惯了骄奢淫逸、挥金如土的日子，不愿意花费心思去经营店铺，只知道从公茂典钱庄中支取金钱，最终使公茂典亏损50多万两银子。马青霞目睹此景，认为长此以往，以后的亏损便会像无底洞一样，永无尽头，随即决定不再与这些人合作。为了彻底摆脱公茂典，马青霞自愿将7万串铜钱的基本金和房物等全数让出，又从自己的桐茂典私产中拿出银子18.5万两填补公茂典的亏空。为防止刘氏族人反悔，马青霞当着刘氏族亲的面立下字据，并在尉氏县劝业道两处立案，声明以后无论公茂典亏盈，概与自己无关。这实际上相当于经官方公正，所立字据是双方真实意思的表达，具有法律效力，任何一方不得反悔，说明青霞急于彻底摆脱刘氏族人的纠缠而做出巨大让步。

但刘氏族人并不领情，他们觊觎的是马青霞的全部财产。族人中有一个名叫刘宪德的人，竟然要马青霞赔付他家因经营不善而导致的亏损，被马青霞断然拒绝。刘宪德居然不知羞耻地把马青霞告上了法庭，要求用马青霞的财产抵补他的亏损。所幸，官府并没有支持刘宪德的诉讼请求。民国六年（1917年）三月二十七日《大梁日报》发表了关于此案判决结果的报道——《刘氏讼案志闻》，云：

> 尉氏刘宪德为汴京著名富户，开设之各典库赔累甚巨，互相推诿。迭经法厅判断，双方各执，互相推诿，以迄上诉大理院批令发还更审、刘宪德复要求高等厅将刘马氏之财产抵补。日昨批令，此案为大理院发还案件，以该院为标准，须俟刘马氏到案，始能决定。

刘马氏个人财产有完全占有权,非他人所能干涉。请求扣押无此办法,未便准如所请云。

这一报道说明是马青霞胜诉,但也表现出刘宪德的无理取闹和蛮横霸道。刘宪德作为"汴京著名富户",并非穷苦之人,其店铺亏损实乃"互相推诿"所致,与马青霞无任何关系,但他却要青霞承担亏欠,"要求高等厅将刘马氏之财产抵补",只能说明刘宪德恃强凌弱,欺侮马青霞孤儿寡母,霸占人家全部财产的卑劣行径,着实令人愤怒。这种无理要求,就连民国政府也看不下去了,判其败诉,也算公正公平,苍天开眼,平息人神共愤之怨。

刘氏族人不得到马青霞的财产是不会善罢甘休的,他们看到单纯以财产纠纷为由打官司,扳不倒马青霞,便打起政治牌,希望从政治上打倒马青霞。如前文所述,1912 年 12 月张钟端在河南开封发动辛亥起义失败后,刘氏族人便向官府告密,状告马青霞参与起义,企图与革命党人一起,推翻清政府,把青霞投入监狱,欲置之死地而后快。1913 年,马青霞到南京拜访孙中山,当时孙中山被袁世凯委任为全国铁路总督办,正在筹款修筑铁路。马青霞要求把所有财产捐给国家修建铁路,但因南北分裂,孙中山逃亡日本,此次捐助没有成功。刘氏族人又从政治上陷害青霞,趁北洋政府与孙中山的国民党矛盾纷争之际,状告马青霞私通国民党,企图再次把马青霞投入监狱,置于死地。这两次案件,暴露了刘氏族人为了争夺马青霞的财产,已经到了疯狂的地步。庆幸的是,马青霞在其二哥马吉樟的营救下,均化险为夷。

马青霞躲过了刘氏族人的一次又一次暗算,躲过了刘氏家族的一支又一支冷箭,但刘氏族人并未因此而放过她。不久,另一场更大的、更致命的灾难向马青霞排山倒海地压过来。这就是后文要讲的,刘氏族人成功地离间了马青霞和刘鼎元的母子关系,摧毁了马青霞赖以生存的支柱和希望,从感情上彻底击垮了不屈的辛亥女杰。

(四)《告四万万男女同胞书》

马青霞屡遭刘氏族人暗算,数次入狱,双方矛盾犹如火山爆发。在刘氏族人的步步紧逼下,马青霞气愤至极,1912 年(民国六年)11 月 19 日,她在《自由报》上发表了《告四万万男女同胞书》(原题目为《豫人刘马青霞披露》)。《披露》中简单回顾了自己嫁入刘家后的经历,愤怒声讨刘氏族人为了霸占其家产而寡廉鲜耻地采用各种手段,对自己孤儿寡母进行丧心病狂的侮辱、陷害和中伤。这篇文章是人们了解马青霞如何从一个家族慈善者变为社会慈善家和坚定的革命者不可多得的宝贵材料,从中可以了解马青霞的心路历程变化,也是研究马青霞重要的文献史料。在此全文刊载如下:

四万万男女同胞公鉴:今日之中国所谓法治国乎?法制云者人人受治于法律之中,虽以总统之尊,不敢违法以欺人;虽以匹夫匹妇之微,亦罔不得法律之保障。固有满清政府时代,强凌弱,暴凌寡,不可同日而语也。青霞何福托革命诸先烈之赐得以法治,国民自惟哀怜无告之人,从此生存于光天化日之下,永无冤抑不平之气。孰料积重难返,慢慢长夜黑暗如恒,孤苦伶仃,频遭蹂躏。举所谓财产自由,营业自由,居住自由,无不剥夺殆尽。河南风气闭塞,即无独立之审检,又乏辩护之律师,寡妇孤儿呼吁无路。继思共和初建,国会来开,法律虽未完全,是非讵无公论,况总统、总理以及河南都督均属豫人,其余为豫人者无论在何方面,当无强权之可言。以故青霞昔日所唾面自干者,今亦不忍安于默默,新仇旧恨,请为我男女同胞涕泣述之。

青霞自十八岁嫁于尉氏县刘家;越七年而夫亡。遗子一,桐茂典一,小铺三四处。公茂典资本金十五万串,与桐茂同,青霞与族人各半。刘姓五门,共有地千顷,青霞占五门之一,应分地二百顷,俱被族人霸种,久假不归,得业者准私置之五十顷耳。夫亡以后,母子二人相依为命,综理家务,寝食不遑。桐茂典及小铺三四处,既归青霞独立管理,执事者二三百人听指挥焉。公茂典则归族人管理,青霞坐分红利而已。

既自夫亡至今十年中,凡属青霞所管理者皆有盈无绌,宁非节衣缩食、劳神焦思之所致,而可以侥幸求之乎?青霞上无伯叔,下鲜兄弟,使稍有不慎荡尽无余久矣。然而青霞兢兢业业于综理家务,经营商业之外,益复手造住宅一所,费银八万金;独修刘氏祠堂一所,费银四万金;附设义学一处,捐地十五顷,其对于家族者如此。

北京豫学堂,捐银三万两;尉氏县高等学堂,捐银三千两;孤贫院,捐地一顷零三十亩;桥工捐银七千两;省城女学堂,捐银三千两。丁未游学东瀛,创办《河南》杂志,捐洋一万六千元;女杂志(即《中国新女界》杂志——编者)捐洋六千六百元。归国后,在尉氏县自办女学校四年,约费银一万数千两。去冬,省城运动起义,捐银一千六百两,满拟竭力多捐,屡因失败而止。今年,省城办《自由报》,捐洋两千元。其余如赈捐工厂、报社等等,或捐一千、八百元,或捐三百、五百元,不胜枚举。总之,凡属公益善举,宁节己襄助,未当作守财之奴,此又对于社会者如此。青霞一妇人耳,屈指平日碌碌劳劳,淡食粗衣,自奉甚微,而对于家族、对于社会自觉可以告无罪矣。

奈何专制家庭中之数十恶魔咄咄逼人,不惜以怨报德,匹妇何罪?言之痛心。族人染富家习气甚深,骄奢淫逸几成第二性,或捐州县府道,或娶美妾骄(娇)妻,历在公茂典中滥用滥支,至去年竟被彼等支用五十余万两。青霞睹此情形深恐众寡强弱之不敌。于是忍痛让产,自愿将七万余串之基本金并房物一切全数让出,永与公茂断绝关系。族人哀鸣嗷嗷,要求不已。青霞又在桐茂典私积项下拨银十八万五千两,捐助公茂,乃凭族亲,一面书立字据,一面在尉氏县劝业道两处立案,声明以后无论公茂亏赢,概与青霞无涉。应得一半之大宗典当,不但本利付之乌有,凡断送私产十八万五千,似此亏上加亏,始换得此无聊之证据,脱非族人滥支五十余万两何以至此!谚云:"欠债者还钱。"彼辈阡陌亘连,非无赔偿之代价,祗因满清末造公理混淆,可怜怀璧自危,遂至桃僵李代,斯真忍人之所不能忍。而以有用之金钱,填彼无益之欲壑,亦青霞所饮恨无穷者也。

民国成立以后,族人候补外省者纷纷被逐回籍,挥霍习惯,囊底钱空。见青霞尚有一息之微,必欲置之死地而后已。豺狼无厌,握爪张拳,在家则令彼家泼妇喧嚷叫嚣,无理取闹;在外则造谣生谤,甚至串通商会,妄图取消成案。殊不知前清契约罔不继续有效,岂青霞独属化外之民?悲夫!悲夫!不自由毋宁死!有家不能归,是丧却居住之自由也。流离奔走,主持商会者无人,是丧却营业之自由也。今日诈讹,明日狡赖,是丧却财产之自由也。

青霞处兹悲境,对于家族甚觉短气灰心,而对于社会事业尚不忍放弃天职。南京新置住宅一所,预备组织实业,移治家之精神,以经营之。然兹事体大,又不得不求社会上热心任事、志同道合之人,而蜚语频兴。一似男女共同办事,即犯现行律第几条者?吾见彼家妇女多矣,涂脂抹粉,金屋藏娇,表面不见一人,学界不通名刺,究之日与仆役接近,恐有不可告人者。

青霞自游学以来,当与学界接洽,其有出类拔萃之士,甚至引为同志,欢若平生,诚以男女界限不除,坐养二万万死人,社会之活动无望也。窥族人造谣之意,不过欲青霞畏嫌引避,不散一钱,不办一事,蓄积多金以供彼无厌之要求而已。

青霞岂漫无知识者,天赋人权,自由平等,共和肇建,应变方针。退让主义,一变而为竞争主义;家族主义,一变而为社会主义。青霞与族人固绝无财产上之**镠辖**,可以断言:我不能欺人,人亦不能欺我。彼如悔过,自可维持和平;若怙恶不悛,堂堂民国,应许延律师以对付之。但青霞所不能已于言者,刘姓号称素封。"驷马高车",声威赫濯,胡不能容一孀妇公益事业?一女子尚知稍尽义务,彼辈挥金如土,仅知膏粱文绣,何不肯于社会公益上捐出一文之钱,而惟以欺人孤儿寡母为事?自问能无颜汗,良心不必汝容。须知中华民国与前清大有区别,弱之肉未必即为强之食也。

青霞劳苦一生得此恶果,愁肠百结,聊作不平之鸣,略叙生平,非敢自扬其德,握毫濡墨,泣不成声,曲直是非究竟安在?深望我四万万同胞共讨论之。

马青霞在这些悲诉中,揭露了刘氏族人"挥金如土,仅知膏粱文绣,何不肯于社会家公益上捐出一文之钱,而惟以欺人孤儿寡母为事"的卑劣行为。他们造谣之目的也不过是要青霞把大量的金钱拿给他们,以供他们贪得无厌之享受,还如青霞所说:"窥族人造谣之意,不过欲青霞畏嫌引避,不散一钱,不办一事,蓄积多金以供彼无厌之要求而已。"同时,我们也可以看到青霞不屈的性格和一颗对社会、对民族的强烈的责任心。马青霞在《告四万万男女同胞书》中呼唤着居住之自由、营业之自由、维护财产之自由,但是青霞得到的却是"悲夫!悲夫!不自由毋宁死"。这表现了民国初年的封建余孽是多么残酷凶狂,给马青霞造成了多大的无奈和痛苦。

(五)母子关系恶化

马青霞是一个在封建官宦家庭中长大的女性,她的身上深深地打上了封建家庭的烙印。虽然自参加同盟会后,她把大量精力和财富用在支持革命事业方面,但是儿子在她心中的地位却是举足轻重的。刘氏家族为抢夺青霞财产,百法用尽仍无法达到目的,之后他们便使出了最阴毒的一招,挑拨刘鼎元与马青霞的关系,制造各种谣言,使刘鼎元终于屈服压力,到法院声明与马青霞脱离母子关系,这对于马青霞的打击是致命的。

1. 母子相依为命

光绪二十七年(1901年),马青霞的丈夫刘耀德不幸离世,马青霞诈称有遗腹子,抱养了丈夫刘耀德胞姐的儿子,取名刘鼎元(生于1902年)。

马青霞出身于名门望族,在她身上保留着中国女性传统的意识和美德。丈夫刘耀德死后,她与儿子相依为命,对刘鼎元视如己出,当成自己的生命和精神寄托,如马青霞所说:"夫亡之后,母子二人相依为命。"

马青霞在刘鼎元身上倾注了大量的心血,寄托了极大的希望。他希望儿子能尽快长大成人,继承巨额财产,撑起丈夫刘耀德留下的一片天,减轻她的生存压力。为了给儿子刘鼎元一个良好的教育环境和社会平台,增加其社会阅历和开阔视野,马青霞无论是到日本游学、考察学务和实业,还是到南京拜访孙中山去北京参加各种社会活动等,都带着自己的儿子。她捐重金参与创办的北京豫学堂、北京女子法政学校、华英女校、尉氏新学堂,均以儿子刘鼎元的名义捐助。甚至早年还花钱为儿子捐了一个清政府的小官(吏部候选主事,无实缺)。

到了刘鼎元该上学的年龄,马青霞把儿子送入当时最先进的新式学校——华英女校读书,这是一件比较有意思的事情。刘鼎元是男孩,但当时尉氏没有专门的男子学校和其他新式学校,马青霞不愿让刘鼎元读落后腐朽的私塾,只有把儿子送入华英女校。这时的刘鼎元既是华英女校的一名在读学生,又是华英女校的校长(前文已经说过,华英女校是马青霞以儿子刘鼎元的名义捐建的)。类似的情况还有北京豫学堂、北京女子法政学校等,校长的名字都是刘鼎元。

除了在正规学校学习外,马青霞还利用一切机会,聘请受过海外高等教育的人才为刘鼎元传授先进知识,如聘请张钟端等留日归国人员为刘鼎元的临时家教老师,希望儿子刘鼎元能够接受西方先进思想,成为学贯中西的博学之士。

这些事情,一则说明了马青霞的思想中还有非常传统的一面,诸如官宦为大、男尊女卑、"男主外,女主内"等意识;二则说明刘鼎元在马青霞心中的地位是极其重要的,是她生命中不可分割的一部分,寄托了马青霞未来的全部希望。

从马青霞对刘鼎元的养育和关怀,我们可以感受到一个母亲对儿子的慈爱之心。确实,在刘鼎元年幼时期,尽管马青霞打理生意和从事革命事业十分忙碌,但从未离开过刘鼎元,一直把刘鼎元带在身边,寸步不离,母子二人相依为命的岁月是幸福的,也是充实的。这种幸福大大地冲淡了刘氏族人无理取闹的烦恼,为青霞忙碌而苦恼的生活增添了许多人伦乐趣,使青霞在残酷的社会现实之外感受到了家庭的温暖和温馨。儿子刘鼎元就像沙漠中的一片绿洲,给了青霞无限的生机和希望,她幻想长大后的儿子可以给她一个有力的肩膀,撑起这片乌云阴暗的天空,让她喘口气,呼吸一下自由清新的空气。

仁慈的读者都会认为,作为一个备受欺凌的封建社会的孤苦寡媳,心地善良,热心公益,这点善良的愿望一点也不过分,我们也乐意祝福她。问题是,刘氏家族会放过马青霞吗?不久,刘氏族人给了善良的读者们一记响亮的耳光。

2.母子对簿公堂,脱离关系

刘马青霞苦巴巴盼着儿子刘鼎元长大。一般认为,男子一结婚,便意味着长大成人了,可以独当一面了。1920年,刘鼎元结婚了。让人想不到的是,刘鼎元结婚以后,与母亲马青霞的关系迅速恶化。这是一个令马青霞十分崩溃的结果。

据河南大学李玉洁教授考证,母子关系恶化的原因有两个[①]:

首先,是刘氏族人为了霸占马青霞名下的巨额财产,对青霞母子挑拨离间。刘氏族人对刘耀德留下的偌大财产垂涎三尺,都想把自己的儿子过继给马青霞,继承这份大家业,所以对马青霞抱养的刘鼎元耿耿于怀。在马青霞抱养刘元鼎之初,刘氏族人就议论纷纷,怀疑刘元鼎根本不是刘耀德的儿子,不能继承刘耀德的遗产,但苦于找不到证据,只能从长计议。刘氏族人虎视眈眈地注视着马青霞母子的行踪和关系的变化。

当刘元鼎结婚以后,马青霞与儿媳的关系非常不睦。儿媳是安阳常秀山(1922年,常秀山在冯玉祥主政河南时曾任政务厅厅长)之女,在当时也是非常显赫的门第。马青霞与儿媳的关系为什么不和睦,我们不得而知。李玉洁教授曾经访问过刘鼎元生母的孙女雷振坤女士。孙女士说她的伯母(指刘鼎元的妻子)也是大户人家的闺女,不能忍受马青霞的封建礼教,如每天要向婆母问安等。李玉洁认为,马青霞是一个革命党人,是革封建礼教之命的革命志士,她应该不会要求儿媳对她行三从四德的礼教。

不管怎样,马青霞与儿媳的关系非常紧张。更令人不解的是,儿媳的娘家和刘鼎元生母家(雷家)后来都加入了反对马青霞的行列。据刘元鼎生父雷培珠之长孙雷天声先生回忆说:"刘青霞母子和婆媳(之间皆有很深的)矛盾,我祖母不和她说话。"

李玉洁教授认为,马青霞与儿媳、儿媳娘家、雷家关系的恶化,与刘氏宗族的造谣有关。在旧社会中,败坏女人,大概最恶毒的莫过于攻击女人的作风了。由于马青霞从事革命,掩护革命同志,经常与男同志有些联系,刘氏宗族就散布流言蜚语,攻击青霞作风不正。马青霞要创办组织实业,进行治理经营,不得不求助于社会上热心任事、志同道合之人。马青霞热心地参加社会活动,参加革命,当然免不了与男子接触;于是"蜚语频兴",对马青霞进行恶毒攻击与谩骂。

刘氏宗族对马青霞不遗余力地以巨款支持反对清王朝的革命事业恨之入骨,为达到霸占财产之目的肆意对马青霞进行造谣污蔑,想以此逼迫青霞就范,不再把钱财和资产投向革命。刘氏宗族的恶毒污蔑,成为青霞与儿

媳、儿媳的娘家、雷家关系恶化的重要原因。

其次，是儿子、儿媳无法理解马青霞捐助国家的高尚行为。李玉洁认为，马青霞对辛亥革命捐助巨款，无私支持，甚至把全部财产都捐给国家的"天下为公"的情怀，表明马青霞对辛亥革命事业和理想的追求。但是这些未必能够得到儿子、儿媳的理解。这些应该是马青霞母子关系恶化的重要原因。

笔者认为，李玉洁教授的分析十分到位。导致马青霞母子关系恶化以及马青霞与周围人员关系的恶化的根本原因，在于各方对马青霞财产的觊觎。各方都想从马青霞那里争取更多的财产，而马青霞大量向外捐赠财产是各方所不愿看到的。只有阻止马青霞的捐赠行为，才能保住这块大蛋糕不至于严重缩水。因此在共同的利益和目标面前，各方就很容易达成共识，反对马青霞就成为各方必然的选择。另外，刘氏族人的造谣生事、挑拨离间则是不可忽视的重要原因，是矛盾的爆发原点，起了推波助澜的作用，使这场纷争变得更加激烈。

当马青霞母子关系紧张之时，刘氏族人十分高兴。他们趁机挑拨马青霞母子的关系，种种恶毒语言可想而知。他们攻击马青霞：为了自己风光，把财产败完，根本不打算给你刘鼎元留下什么，你又何必对她尽孝呢，等等。

正如刘鼎元自己所说："此时，刘家祖人抢产、分产之争更甚，刘鼎元受任挑拨，到法院声明是义子，并脱离关系。"在族人的恶毒挑拨下，刘鼎元终于屈服于压力，提出自己是养子，要求与马青霞脱离母子关系。

1921 年 5 月，《新中州报》报道：

> 已故刘耀德之妻马青霞与义子刘鼎元纠葛一案，现经中人龙君等调处离异分居；各自度日。由该氏酌给洧川县南席镇田地五顷，又开封双龙巷住房一所，现洋一千元。同中立据，签押分执，不得再生枝节。昨日双方均已呈请省署备之。

马青霞曾经与儿子相依为命，为了儿子付出了全部心血，把儿子当作自己的生命支柱，而如今辛苦养大的儿子竟然到法院声明与自己脱离关系，马青霞心中的痛苦和所受的打击可想而知。

回想起这些年与刘氏家族的恩怨纷争、国家局势的动荡不安、追随革命的艰辛，现如今国家并没有一点变化，老百姓的日子依旧凄苦，她和孙中山先生所致力追求的自由、平等的民主共和国仍然没有建立，马青霞感到很迷茫。最终，养子刘鼎元又在刘氏族人的挑唆下离自己而去，马青霞感到心力交瘁、感到自己成了真正的孤家寡人。马青霞病倒了。

1921 年 8 月，马青霞在二哥马吉樟的安排下住进了北京协和医院。在马青霞住院期间，各界人士纷纷前来看望，其中就包括中国共产党的主要创始人之一李大钊，女杰感到了巨大的温暖。而就在一个月前，中国共产党刚刚在上海成立。

1922 年 7 月，冯玉祥任河南督军时，马青霞将数百万家产捐献给国家，了却了她的心愿。就在马青霞办完捐资手续返家途中，她看到开封难民所的孩子们衣服褴褛，心如刀绞，立即拿出二千元，为小孩购买衣服。1922 年 7 月 9 日的《新中州报》对此事做了报道：

（开封难民所）所内留养妇孺五十余名，衣袴亦多破烂，除该所自行购备各衫袴外，有桐茂典东刘青霞捐洋二千元，托赵惜时为所内小孩购备衣袴四十正件，分给服用（赵惜时，开封难民收养所的所长）。

尽管马青霞心力交瘁，但她心中仍装着那些衣不遮体、孤弱无靠的妇孺幼儿，尽其所能地把温暖送给他们。

半年后，一代女杰马青霞在安阳马氏庄园去世。

七、青霞之殇

马青霞生前坎坷，死后入葬亦一波三折，令人唏嘘。

（一）魂归故里

民国十二年（1923 年）初，马青霞从开封乘车北上，回到安阳蒋村这个生她养她的地方。

熟悉的道路，不一样的心情。马青霞走在家乡的路上，回想起 29 年前的那一天，回想起 29 年来走过的路，心里充满了无限的酸楚。人啊，活着到底为什么？到底怎样活才算无悔？这世间为什么会有那么多的争斗？为什么有些人活得那么高尚？为什么有些人活得那么卑微？为什么有些人活得那么坦荡？为什么有些人活得那么阴暗？青霞走一路，想一路，似乎要把自己过去29年走过的漫长旅途浓缩在这条回娘家的短短之路上。对马青霞来说，这是一条痛苦之路。

29年前，她坐着华丽轩敞的马车，在花团锦簇的礼队簇拥下嫁到尉氏，豪华漫长的迎亲和送亲队伍，浩浩荡荡蔓延数里，可谓风光无限。在普通老百姓的眼里，婚礼如此铺展，也没有不可之处。结婚的双方，女方是大清头品顶戴马丕瑶的掌上明珠，男方是富甲中原的刘半县，婚礼当然要惊天动地。结婚后，她享受着丈夫和婆婆的疼爱，过着少夫人和阔太太的日子，从来不发愁什么，日子平安幸福。不幸的是，7年后，心爱的丈夫突然离世，令她猝不及防。丈夫死后，留下偌大的财产无人继承。为了守住家产，与刘氏家族抗争，她抱养了一个儿子。她与儿子相依为命，希望把儿子培养成人，继承庞大的家业，她也能过上平常人的安稳日子。但她没有想到，丈夫留下的偌大的财产非但没有给她带来幸福，反而成为刘氏族人争夺的目标。为争夺她的财产，刘氏族人不择手段，巧取豪夺、明争暗抢，甚至污蔑谩骂、造谣诽谤，无所不用其极，最终逼迫、唆使她唯一的儿子与她断绝母子关系……想到这一切，青霞心里感到一阵无比揪心的难过，刘氏族人的贪婪、无耻，儿子的绝情离去，使马青霞彻底看清了她身处的这个世道：只要她手中掌握着巨额财产，刘氏族人就绝不会善罢甘休！她就绝不会过上安宁日子！刘氏族人为了钱夺走了她的一切，她决不把一分财产留给他们！金钱在恶人的手里只能成为作恶的工具，恶人会利用手中的金钱更多地去祸害社会！她马青霞的财产是自己和丈夫辛辛苦苦赚来的，她乐意用手中的财富去救济天下的受苦人，去办学，去资助革命。钱花在这些地方，她觉得值，心里踏实，觉得自己活得充实，活得高尚！人不能光想着自己，更不能为了一己之利，恃强凌弱，欺压良善，践踏公理！这时，她特别怀念孙中山先生，先生为了中国的自由、民主和富强，四处奔波，但军阀们好像容不下他，好长时间没有他的消息了，也不知道现在中山先生身在何处？这几年中国太乱了，军阀们整天你打我杀，分不清好人和坏人！世道不稳，自己想报国，但报国无门啊！只有捐资办学校、捐助难民还比较保险，投资其他行业，说不定什么时候就招来牢狱之灾,甚至杀身之祸!革命现在处于低潮,啥也干不成,真叫人憋屈!

其实,马青霞不知道,孙中山先生一直在为推翻北洋军阀把持的北京政府、维护《中华民国临时约法》、建立真正的民主共和国而在南方艰苦奋斗!

马青霞一直是追随孙中山先生的。就在宋教仁被刺身亡,孙、袁关系破裂之后,孙中山在南方发动二次革命,马青霞曾经带着巨款,想南下继续追随孙中山,但走到半路,被河南督军派军警截回,强行送回尉氏老家。但马青霞还是通过多方努力,多次为孙中山的革命活动提供资助。只不过无法当面聆听先生的教诲,亲自投身革命活动。每次想到这里,马青霞就满腹惆怅,无比遗憾。

不过,还好,冯玉祥将军来到河南,风气为之一变!冯将军毫不客气地驱逐了原督军赵倜,查抄了赵倜的家产,真是大快人心!赵倜督军河南十几年,把河南祸害惨了,早该收拾了!而且,令青霞感到意外高兴的是,冯玉祥将军居然也是孙中山的追随者,信奉"三民主义",所以,当刘氏族人又因与马青霞争夺财产告到冯玉祥将军那里时,冯将军主动找到马青霞,建议青霞"与其与族人长年争讼财产,不如收归国家",这样可以使纠纷得到彻底解决。冯玉祥将军还向青霞保证:一定会将青霞的捐赠用于河南教育事业和公益事业,并邀请青霞担任省教育厅厅长。青霞与冯玉祥将军谈过之后,认定冯将军与其他军阀不一样,是一个正直之人,爱民如子,治军严格,遂决定把所有财产捐出,但婉拒了教育厅长一职。

当把所有财产交给国家,实现了多年的愿望之后,马青霞孑然一身回到故乡,回到蒋村。这里有她儿时的记忆,有她至爱的亲人,有疼爱她的父母。尽管父亲已去世28年了,可是她总觉得父亲在不远的地方看着她。父亲在世时经常告诫她和几位兄长们,要善待百姓,睦邻乡里。父亲一生为官,刚正清廉,忠诚报国。父亲这样说的,也是这样做的。父亲在家乡设立马氏义庄,接济贫穷的乡邻,在大灾年间救活了不少饥民,一向为人称道;父亲不管在何处为官,都会使出他的四个绝招:惩治贪腐保清廉,禁赌禁毒正民风,植桑养蚕民致富,广建书局育化人。父亲是平民出身,没有显赫的家庭背景,靠着自己的努力,中进士,入仕途,从基层小吏干起,一步步升迁为一品大员。他知道,动乱岁月,受苦的是百姓;国家衰败,倒霉的也是百姓。父亲是个忠臣,他心疼百姓啊!所以对关乎百姓的每一件事,他做得都很尽心,唯恐他辖区的百姓受苦受难。父亲还多次上奏朝廷,减轻百姓税赋,均获批准。尤其是甲午年日本大败中国,李鸿章代表清政府与日本签订了丧权辱国的《马关条约》,对日本又割地,又赔款,父亲愤慨至极,上疏朝廷请杀李鸿章以谢国人,重整军备,与日本废约再战,收复疆土。父亲因中国甲午战败过度激愤,于 1895 年 10 月抑郁而终。他临死前还给朝廷上了最后一道折子,请求皇上要长存惕厉之心,奋发图强,以振国威。据说这道折子是父亲口授,请别人执笔代写的,因为他那时虚弱得连笔都拿不动了!父亲是大清官员的榜样,是"百官楷模"!是马家的骄傲啊!

马青霞想到这里,泪水禁不住流下来,打湿了衣襟。正是受到了父亲的影响,在她掌握财产以后,才不惜巨资修路造桥,办刘氏义庄,建孤贫院,创办新式学校,捐助革命,直至把全部家产都捐献给了国家。父亲是大清的忠臣,他两袖清风,病逝在广东巡抚的职位上,可谓为国捐躯!她是父亲的掌上明珠,是父亲最疼爱的小女儿,她不能给父亲丢脸,她不是什么大官,她只是民国的普通一国民,她手中掌握着令人艳羡的巨额财富!她不爱财,但她和父亲一样,是爱这个国家的!父亲和她都希望国家强大,都希望老百姓能过上有尊严的日子。父亲为国忧愤而死,卒于任上;她马青霞为国则散尽家财,回到故里!

可惜,父亲去世得太早了,丢下年轻的母亲一人孤守青灯,空留对父亲的思念。14 年前,母亲带着对父亲的思念和对她的眷恋,也离开了人世……

风,吹散了青霞的头发,她没有理会,一任凌乱的头发随风飘零。现在,财产捐给了国家,唯一的儿子与自己断绝了关系,所有人都离她而去,一切都显得那么寂静,那么荒芜,那么凄凉,那么冰冷!这不像是春天,丝毫没有春暖花开的征兆!可是,青霞是多么渴望春天能真正到来啊!她分明看见丈夫在前方的花丛中朝她招手,向她微笑,青霞正欲跨步向前拥抱丈夫,突然,田野里传来一声犬吠,丈夫立马消失在一片彩虹之中。青霞意识到这是幻觉,她的耀德没有了,22 年前就离她而去了!棺材至今还停留在开封救苦寺内没有下葬。刘家人以刘耀德无子,没有人摔老盆为由,坚决阻止耀德入土安葬。想到自己的丈夫去世 22 年后,仍孤魂野鬼似的停尸在寺庙内,青霞的心都碎了。可她一个弱女子无力对抗整个刘氏家族啊!这个家族的背后是存在了两千多年的封建伦理纲常啊！刘氏族人为了争夺给耀德当继子和摔老盆的资格，打得头破血流，也没有结果。谁当继子，就意味着谁能继承耀德生前遗产。这一争就是 22 年，活人不消停，死人也不消停！贪婪自私的刘氏族人不管这些，他们眼中只有钱！钱！钱！在是非黑白颠倒的世界里，法律有时也拿风俗没有办法啊！

马青霞继续默然地走在路上，头脑中大海翻腾，而又恍然隔世，她感到异常的孤独。这种孤独只有回到家乡，回到父母身边才能化解！当她看到自家庄园就在不远处时，她停止了思绪，泪水再次落下，心里默默地说："爹娘，你们的女儿又回来了。女儿遵从了二老的教诲，乐善好施，兼济天下。但女儿命苦，丈夫死后，刘家人不能容我。"她感到身心疲惫、心力交瘁，伤感、委屈一下子涌上心头。这些年来，马青霞感到太累了，为了对付刘氏家族的无理取闹、造谣生事和提防突如其来的诉讼冷箭，为了保住自己的财产，为了维护自己的权利，为了救济天下苍生，为了资助革命，她曾经以德报怨，饱受屈辱，拼死抗争。尽管保住了财产，并成功捐献给了国家，可她也失去了很多，最令人痛心的是，她失去了唯一的儿子！令人想不到的是，竟然是用那样一种决绝的方式结束了母子关系！想想丈夫死后 22 年来她所遭受的一切，对于自由生长在官宦富贵之家的千金小姐、豪门之妇来说，简直就是无情的摧残，这样的人生遭遇是她根本没有想到的。她像一株从花园中移栽到旷野中的树，在狂风暴雨的袭击下，这株树就要被连根拔起。现在，暴风雨停了，但这棵树也伤痕累累，满目疮痍……

马青霞回到安阳之前，已经疾病缠身；回到安阳之后，她再也无力抗拒那狂风暴雨的袭击而又一次病倒了。

马青霞躺在病榻上，神情恍惚，思绪仍在时断时续地飘扬……

她的眼前出现了万道金光，阔别多年的父母在向她微笑招手，情深义重的丈夫在向她呼唤："青霞，扔掉沉重的负担，抛弃所有的痛苦，来吧！这里有你的亲人，来和亲人团聚吧！"青霞幸福地闭上双眼，五色的云彩带着她一起飞向父母，飞向丈夫……

1923 年 3 月 22 日（农历二月初六），马青霞病逝于马氏庄园自己的绣楼——思无邪斋，走完了她的生命历程。这一年，她 46 岁。

马青霞在弥留之际，并没有留下什么遗言，但善良的读者一定可以想象

她临终前的痛苦心理。我们的女杰这一辈子经历了太多的磨难和心酸,但她也做出了许多常人做不到的事情,这些事情是可以名垂青史的。

马青霞去世后,冯玉祥将军专门派人前来吊唁,表达对青霞女士的哀悼和敬仰。

孙中山也来唁电说:"青霞女杰逝世,革命之损,国民之损。其精神如日月经天,江河行地,永留人间。"

(二)死因探析

马青霞死后,刘氏族人除了不让青霞和丈夫刘耀德的灵柩埋在刘氏墓地外,还编造谣言说,青霞的死,是其娘家害死的。据河南大学李玉洁教授考证,这纯粹是刘氏族人的造谣诽谤之辞。①

李玉洁教授依据的材料,是马青霞的娘家侄女马恒泰提供的有关叙述。马恒太是青霞三哥马吉梅的女儿,她在《我的姑母刘青霞去世的有关情况》中说:

> 姑母去世的具体时间现已不太清楚,她是在回到安阳,住了一段时间之后因病去世的,我的父亲马吉梅是姑母的三哥。在我幼年的记忆中,父亲常常怀念我的姑母,每提到姑母时就十分伤痛。曾在马家做过饭的杨聚只,1985年回忆说:"我见过三姑太(指青霞),当时住在东院(青霞大嫂家),是病了一段时间死的。三姑太死后,是她二侄儿,五侄儿护送灵柩回尉氏县的。吉梅送灵柩到村外,还边走边哭。"又据青霞的侄媳(马吉梅的五子马恒煜之妻)回忆说:"以前常听娘(青霞的三嫂)说,我三姑很俭省,带来的大红缎被子和夏天穿的绸衫,都有补丁。她病了,俺们都曾侍候她。"我姑母的灵柩送到尉氏时,由于刘家的阻挠,不得入祖坟,被迫停放于寺庙之内,当时我二伯马吉樟曾作诗哀悼她,诗曰:"募捐小妹金三万,创设燕都豫学堂。白骨双棺停未葬。无儿伯道泣穹苍。"可见停棺寺庙,未能入葬祖坟是确实的。
>
> 近年来,有文章写到青霞的死,说是被她娘家的人害死的,显

---

① 李玉洁.辛亥女革命家马青霞评传[M].北京:科技出版社,2012:215.

然与事实不符。我的姑母与她的几个兄长关系一向很好,情谊深厚。他的大哥马吉森死得较早,民国初年就去世了。二哥马吉樟,清末曾任湖北提法使,之后做过北洋政府总统府的秘书。1907年,马吉樟带青霞东渡日本,游历考察。辛亥革命前夕,青霞又通过马吉樟,让河南革命党人张钟端入其幕府以作掩护,从事革命活动。后来青霞面见孙中山,欲将家产捐献给国家,以作修建铁路之用,事未成,但刘氏族人却控告青霞私通国民党,经马吉樟疏通庇护,才得幸免于难。由上述情况可以看出他们的兄妹之情。青霞离世时,马吉樟虽远在北京,但当时他是一家之长,是马家的核心,有马吉樟在,家中的其他人是不敢、也没有什么理由,加害于青霞的。

　　青霞娘家的人没有理由加害于她,我想这是最明白的事情。青霞办教育,办社会公益事业,所用的钱,以致最后全部交公的财产,都是刘家的,而不是她娘家的。因而长期遭到刘氏族人的攻击,将青霞视若仇人,争讼不休甚至上告官府。说青霞私通国民党,欲加害于她。青霞是在难以忍受刘家的折磨,走投无路的情况下,才被迫离开刘家回娘家的。娘家的人只有同情于她,而无加害于她的道理。青霞实际上是郁愤成疾而离开人世的。

　　笔者认为,马恒太所说是合情合理的。在马吉森办工厂的时候,马青霞鼎力相助,她的娘家怎会忘记?而且马青霞在尉氏刘氏族人的恶毒攻击下回到娘家,说明她认为娘家是她遮风挡雨的港湾。刘氏族人的诽谤是毫无根据的。

(三)归葬风波

　　马青霞病逝后,根据当地规矩,女子出嫁以后,应该与丈夫葬在一起。马青霞的灵柩要运回尉氏下葬。她的二侄子、五侄子护送马青霞的灵柩到尉氏。但刘氏族人竟然以无继承人摔"老盆"为由(河南开封一带风俗,父母去世,主要儿子摔盆,以表示继承人的身份。),不让青霞的灵柩入葬刘氏墓地。马青霞和丈夫刘耀德的棺木只好停留在开封旁边的救苦庙中。

　　哥哥马吉樟为青霞写的挽联是:

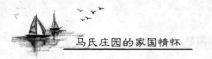

> 蛉蜾续宗祧,箕冶无传,悲往事
> 蜩唐奰中国,稿椹同穴,卜何年

这首挽联上联的意思是,以螟蛉之子(即抱养的养子)来延续宗庙的香火,其实就像燃烧豆秸秆一样,是不会有宗庙之传的,只能留下悲哀的往事。

下联的意思:蜩唐,即蝉鸣,比喻喧闹和噪声在中国不止,比喻中国形势的动乱,如《诗经·大雅·荡》:"如蜩如螗,如沸如羹。"奰(bi,四声),气盛作力貌。在这动荡的形势下,死者的棺木在何年下葬呢?

马吉樟还为妹妹写诗云:

> 募捐小妹金三万,
> 创设燕都豫学堂。
> 白骨双棺停未葬,
> 无儿伯道泣苍穹。

马吉樟在本诗的注解中写道:

> 光绪己巳募刘氏妹青霞金三万建豫学堂,益以乡公捐四万五千两,款足生(之)多,为旅京省学之冠。刘妹身后族人争继,妹婿熙德(德熙)至今未葬,双棺停寺,家产亦尽数充公矣。①

这首诗的前三句比较好理解,就是在筹建北京豫学堂的时候,小妹青霞捐款三万两白银。而如今,小妹身后凄凉,与妹夫刘耀德(字熙德,或德熙,小名郎斋)的棺木停留在寺庙中未葬。

最后一句"无儿伯道泣苍穹"出自晋朝邓攸的故事。邓攸,字伯道,平阳襄陵人(今陕西襄汾县)。西晋怀帝永嘉四年(310年),匈奴贵族刘聪起兵叛乱,攻打洛阳,俘虏怀帝,杀士兵百姓3万余人,史称永嘉之乱。邓攸用筐

---

① 杨春富.马丕瑶马吉樟文选[M].安阳:安阳县文化局马氏庄园管理处,2007:148.

挑着儿子和侄子,南逃躲避战乱。但行动迟缓,随时都有可能被乱军追上,死于战乱。邓攸与妻子商量:这样担着两个孩子走,我们难免会做胡人的俘虏。我的弟弟已不在人世,只有侄子一脉,我要保留弟弟的后嗣,只好把我们的儿子扔掉。妻子哭着同意了。过江之后,邓伯道曾为吴郡县令,他爱民如子,不领俸禄,只饮吴水,为官清廉。史料记载,有一年吴郡发生饥荒,邓伯道立即上表朝廷赈灾。但他考虑到从朝廷降旨到灾民领取救济粮米可能需要较长时间,中间会发生饿死人的事件,因此决定一边等圣旨,一边火速开仓放粮,迅速稳定了民心,百姓对他感动不已。遗憾的是,他的妻子再也没有生育,邓伯道也没有纳妾。邓伯道死后,其侄子服表。"时人议而哀之,为之语曰:天道无知,使邓伯道无儿!"

这里马吉樟以邓伯道无儿的故事,对小妹青霞一辈子与邓伯道一样开仓济贫、救世济民,因无儿接续宗祠,停棺寺庙,不得入葬刘氏墓地,表示不平和哀悼。

直到后来,在冯玉祥将军的强行干预下,马青霞和丈夫刘耀德的灵柩才葬入尉氏刘家祖茔。马青霞安葬后,冯玉祥又亲自安排,在青霞的墓地四周种植柏树上千棵,以表达对女杰的无限敬仰。

八、光辉一生

马青霞走了。她的一生虽然只有短短的 46 年,但却给后世的人们留下的太多的沉思,留下太多的话题。

女杰虽然走了,但她身后的足迹依然印在历史的大道上,她的足迹并没有随着时间的流逝而消失;相反,当今天的人们站在马氏庄园青霞遗像前,当人们参观尉氏县女杰曾经生活的故居的时候,当我们缅怀孙中山等民主革命先驱的时候,当我们畅享民主、共和、自由、平等的时候,……,我们都不应当忘记,这位近代中国的慈善家、教育家、辛亥女革命家为国家和民族的复兴富强所做的一切。

女杰的人生经历堪称传奇,女杰的生命之花永远绽放……

马青霞的生命是美丽的。她在封建家庭的重压下被摧残致死,但面临刘氏族人的凶狂,她永不屈服,从不后退。因为她身后是自由的向往,是平等的追求,是民主的呼唤,是共和的力量,是对社会进步的坚守,也是对历史大潮的笃信。面对嚣张跋扈的封建势力,她在呐喊:"天赋人权,自由平等,共和肇建,应变方针。退让主义,一变为竞争主义;家族主义,一变为社会主义。我不欺人,人亦不能欺我。"她和她的革命盟友秋瑾女侠一样,把自由看得高于一切,"不自由毋宁死",以生命博取自由,以牺牲换取民主,这对封建王朝的女性来说,显得多么悲壮,多么英勇,多么无奈,多么义无反顾啊!

马青霞的一生是辉煌的。就在她去世的前几个月,还捐给尉氏县贫民工厂5万元,捐给开封难民所2 000大洋、40套衣服,而她自己却穿着打了补丁的衣衫。为了向社会捐助,她建义学、义庄、寡妇院、开仓放粮,她以"无名氏"的名义修建桥梁,表现出济世济民的宽广胸怀。她乐善好施,是河南省有名的慈善家。

她与哥哥马吉樟曾经一起到日本,在那里她受到日本留学生的欢迎。也正是在那里,她结识了孙中山先生、黄兴先生、宋教仁先生、唐群英女士、燕斌女士、张钟端先生等一大批中国资产阶级革命的先驱,并参加了同盟会,从此她成为一个革命者,把自己的一切献给辉煌的革命事业。

为了创办《河南》杂志、《中国新女界杂志》,她不惜捐助重金巨款,为宣传革命思想、制造革命舆论,做出了巨大贡献。她创办大河书社,一面销售革命书籍和杂志,一面作为革命的秘密联络点。她支持辛亥革命起义、掩护革命同志,是坚强的辛亥志士。

她参与创办北京豫学堂,创办河南最早的私立女学堂——华英女校,她支持捐助中州公学、中州女学,是河南乃至中国早期新学教育的先驱。

她支持哥哥马吉森从英国人的手中夺回矿权,她办企业、经营钱庄、办贫民工厂,为河南的民族工业做出了重要的贡献。

就在马青霞去世10年之后,民国二十二年(1933年)尉氏编写的县志上把马青霞女士放在一个非常重要的地位。《尉氏县志·人物三》对马青霞的一生行为和业绩盖棺定论:

> 马氏,字青霞,刘耀德妻,广东巡抚马公丕瑶之女,湖北布政使马吉樟之妹也,重义轻财,清末捐银九千两,修葺马营石桥,于城北隅创设桑园,购置湖桑万株,占地三十余亩,创办华英女校,每年经费五千元,为河南私立女校之先河。又捐银两万三千余两,创建刘

氏祠堂,建筑房屋八十余间,捐地五顷,为刘氏义庄。凡所设施皆刘君恒泰襄助办理。至捐银三万两在北京设立豫学堂,捐洋一万六千元,在日东京创办《河南》杂志;捐洋四千两,创办《女界杂志》;出洋数千元,在开封设大河书社,为河南革命运动机关;辛亥起义、河南运动独立,以促革命成功,捐金万余等项,义动退迩。

　　按:青霞系出名门,长嫁巨室,虽系女士,有丈夫风,故编入义输,以昭激劝。①

　　马青霞的一生是壮丽的、辉煌的。她像一个吐尽了丝的春蚕,把温暖留给了人间;又如一炳不断燃烧的蜡烛,倾尽全力,努力照亮近代中国民主革命前行的道路。她是一个勇敢的战士,在强大的敌人的摧残之下,至死也没有妥协。她那颗革命的赤胆忠心,对天可表;她对贫民的无私热爱,赤诚可见。当我们站在马青霞曾经生活战斗过的地方,聆听女杰不屈呐喊的时候,或在夜深寂静阅读青霞事迹的时候,我们好像抚摸到一颗滚烫"天下为公"的心。青霞用她坚强的革命意志、用她博大无私的爱心,竖起一座生命的丰碑。在这座丰碑上,镌刻着先驱的誓言,闪烁着人性的光芒,照亮中华民族追求富强、民主、文明的自强之路!

　　马青霞家财散尽,兼济天下,正应了孙中山给她的题字"天下为公"。

---

① 李玉洁.辛亥女革命家刘马青霞评传[M].北京:科学出版社,2012:217-218.

第五章

实业救国马吉森

　　马吉森(1857—1912)，字子明，马丕瑶长子，明敏通书史，曾官至翰林院待诏、直隶候补道等。因父亲终年在外，他负责在家主持家务较多。马吉森虽生于官宦之家，却为人忠厚和蔼，平时多有倡导地方公益事业之举，曾兴办本族义田、义学，创办水冶北山酉山书院，疏浚天平渠，开凿天平渠北线，增设车局，改善交通等。

　　马吉森一生最大的功绩在于对河南近代民族工业的贡献。他目睹鸦片战争、甲午战争后，列强掠夺中国经济资源的现状，激发了他实业救国的

实业救国——马吉森

决心。他认为，中国的落后除了政治原因外，实业不振也是重要原因之一。年轻时，他积极发动民众疏凿北天平渠，兴修水利，发展农业。以后，则集中精力，致力于民族工业的发展，首开河南实业救国之先河。马吉森一生创办了不少厂矿企业，最为著名的是安阳六河沟煤矿、安阳广益纱厂(今安阳豫北棉纺织厂前身)，成立了安阳矿业总公司，并任安阳商会会长。

一、创办六河沟煤矿

　　六河沟煤矿开办于光绪二十九年(1903 年)，后经清政府批准成立了六河沟煤矿股份有限公司。经过六年开发，生意兴隆。宣统元年(1909 年)，清

政府决定加大六河沟煤矿开发力度,扩建一处新矿,以补政府财政不足,遂采取公开招标方式。其时,有英商查尔、日商青井分别支持的买办商人周益、赵大发等,野心勃勃,势在必得。马吉森在其他股东和妹妹马青霞大力资助下,以180万两白银中标,夺得六河沟新煤矿开发权,挫败了英商查尔、日商青井夺我矿产利权的阴谋,长了中国人的志气,灭了洋人的威风,其爱国壮举,为后人所颂扬。

后来,六合沟煤矿更名为"峰峰煤矿",归属河北省管理,并不断发展壮大。新中国成立后,改为"峰峰矿务局"。2003年,改称"峰峰集团有限公司"。

2008年,峰峰集团与金能集团合作,组建冀中能源集团公司,成为集煤炭开采、洗选加工、煤化工、电力、机械制造、基建施工、建材、现代物流等以煤为基础,多产业综合发展的国有特大型煤炭企业,由此跨入了跨越式发展的新阶段。

2011年7月7日,财富世界500强排行榜发布,冀中能源集团成功跻身世界500强俱乐部,位列第457位,这成为冀中能源发展史上具有里程碑意义的重大事件。2012年已排行330位,突飞猛进。作为冀中能源集团最大的子公司,峰峰集团勇挑重担,奋力发展,为国民经济和社会发展做出了巨大贡献。

二、创办广益纱厂

安阳广益纱厂创办于光绪三十二年(1901年),兴盛时拥有纱锭2.1万枚,工人1 300余人,是当时河南最大,也是最早的纺织企业,至今还发挥着巨大的效益。

据《中国棉纺织史》记载,甲午战争后,清政府与日本签订了《马关条约》。依据不平等条约,外商纷纷在沿海办厂,仅上海就有16万纱锭,帝国主义对中国进行大规模的经济侵略,洋商肆虐排挤我民族工业。面对被压迫、被挤兑的局面,清朝咸丰状元孙家鼐与马吉森、徐仙洲三人集资200万元,以徐仙洲为总办,合伙创办安阳广益纱厂。纱厂引进近代纺织机械,规模为22 344锭,占地330亩,房屋2 724间,是当时河南省机器纺纱工业最早、规模最大的纱厂,居全国民族资本纺纱厂第六位。广益纱厂是豫北棉纺厂的前身。现存一处布局完整的院落，房屋建筑对称，西洋式风格，主楼带回廊，院落宽敞，保存完好，位于现安阳豫北纱厂内。

安阳广益纱厂筹建于1901年，1903年建成开工。刚投产时，由于洋货倾销，国货受制，连连赔累，至1908年歇业。后经清政府批准，以全厂房屋和设备做抵押，向大清银行贷白银30万两，重新开工。1914年，广益纱厂易主袁毓英，据安阳市志记载，袁毓英系袁世凯的侄儿，据说1909年袁世凯下野时，曾重金聘一老道人勘测风水，认为彰德府广益纱厂周围是块风水宝地，因此圈购了800亩土地，在近邻广益纱厂及京广线东侧修建巨宅，名曰"洹上村"，在此隐居两年。受其叔的影响，袁毓英等人在京津登报，大肆收买广益纱厂旧股，掌握了广益纱厂的实权。1923年袁心臣取代袁毓英当上总办。1925年，"五卅"惨案发生后，全国反帝高潮声势浩大，广益纱厂工人在工会的领导下，开展了罢工运动，要求增加工资，改善工作条件。业主袁心臣迫于局势，于1928年将广益纱厂出租与他人，更名豫新纱厂。豫新纱厂因经营有方，日产量50大包，工人增到1 567人，年盈利20多万元，成为建厂以来的鼎盛时期。

1934年袁心臣收回自办。1939年被日商接收为日军管理第一工厂。工人饱受着资本家、日本侵略者的欺压。原有73台细纱机被迫运往天津改做军火，只剩下12台和相应的前后纺设备。日本投降后，国民党河南省第三行政厅督察专员公署接收了广益纱厂。1947年4月，中国人民解放军刘邓部队攻克了广益纱厂。将仅剩的12台细纱机及相应设备迁至武安县和村。

广益纱厂在新中国成立前的46年中，几经战乱，备尝艰辛，一易厂名，几易厂主，到新中国成立前夕，已到处是枪痕弹迹，一片荒凉。厂区仅有几根工字钢柱和一些弯曲残缺的屋架，四个残破不堪的"蓝开夏"锅炉在废墟中摇曳，空旷的地坪上，仅有一座年代已久的两层楼房和无窗少门的两排平房。

1950年春，时任华北军区炮兵司令部后勤部副部长的李甲寅同志带领华北炮司、邯郸军分区60多名刚离开硝烟弥漫战场的战士，投入到新的战场——重建纱厂，以解决部队给养问题，并更名为豫北纺织厂。马吉森创办的广益纱厂，几经辗转，继续为新中国建设和人民福祉做贡献。

至今，豫北纱厂仍在生产运营之中。

附 录

《二十一条》具体内容

第一号

日本国政府及中国政府,互愿维持东亚全局之和平,并期将现存两国友好善邻之关系益加巩固,兹以定条款如下:

第一款　中国政府允诺,日后日本国政府拟向德国政府协定之所有德国关于山东省依据条约,或其他关系,对中国政府享有一切权利、利益让与等项处分,概行承认。

第二款　中国政府允诺,凡山东省内并其沿海一带土地及各岛屿,无论何项名目,概不让与或租与别国。

第三款　中国政府允准,日本国建造由烟台或龙口接连胶济路线之铁路。

第四款　中国政府允诺,为外国人居住贸易起见,从速自开山东省内各主要城市作为商埠;其应开地方另行协定。

第二号

日本国政府及中国政府,因中国承认日本国在南满洲及东部内蒙古享有优越地位,兹议定条款如下:

第一款　两订约国互相约定,将旅顺、大连租借期限并南满洲及安奉两铁路期限,均展至九十九年为期。

第二款　日本国臣民在南满洲及东部内蒙古,为盖造商工业应用之房厂,或为耕作,可得其需要土地之租借权或所有权。

第三款　日本国臣民得在南满洲及东部内蒙古,任便居住往来,并经营商工业等各项生意。

第四款　中国政府允将在南满洲及东部内蒙古各矿开采权,许与日本国臣民。至于拟开各矿,另行商订。

第五款　中国政府应允,关于左开各项,先经日本国政府同意而后办理:

一、在南满洲及东部内蒙古允准他国人建造铁路,或为建造铁路向他国借用款项之时。

二、将南满洲及东部内蒙古各项税课作抵,由他国借款之时。

第六款　中国政府允诺,如中国政府在南满洲及东部内蒙古聘用政治、财政、军事各顾问教习,必须先向日本国政府商议。

第七款　中国政府允将吉长铁路管理经营事宜,委任日本国政府,其年限自本约画押之日起,以九十九年为期。

第三号

日本国政府及中国政府,顾于日本国资本家与汉冶萍公司现有密切关系,且愿增进两国共通利益,兹议定条款如下:

第一款　两缔约国互相约定,俟将来相当机会,将汉冶萍公司作为两国合办事业;并允如未经日本国政府之同意,所有属于该公司一切权利产业,中国政府不得自行处分,亦不得使该公司任意处分。

第二款　中国政府允准,所有属于汉冶萍公司各矿之附近矿山,如未经该公司同意,一概不准该公司以外之人开采;并允此外凡欲措办无论直接间接对该公司恐有影响之举,必须先经该公司同意。

第四号

日本政府及中国政府为切实保全中国领土之目的,兹定立专条如下:
中国政府允准所有中国沿岸港湾及岛屿,一概不让与或租与他国。

第五号

第一款　在中国中央政府,须聘用日本人,充为政治财政军事等各顾问。

第二款　所有中国内地所设日本病院、寺院、学校等,概允其土地所有权。

第三款　向来日中两国,屡起警察案件,以致酿成"车谬""车曷"之事不少,因此须将必要地方之警察,作为日中合办,或在此等地方之警察署,须聘用多数日本人,以资一面筹划改良中国警察机关。

第四款　中国向日本采办一定数量之军械(譬如在中国政府所需军械之半数以上),或在中国设立中日合办之军械厂聘用日本技师,并采买日本材料。

第五款　中国允将接连武昌与九江、南昌路线之铁路,及南昌、杭州,南昌、潮州各路线铁路之建造权许与日本国。

第六款　在福建省内筹办铁路,矿山及整顿海口,(船厂在内)如需外国资本之时,先向日本国协议。

第七款　中国允认日本国人在中国有布教之权。

后 记

对一个有记忆的民族来说，历史可以远去，不会更不能消失。

今天，当我们站在马氏庄园前，凝望那高傲的屋脊，依旧庄严肃穆，彰显着这个家族曾经的显赫与辉煌，而楹联中生长出来的对家国梦想的最原始而古老的注解，此刻是如此亲切又如此动人！透过庄园的一草一木，我们似乎再一次看到了庄园主人曾经的高贵荣耀、曾经的自由梦想、曾经的呐喊抗争、曾经的风云际会。在所有的一切归于宁静之后，历史的继任者对民族振兴和国家富强的渴求探索并没有停止，反而愈加强烈！

"心忧天下济苍生，爱国恤民显情怀"，庄园主人炽热的家国情怀，正是所有有历史担当的中国人致力追求的文化价值观，亦是中华民族优秀传统文化的精髓！

传承和弘扬中华民族优秀传统文化是高校义不容辞的责任。作为一名高校教师，希望能为此做些力所能及的工作，这已经成为我的一个梦想。

现在社会是一个高度合作的社会，任何人的些许成就都离不开其他人的支持与协作。在本书的写作过程中，采用了许多专家的史料和观点，笔者在书中尽可能地予以注明，并对他们表示诚挚感谢。作为2019年度河南省高等学校哲学社会科学优秀著作资助项目，本书的立项和出版，得到了河南省教育厅和郑州大学出版社的大力支持，在此一并感谢！

著书立说对笔者这样并不聪慧的人来说，实在是一件勉为其难的工作。本书纯粹是笔者凭一时之勇，加上对中国传统文化和安阳地方文化的热爱之情，提笔挥就的即兴之作。因此，书中肯定有不当之处，敬请各位读者不吝赐教！

俯下身，认真挖掘我们身边有价值的文化资源，为祖国和民族的前行添加一把动力，是一件非常开心、非常有意义的工作！

　　谨以此书缅怀那些曾经为民族振兴和国家富强奋斗不息的人们,献给那些默默无闻挖掘、传承和弘扬祖国各地特色文化和中华民族优秀传统文化的人们!

2019 年 3 月

参考文献

[1]孙中山.孙中山全集　第2卷1912[M].北京:中华书局,1982.

[2]陈锡祺.孙中山年谱长编　全二册[M].北京:中华书局,1991.

[3]冯自由.革命逸史:第三集[M].北京:中华书局,1981.

[4]唐德刚.从晚清到民国[M].北京:中国文史出版社,2015.

[5]徐忱.袁世凯全传[M].北京:中国文史出版社,2017.

[7]张国淦.北洋述闻[M].上海:上海书店出版社,1998.

[8]李菁.天下为公:孙中山传[M].北京:华文出版社,2016.

[9]李济.安阳[M].北京:商务印书馆,2011.

[10]苏全有,贺科伟.袁世凯传[M].杭州:浙江大学出版社,2013.

[11]汤伏祥.袁来如此:袁世凯与晚清三十年[M].北京:当代中国出版社,2011.

[12]王迎喜.安阳通史[M].郑州:中州古籍出版社,2003.

[13]杨学法.安阳古今人物[M].郑州:中州古籍出版社,1992.

[15]任崇岳.安阳[M].北京:旅游教育出版社,2001.

[16]邓叶君.马氏春秋[M].郑州:河南文艺出版社,2008.

[17]邓叶君.头品顶戴马丕瑶[M].郑州:河南文艺出版社,2007.

[18]邓叶君,李东泽.笔走龙蛇马吉樟[M].郑州:河南文艺出版社,2007.

[19]邓叶君.天下为公马青霞[M].郑州:河南文艺出版社,2010.

[20]李玉洁.辛亥女革命家刘马青霞评传[M].北京:科学出版社,2012.

[21]于忠华.刘青霞传[M].郑州:中州古籍出版社,2011.

[22]郑旺盛.豪门女杰刘青霞[M].郑州:河南文艺出版社,2004.

[23]韩咏明.辛亥女杰[M].西安:陕西师范大学出版总社有限公司,2011.

[24]杨贵生.马青霞[M].郑州:河南人民出版社,2011.

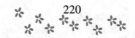

［25］邓文长.彰德遗梦［M］.郑州:河南人民出版社,2011.

［26］邓文长.彰德春梦［M］.郑州:河南人民出版社,2013.

［27］杨利英,杨国平.安阳历史文化赏析［M］.郑州:郑州大学出版社,2017.

［29］杨春富.马丕瑶马吉樟文选［M］.安阳:安阳县文化局马氏庄园管理处,2007.

［31］方汉奇.中国新闻事业编年史［M］.福州:福建人民出版社,2000.

［32］王幼桥.续安阳县志［M］.北京:文岚簃古宋印书局,1933.

［33］王锡彤.抑斋自述［M］.开封:河南大学出版社,2001.

［34］马平安.大抉择:大变局中的袁世凯［M］.杭州:浙江大学出版社,2016.

［35］水丽淑,彭洋."百官楷模"马丕瑶的一生及其为官思想［J］.科学·经济·社会,2013(1):189-192.

［36］许小涛.马青霞慈善活动述略［J］.开封大学学报,2015(1):18-24.

［37］孙晨林.马县令妙惩黑财东［J］.对联(民间对联故事),2009(2):10-11.

［38］余群.马丕瑶与桂垣书局［J］.广西地方志,2012(6):56-58.

［39］汪维真.刘青霞慨捐救国事实及原因探析［J］.河南大学学报(社会科学版),2003(1):19-25.

［40］张艳丽."丁戊奇荒"之际晋南方官员的善后措施——以解州知州马丕瑶为例［J］.晋阳学刊,2005(6):18-22.

［41］刘冉.马丕瑶的为官思想与实践［D］.长春:东北师范大学,2011年硕士论文.

［42］韩红英.马丕瑶家庭教育研究［D］.开封:河南大学,2016年硕士学位论文.

［43］袁恺泽.清末河南留日学生与《中国新女界杂志》［D］.郑州:郑州大学,2013年硕士学位论文.

［44］杨玉洁.清末革命刊物《河南》与河南辛亥革命［D］.开封:河南大学,2013年硕士学位论文.

［45］吉瑞.鲁迅与《河南》［D］.大连:辽宁师范大学,2010年硕士学位论文.

［46］王德昭.《河南》杂志·河南留日学生·河南辛亥革命［D］.武汉:华中师范大学,2007年硕士学位论文.

［47］焦乐晓.《豫报》《河南》研究［D］.银川:宁夏大学,2010年硕士学位论文.